KB214411

사도행전을 알면 증인이 된다

사도행전

서 문

사도행전의 세계로 초청합니다. 사도행전은 성령행전이라 부르기도 합니다. 사도행전의 28장에서 유추해서 ACTS 29라는 모토를 가지기도 합니다. 사도행전의 이야기는 지금도 계속됩니다. 성령님의 강한 역사로 사도행전은 시작하고 그 여운은 오늘에까지 미칩니다. 하나님의 구속의 역사를 구분한다면 구약의 성부 하나님의 시대와 신약의 성자 예수 그리스도의 시대로 구분될 것입니다. 그러나 신약의 시대는 오순절 성령 강림 이후, 예수 그리스도의 재림 이전까지 대부분이 성령 하나님의 시대가 됩니다.

이제 사도행전은 오늘 우리가 사는 시대에 어떻게 성령님과 함께 하여야 하는지 그리고 성령님의 역사로 말미암아 어떻게 예루살렘에서 시작된 복음의 전파가 온 유대와 사마리아를 거쳐 땅 끝까지 이르는지 보게 될 것입니다. 사도행전은 단순히 복음의 전파를 우리들에게 알려주는 것을 그 목적으로 하지 않고 그 모범을 따라 우리들의 삶을 초청합니다. 하나님께 향한 열심을 가지고도 예수님을 십자가에 못 박고 배척한 사람들처럼 오늘날 성령님에 대해 무지한 무리들은 예수님을 믿는다 하더라도 온전히 그분과 교제할 수 없을 것입니다.

사도행전을 보다 깊게 이해하고 읽기 위해서는 다음의 몇 가지 의미를 주목해 보아야 합니다.

첫째, 사도행전은 초대교회의 의미와 역할, 사명에 관하여 전합니다. 물론 교회의 의미에 관하여는 마태복음 16장에서 예수 그리스도에 대한 바른 신앙의 고백 위에 세워짐을 봅니다. 그러나 구체적으로 교회가 세워진 것은 사도행전 2장의 말씀을 통해서입니다. 교회는 성령의 강림과 함께 시작되었습니다. 먼저 초대교회가 어떻게 세워졌는지를 살피며 오늘날 교회의 본래적인 의미와 역할, 사명을 잊지 않도록 하여 할 것입니다.

둘째, 사도행전은 열린 이야기입니다. 사도행전의 특징은 닫혀 있는 이야기가 아닌 열린 이야기입니다. 이러한 특징을 설명하기 위해서 어떠한 사람은 누가가 3부작을 쓰고자 하였는데 첫 번째가 누가복음이고 두 번째가 사도행전이고 세 번째 글을 쓰고자 하였는데 그 뜻을 이루지 못하였거나 남겨진 책이 오늘날 우리들에게 전하여지지 않고 있다고 말합니다. 우리는 성령님께서 우리들에게 이 열린 말씀을 주심은 사도행전의 이야기는 닫힌 이야기가 아니라 오늘날 우리들에 의해서 계속되는 이야기임을 말씀하신다는 것을 알아야 합니다.

셋째, 사도행전은 반복될 이야기입니다. 성령님께서는 누가를 통해서 복음서를 기록하게 하셨고 또한 초대교회의 한 세대의 이야기인 사도행전의 이야기만을 전해 주셨습니다. 그다음의 이야기까지 오늘날 우리들에게 전하여 주시지 않는 것은 사도행전의 이야기가 다음 세대의 이야기를 동일하게 비춰주며, 모든 믿음의 세대의 이야기를 바로 이 사도행전의 말씀이 함축하고 있기 때문인 것입니다. 믿음의 역사와 능력은 단지 사도행전 안에서만 갇힌 것이 아니라 모든 세대의 본으로서 사도행전이 우리들에게 증거하고 있는 것입니다. 복음서인 누가복음과 역사서인 사도행전은 같은 한 사람 누가에 의해서 기록되었습니다. 복음서의 이야기와 사도행전의 이야기는 누가에게 있어 다른 경험이 아니었습니다. 이는 누가만이 아닌 모든 믿음의 사람들에게 있어 동일합니다.

 넷째, 사도행전은 복음서와 교리서의 교량적 역할을 합니다. 사도행전의 말씀이 중요한 결정적인 이유가 또 하나 있습니다. 그것은 이 사도행전은 복음서와 서신서를 연결하는 고리와 다리, 중개의 역할을 한다는 것입니다. 모든 복음서의 말씀은 예수 그리스도의 십자가의 죽음과 부활 승천의 이야기로 끝을 맺고 있습니다. 이제 사도행전은 예수님의 승천의 이야기로 이어지고 오순절 성령의 강림으로부터 시작하는 초대교회의 이야기를 전하며 여러 서신들이 기록된 그 배경에 관해서 전합니다. 사도행전을 온전히 이해할 때에 서신서에 대한 눈이 떠집니다. 때로는 사도행전과 서신서와의 차이가 보이기도 하나 이는 초대 교회의 상황을 보다 입체적으로 보여주는 것입니다.

 다섯째, 사도행전은 이야기와 설교로 구성되어 있습니다. 사도행전에는 19개의 설교(연설)문이 있습니다. 창세기의 말씀에 10개의 톨레도트(족보)가 있는 바와 같이, 이는 많은 사람들이 간과하는 바입니다. 베드로의 설교 8편과 바울의 설교 9편 외에 스데반과 야고보의 설교가 각각 1편으로 총 19편입니다(간증 포함). 사도행전 전체 분량의 4분의 1을 차지하는 상당한 분량입니다. 사도행전의 설교는 주어진 상황과 목적에 따른 다양한 메시지로 선포됩니다. 그러므로 사도행전에 나오는 다양한 역사적인 사건과 이야기들과 함께 설교를 통하여 전달하는 메시지에 주목할 수 있어야 할 것입니다.

여섯째, 사도행전은 증인들의 이야기입니다. 성령의 역사는 바로 증인들을 통해서 나타납니다. 하나님께서 기뻐하시는 역사는 자연적인 현상으로 일어나는 것이 아닌, 교회를 통해서, 사람을 통해서 그분의 일들이 나타나는 것입니다. 그러므로 성령행전은 사도행전이 되고 더 나아가 증인들의 행전이 됩니다. 복음서의 예수 그리스도는 십자가 위에서 자신의 생명을 주셨지만 사도행전의 예수 그리스도는 부활하신 후에 승천하사 성령을 보내시어 그의 백성들에게 생명력을 주십니다.

마지막 일곱째, 사도행전의 구조적인 이해입니다. 구조는 메시지입니다. 구조를 알면 메시지가 보입니다. 제1부가 되는 1-7장은 예루살렘 교회의 설립과 부흥 성장에 관한 말씀이며, 제2부 8-12장은 예루살렘 중심으로 한 머물러 있던 복음이 예루살렘을 넘어 유대와 사마리아, 팔레스틴과 더 나아가 수리아 안디옥까지 복음이 확장됨을 보여줍니다. 마지막 제3부 13-28장은 바울의 1, 2, 3차 전도여행을 배경으로 수리아 안디옥 교회를 중심으로 하여 세계에 복음이 전해지는 것을 증거합니다. 자세한 본문의 구조, 그 의미와 메시지를 앞으로 살필 수 있을 것입니다.

부록으로 바울의 전도여행 지도와 튀르키예/그리스/로마 성지순례 사진 자료까지 수록했습니다. 아무쪼록 이 작은 교재가 여러분의 삶을 하나님께 보다 가까이 이끄는데 작은 도구로 쓰임 받기를 소망합니다.

차 례

제3부 세계 선교(13장~28장)
    -땅 끝/이방인 중심의 선교

사도행전의 구조

1부: 예루살렘 교회의 설립과 성장 −예루살렘/유대인 중심의 선교							2부: 교회의 확장 −유대와 사마리아 /이방인 선교의 과도기				
베드로						스데반	빌립	사울	베드로		
설교1	설교2	설교3	설교4	설교5		설교			설교6	간증1	
예수의 승천과 성령 강림의 약속	성령 강림과 교회의 탄생	성령의 시역	공회 앞에 선 베드로와 요한	초대 교회의 생활	사역의 분담	스데반의 순교	복음의 확장	사울의 회심	이방인 고넬료 전도	안디옥 교회의 설립	야고보의 순교와 헤롯의 죽음
1장	2장	3장	4장	5장	6장	7장	8장	9장	10장	11장	12장

3부: 세계 선교-땅 끝/이방인 중심의 선교											
바울의 전도 여행						바울의 구금					
바울		베드로	야고보	바울		빌립	바울				
설교1	설교2	간증2	설교	설교3	설교4		간증1	설교5	간증2	설교6	설교7
바울의 제1차 전도여행1	바울의 제1차 전도여행2	예루살렘 공의회		바울의 제2차 전도여행	바울의 제3차 전도여행	예루살렘에서의 결박	공회 앞에 선 바울	총독 앞에 선 바울	아그립바 앞에 선 바울	바울의 로마 여행	로마에서의 바울의 증거
13장	14장	15장		16 - 18장	19 - 20장	21장	22 - 23장	24 - 25장	26장	27장	28장

사도행전

제1부

예루살렘 교회의 설립과 성장
-예루살렘/유대인 중심의 선교
(1-7장)

PART

01

예수의 승천과 성령 강림의 약속
1장1~26절

Key Point

예수님의 승천과 성령 강림의 약속은 하나의 장면입니다. 예수님의 승천과 성령님의 등장은 새로운 시대의 도래입니다. 예수 그리스도께서 이제 성령 안에서 자신을 계시하시며, 증거하시고 또한 인도하시는 것입니다.

사도행전 1장 8절의 말씀은 전체 사도행전의 그림을 보여줍니다.

"오직 성령이 너희에게 임하시면 너희가 권능을 받고 예루살렘과 온 유대와 사마리아와 땅 끝까지 이르러 내 증인이 되리라 하시니라"(행 1:8)

1-7장은 예루살렘 교회의 설립과 부흥 성장에 관한 말씀이며, 8-12장은 예루살렘 중심으로 한 머물러 있던 복음이 예루살렘을 넘어 유대와 사마리아, 팔레스틴에 이르며 더 나아가 수리아 안디옥까지 복음이 확장됨을 보여줍니다. 마지막 13-28장은 바울의 1, 2, 3차 전도여행을 배경으로 수리아 안디옥 교회를 중심으로 하여 세계에 복음이 전해지는 것을 증서합니다.

먼저 1-7장은 성령의 강림으로부터 시작한 교회가 예루살렘 교회를 중심으로 하여서 어떠한 성장과 부흥을 맞게 되는지를 보여줍니다. 복음이 어떻게 외적으로 확장하는지가 아닌 교회는 외적인 위협 속에서 내적인 문제들과 더욱 싸우게 됩니다. 사도의 선출(1장), 성령의 강림(2장), 공동체의 생활(행 2장43-47절, 5장32-35절), 아나니아와 삽비라 사건(5장), 헬라파 유대인들의 원망과 집사의 선출(6장) 등은 공동체의 외적인 문제가 아닌 공동체의 내적인 문제들입니다.

사도행전 1장은 예수님의 승천과 성령 강림에 대한 약속의 말씀입니다. 이는 전체 사도행전 말씀의 서론적인 역할을 하며, 하나님의 나라와 참된 축복이 무엇인지를 밝힙니다. 이는 사도행전의 마지막 장인 28장에서와 동일한 주제의 반복된 말씀입니다(행 1:3).

"하나님의 나라를 전파하며 주 예수 그리스도에 관한 모든 것을 담대하게 거침없이 가르치더라"(행 28:31)

■ 사도행전 1장의 구조적 이해

　　행 1:1-2: 서언-누가복음의 기록 범위
　　행 1:3: 부활하신 이후의 예수님의 행적
　　행 1:4-5: 성령의 약속
　　행 1:6-8: 지상 대명령
　　행 1:9-11: 예수께서 승천하심
　　행 1:12-14: 다락방 기도
　　행 1:15-22: 베드로의 첫 번째 설교
　　행 1:23-26: 새 사도 맛디아의 선출

1. 사도행전은 누가복음과 한 권의 책을 이루고 있습니다(1-11절).
　1) 사도행전에서는 누가복음을 어떻게 요약하고 있습니까?(1-2절)
　누가복음은 '무릇 예수께서 행하시며 가르치시기를 시작하심부터 그가 택하신 사도들에게 성령으로 명하시고 승천하신 날까지의 일'(1-2절)이 기록되어 있습니다. 곧 사도행전은 누가복음을 전제하며 누가복음 24장을 단 두 절로 요약하고 있습니다.

사도행전의 여러 성령의 이야기는 단지 예수 그리스도와 동떨어진 성령의 이야기가 아닌 예수 그리스도를 전제한 성령의 이야기이며 더 나아가 바로 그 예수 그리스도를 전하는 성령의 이야기가 됩니다. 예수님께서는 택하신 사도들에게 명하실 때에도 성령으로 명하셨다고 본문의 말씀은 가르치고 있습니다. 이처럼 예수님과 성령님은 뗄레야 뗄 수 없는 하나된 관계입니다.

2) 누가복음 24장36-53절과 사도행전 1장3-11절을 살펴봅시다.
누가복음 24장36-53절은 누가복음의 마지막 장면이고, 사도행전 1장3-11절은 사도행전을 시작하는 장면입니다. 그리고 이 두 장면은 하나의 장면으로 오버랩되어 있습니다. 누가복음 24장36-49절은 축소되어 사도행전 1장3-5절의 '하나님 나라의 일'이 무엇인지를 드러내고 있습니다. 하나님 나라의 일은 예수 그리스도이십니다(요 6:29). 반대로 누가복음 24장50-51절은 사도행전 1장6-11절에 확대되어 누가복음의 '축복의 내용'이 무엇인지를 보여주고 있습니다. 곧 축복의 내용은 '성령의 임재와 증인으로서의 삶'입니다(행 1:8). 누가복음은 사도행전의 하나님 나라의 일이 바로 예수 그리스도 자신인 것을 보여 주며, 사도행전은 누가복음에서 축복하신 내용이 바로 성령의 임재와 증인으로서의 삶인 것을 보여 주고 있습니다.

하나님 나라의 일 = 예수 그리스도
축복의 내용 = 성령의 임재와 증인으로서의 삶

3) 예수님께서는 승천하시기 전에 얼마 동안 자신을 나타내셨습니까?(3절)

예수님께서는 고난 받으신 후에 확실한 많은 증거로 친히 살아 계심을 40일 동안 보이셨습니다. 40일이라는 숫자는 성경에서 매우 중요한 의미를 가지고 있습니다. 애굽생활이 400년/430년이었으며, 광야 40년, 모세 금식 40일, 골리앗의 외침이 40일, 주님의 금식이 40일, 부활후 승천까지가 또한 40일입니다. 40일은 이 세상의 숫자이며 이 세상의 날들을 의미합니다. 골리앗의 외침도 이 세상의 날들을 의미하며 애굽의 기간도, 광야의 기간도 역시 세상을 의미합니다. 이제 승천하시기 전까지 40일을 주님께서 이 땅에 계셨음은 이 땅의 기간 동안 주님께서 우리와 함께 하심을 가르쳐 주시는 놀라운 영적인 진리인 것입니다.

4) 사도들의 관심은 무엇이었습니까? 우리는 이로부터 무엇을 알 수 있습니까?(6절)

사도들의 관심은 이스라엘 나라의 회복에 있었습니다. 즉 저들의 마음에는 아직까지 하나님의 나라가 아니라 이 땅의 것들에 있었던 것입니다. 하나님의 나라는 이 땅에 속한 것이 아님에도 불구하고 저들은 이 땅에 속한 하나님 나라를 구한 것입니다. 성경이 전하는 하나님 나라는 예수 그리스도에 관한 것임에도 불구하고 아직 저들의 생각에는 예수 그리스도가 아닌 이 세상의 나라가 있는 것입니다.

5) 사도행전 1장8절이 사도행전 전체에서 갖는 의미를 살펴봅시다. "오직 성령이 너희에게 임하시면 너희가 권능을 받고 예루살렘과 온 유대와 사마리아와 땅 끝까지 이르러 내 증인이 되리라 하시니라"(행 1:8)

사도행전 1장8절의 말씀은 사도행전의 전체의 모습을 보여주시는 말씀입니다. 사도행전의 제1부는 1-7장까지의 말씀입니다. 약속의 말씀대로 사도행전 2장에 이르러 성령의 강림이 이루어집니다. 이때에 베드로가 설교하게 될 때에 3천 명이나 되는 사람들이 회개하고 주께로 돌아오게 됩니다. 곧 사도행전 2장에 성령의 강림이 일어남으로 예루살렘 교회가 설립되고 여러 시련들 가운데 성장해 나아가게 됩니다.

사도행전의 제2부는 8-12장의 말씀입니다. 사도행전의 제1부가 되는 1-7장은 스데반의 순교로 막을 내립니다. 스데반의 순교는 교회의 종식이 아닌 새로운 전환점이며 과도기가 됩니다. 끝이 아닌 새로운 시작이 됩니다. 1-7장이 예루살렘 중심으로 한 교회의 설립과 시련과 성장의 과정을 보여준다면, 사도행전 13-28장은 안디옥 교회를 중심으로 한 세계 선교에 관한 말씀입니다. 바울의 제1,2,3차 전도여행을 중심으로 한 세계 선교는 땅 끝까지 이르는 선교의 모습을 보여줍니다. 이제 8-12장은 이러한 예루살렘 교회의 성장과 세계 선교에 대한 과도기적인 모습을 보여줍니다. 사울의 예루살렘 교회의 핍박은 오히려 복음의 확산에 기여하게 되고 빌립을 통한 사마리아 전도, 유대 변경과 팔레스틴을 넘어 안디옥에까지 복음이 전파됩니다.

마지막 사도행전의 제3부는 13-28장까지로, 바울의 세 번의 전도여행과 바울의 예루살렘에서 체포, 가이사랴 구금과 로마 압송, 가택연금의 2년의 세월에 관하여 전합니다. 곧 사도행전은 예루살렘에 성령의 강림으로 말미암아 예루살렘과 온 유대와 사마리아와 땅 끝까지 복음이 전파됨을 보여줍니다.

2. 사도들은 예수님의 승천 후에 예루살렘으로 돌아갔습니다(12-14절).

1) 감람원이라는 산에 관하여 살펴봅시다(12절).

제자들이 예루살렘으로 돌아오기 전에 있었던 곳을 말씀은 감람원이라고 전하고 있습니다. 이 감람원은 감람산입니다. 감람산은 예수님의 행적에 있어 여러 의미를 주고 있습니다. 감람산은 예루살렘 동쪽에 있는 산입니다. 예수님께서 자신의 죽음을 예비하시기 위하여 매인 나귀와 나귀 새끼를 끌고 오라고 명하신 곳도 감람산의 벳바게였으며(마 21:1), 예수님께서 감람산 위에 앉으셔서 세상 끝의 징조에 관하여 말씀하시기도 하셨으며(마 24:3), 예수님께서 제자들과 최후의 만찬을 마치시고 찬미하며 감람산으로 나아가셨고(마 26:30) 그 산기슭에 있는 겟세마네에서 십자가를 앞에 두고 기도하셨으며(마 26:36) 또한 그

비탈에 예수님께서 승천하신 베다니가 위치해 있습니다(눅 24:50, 겔 11:23). 이와 같이 의미가 있는 감람산은 스가랴 14장4절에 의하면 마지막 날, 심판주가 서실 곳이기도 합니다.

2) 감람원으로부터 예루살렘으로 돌아와 기도하였던 주역들에 관하여 살펴봅시다(13-14절).

복음서에 나오는 사도들의 명단과 더불어 이들과 함께 여자들과 예수의 어머니 마리아와 예수의 아우들은 마음을 같이하여 오로지 기도에 힘썼습니다. 제자들은 앞으로 자신들에게 일어날 일들에 관하여 구체적으로 알 수 없었습니다. 다만 그들은 약속하신 대로 기다림 속에서 성령님의 임재와 그들의 미래를 위해서 기도하였습니다. 즉 우리의 기도도 모든 것을 알고 기도하는 것은 아닙니다. 기도 중에 하나님께서는 더욱 큰 기도의 제목과 응답을 허락하실 것입니다.

3. 1장15-26절은 사도의 보충에 관하여 우리에게 전하여 주고 있습니다.

사도행전 1장15-22절은 사도행전에 나오는 베드로의 첫 번째 설교입니다.

1) 가룟유다에 관하여 이야기해 봅시다(17-19절).

가룟유다의 죽음에 관하여 마태복음은 그의 죽음의 방법으로서 가룟유다가 목매달아 죽었음을 전하고(마 26:14-16, 27:3-10), 누가는 죽음의 결과로써 그가 낭떠러지에 떨어져 죽었음을 전합니다. 곧 은 삼십에 예수를 팔았던 가룟유다는 은 삼십을 성전에 던지고 목매달아 결국 떨어져 죽었으며 대제사장들이 그의 피값으로 그 밭을 사게 되었습니다. 가룟유다의 최후를 살펴보며 그 또한 우리와 다를 바 없었던 사람이었으나 더 나아가 그는 하나님을 가장 가까이 섬기는 자였으나 사단에 의해 붙들림에 받았을 때 그 최후가 어떻게 되었는가를 살핌이 중요합니다. 사단 또한 하나님을 가장 가까이에서 섬기는 자였습니다. 하나님의 가장 가까운 자가 배신하고 심판받고 버림을 받는 것은 낯선 이야기가 아님을 주의하여야 합니다. 사단, 가룟유다에게서 일어난 일들은 역사 속에서 계속 반복되었습니다. 발람이라는 선지자가 그러하며 또한 초대 일곱 집사 중에 한 사람인 니골라가 그러합니다. 그들은 가장 큰 하나님의 지식을 얻었고, 또한 귀한 직임을 받고도 세상을 좇아 버림받은 자가 되고 말았습니다. 곧 우리는 오늘 말씀 속에서 맛디아라는 사람이 비워있던 사도의 직임을 받은 말씀으로만 이해할 것이 아니라 한 사람 가룟 유다가 이 직임을 버림으로 말미암아 하나님께 버림받음의 이야기를 먼저 접하며 두렵고 떨린 마음을 가져야 할 것입니다.

2) 새로운 사도를 뽑아야 할 이유는 무엇이었습니까?(20, 22절)
사도를 뽑아야 할 정당성을 구약의 예언과 성취로 말씀은 주장합니다(20절). 하지만 그것은 단순히 구약의 성취를 넘어 주님의 지상 대명령(행 1:8)이며 축복이신 말씀을 온전히 이루기 위함입니다(22절).
3) 사도들이 갖추어야 할 두 가지 자격은 무엇이며 그 이유는 또한 무

엇입니까?(21-22절)

사도의 두 가지 자격은 첫째, 요한의 세례로부터 승천하신 날까지 '항상 우리와 함께 다니던 사람'이며 둘째, '예수님의 부활하심을 증거할 사람'입니다. 이는 첫째, 복음의 정통성을 위한 것이며 둘째, 엄격한 선교의 직무를 온전히 수행하기 위한 것입니다. 이로써 우리는 직분에는 자격이 있고 또한 사명이 있음을 분명히 하여야 합니다. 특별히 우리의 직분됨이 예수 그리스도의 부활을 증거하는 일에 아무 상관이 없고 단순히 자신의 자리만을 고집할 때 우리는 얼마나 복음과 멀리 있게 되는가를 직시하여야 합니다(직분에는 자격과 사명이 있으며 자격은 있으나 사명이 없으면 직분은 타락하고 직분에 사명은 있으나 자격이 없으면 직분이 무질서하게 됩니다. 이로써 직분에는 반드시 사명과 자격이 함께 가야 하는 것입니다).

4) 사도들은 새로운 사도를 어떻게 뽑았습니까?(26절)

저희들은 제비를 뽑아 사도를 뽑았습니다. 이것은 저희가 아닌 성령님께서 맛디아를 택하심을 보여주는 것입니다.

5) 제비를 뽑은 결과에 관해서 우리는 무엇을 생각할 수 있습니까?

제비의 결과는 사람들이 기대하는 바와 달리 맛디아가 선택되었습니다. 바사바라 유스도라 요셉으로 불리는 자에 대한 소개는 그가 얼마나 유명한 사람이었으며 사람들의 기대가 있었는가를 보여줍니다. 하지만 결과는 사람들의 기대와는 달리 맛디아가 선출되었습니다. 우리는 이로부터 사람의 눈과 하나님의 눈이 얼마나 다른가를 잠잠히 살펴보아야 할 것입니다. 또한 제비를 뽑은 결과 선출된 맛디아의 권위는 제비에 의해 하나님에 의한 권위로 인정되었으므로 단순히 사람들의 선출함으로 그의 권위를 상실케 하는 위험으로부터 제거되었습니다.

묵상

01 하나님 나라의 일과 축복에 관하여 나누어 봅시다.

02 사도행전을 접하며 우리에게 가장 먼저 회복되어야 할 것은 예수 그리스도의 약속 가운데 성령님의 임재를 위해 머무르고 기도하는 일입니다. 참된 증인으로서의 거듭남은 바로 성령의 임재로 말미암는 일입니다. 기다림에 관한 삶에 관하여 나누어 봅시다.

03 제자의 보충이 주는 교훈들에 관하여 나누어 봅시다.

되새김

우리의 시대는 성령시대요, 은혜의 시대입니다. 그러나 마치 이 은혜의 시대를 구약의 엘리 시대보다 더 말씀의 희귀함을 경험하며 사는 불행함으로 살아서는 안될 것입니다. 성령님은 인격이십니다. 그분은 그리스도를 증거하는 영이십니다. 성령님과의 교제는 우리들의 삶에 그리스도와의 풍성한 교제를 가능케 할 뿐만 아니라 주님께서 우리에게 맡기신 사역을 온전히 이루게 도우실 것입니다.

PART

02

성령의 강림과 교회의 탄생
2장1~47절

Key Point

기다림은 약속된 성령의 강림과 함께 교회의 탄생이라는 축복을 받게 되었습니다. 오순절 성령님의 강림은 눈과 귀로 알 수 있는 현상적인 성령의 역사였습니다. 이 놀라운 성령의 임재는 회개하여 예수 그리스도의 이름으로 세례를 받고 죄 사함을 얻은 자에게 선물로 주어진 것입니다.

본문 이해

 1장에서 약속된 성령의 강림이 기다림 가운데 오순절에 예루살렘에
서 기도하였던 120명의 제자들에게 임하였습니다. 이는 단순한 소수
의 사람들의 특별한 체험이 아닌 구속사의 변화를 가지고 오는 사건입
니다. 곧 모압 언약(신 29장)과 달리 시내산 언약(출 19장)이 특별한 역
사를 통해서 이루어짐과 같이 하나님께서는 성령의 강림 사건에 역사
와 능력을 나타내심으로 이 시간이 구속사적인 획을 이룸을 밝히시는
것입니다. 성막을 통하여 말씀하심으로 출애굽기와 레위기를 구분하셨
던 바와 같이 이제 성령의 강림은 성령의 내주라는 신약의 성도들의 특
별한 지위를 갖게 하십니다. 뿐만 아니라 마태복음 16장에서 약속된 교
회는 성령의 강림과 더불어 이루어집니다. 성령의 강림은 개인적으로
는 성령의 내주라는 신분적인 변화를 가지고 왔고, 공동체적으로는 교
회를 이루게 하신 것입니다.

■ 사도행전 2장의 구조적 이해
  행 2:1-4: 오순절 성령의 강림
  행 2:5-13: 경건한 유대인들의 양면적 반응
  행 2:14-36: 베드로의 두 번째 설교
  행 2:37-42: 회개와 교회의 탄생
  행 2:43-47: 그리스도교 공동체

1. 오순절 성령강림 사건에 관하여 살펴봅시다(1-13절).

1) 오순절은 어떠한 날입니까?

오순절은 유월절 축제 기간 중 첫 이삭을 드린 날 다음날부터 계산하여 7주 후에 거행되었습니다. 맥추절 혹은 칠칠절이라고도 불리는 이 절기는 수확을 할 수 있게 하신 하나님께 대한 감사를 표시하며 성전 파괴 후에는 시내 산에서 율법을 받은 것을 기념하는 목적으로 준수되었습니다. 만일 유월절이 해방을 기념한다면 오순절은 추수 감사와 종교의 형성을 기념하기 위한 절기입니다. 신약에 와서 이 절기는 성령께서 강림하심으로 추수제에서 교회 탄생을 기념하는 성령강림절로 그 의미가 대체되었습니다. 무교절 안식일 이튿날 곡물 이삭 한 단을 흔드는 요제를 드렸는데 이는 곧 예수 그리스도의 부활을 의미합니다. 그리고 이 그리스도의 부활을 의미하는 이삭 한 단의 요제로부터 50일 후에 성령이 임하시는 오순절이 된 것입니다.

2) 약속하신 성령님의 강림이 오순절에 있었습니다. 주님의 약속 후 얼마 후의 일이었습니까?

주님의 죽으심이 유월절 어린양이 도축되는 시간에 있었고 부활하신 후 약 40일 후에 승천하신 것을 계산할 때 주님의 승천 후 약 10일 후에 약속하신 성령께서 임하셨다고 볼 수 있습니다.

3) 성령님께서는 왜 오순절에 임하셨습니까?

하나님의 경륜을 인간의 판단으로 측정한다는 것은 어리석은 일입니다. 그러나 인간의 작은 추측은 무한한 하나님의 은혜를 받는 무리들에게 감사한 마음으로부터 나오는 자발적인 아름다운 것입니다. 이에 관해서 우리는 두 가지를 살펴볼 수 있습니다. 첫째 어거스틴이 우리들에게 전하는 바, 하나님의 율법이 하나님의 손에 의해서 쓰인 후 50일 후에 이스라엘 백성에게 전하여진 것과 같이 참된 유월절인 예수 그리스도의 부활 이후 같은 날짜만에 참된 율법인 성령님을 우리에게 주셨다는 것입니다. 둘째 오순절은 사람들이 많이 모이는 절기로서 많은 사람들에게 이 성령의 강림을 보이시기 위함입니다.

4) 성령의 임재는 성도에게 어떠한 의미가 있습니까?

첫째, 그리스도의 구속으로 말미암아 그리고 성령의 임재로 말미암아 성도는 하나님의 성령의 전이 되었습니다(고전 3:16). 구약 시대 성막이 완성되었을 때에, 여호와의 영광이 성막에 충만하여 모세가 희막에 들어갈 수 없었습니다(출 40:35). 여호와의 임재는 아론이 첫 제사를 드렸을 때에 임하였으며 모든 사람은 엎드렸습니다(레 9:22-24). 솔로몬이 성전을 봉헌할 때에 여호와의 영광이 여호와의 전에 가득하므로 제사장이 그 전에 능히 들어가지 못하였습니다(대하 7:2). 그러나 이제는 그리스도의 구속으로 말미암아 성도는 하나님이 임재하시고 거하시는 성령의 전이 된 것입니다. 둘째, 성령의 임재는 성도로 하여금 '증인' 되게 하였습니다. 성령의 임재는 새로운 의미의 증인입니다. 예수 그리스도의 승천으로 말미암아 그리스도의 증인은 사도들로 제한되고 더 이상 증인이 될 수 없습니다. 그러나 성령의 임재는 계속적으로 증인된 삶을 가능케 하였습니다.

5) 성령강림 사건의 소리와 광경, 결과적인 현상에 관하여 살펴봅시다(2-4절).

성령 강림의 역사는 첫째, 청각적으로, 홀연히, 하늘로부터, 권능 가운데 나타났습니다. 급하고 강한 바람 같은 소리는 청각적이며, 이러한 역사가 홀연히 이루어짐은 이 역사가 사람으로 말미암지 않는 하나님의 주권적인 역사로 땅의 힘이 아닌 하늘의 역사이며, 강력한 권능임을 보여줍니다.

둘째, 성령의 역사는 시각적으로, 각 사람 위에 하나씩 임하였습니다. 성령의 역사는 분명히 시각적인 효과를 동반하여 사람들로 하여금 불의 혀처럼 갈라지는 것들이 그들에게 보였습니다. 이러한 시각을 통해서 하나님께서 보이시고자 하는 바는 바로 하나님의 임재의 방식입니다. 호렙산 하나님의 임재의 상징으로 불 가운데서 거기 강림하실 때에 하나님의 임재는 불 가운데 있었습니다. 그러나 이제 오순절 성령 강림의 역사는 각 사람 위에 하나씩 임하였습니다. 이는 놀라운 하나님 임재의 변화가 아닐 수 없습니다.

셋째, 성령의 역사는 결과적으로 성령의 충만함을 받게 하였습니다. 성령이 충만함은 어떠한 내적인 충만함으로 멈추지 않습니다. 도리어

29

성령의 충만함은 그들을 주장하였습니다. 성령 충만함을 받은 자들은 성령이 말하게 하심을 따라 다른 언어들로 말하기 시작하였습니다. 이는 어떠한 신비한 능력을 가지게 되었음을 가르치는 것이 아니라 성령 충만함의 의미와 목적이 어디에 있는가를 보여줍니다. 성령은 증인이 되게 하시는 것입니다. 그들이 다른 언어들로 말하기를 시작함은 곧 그들이 증인으로서의 삶의 첫걸음을 보여주시는 것입니다.

6) 오순절 성령강림 사건으로 인한 사람들의 반응은 어떠했습니까?(5-13절)

큰 무리가 소리를 듣고 모였으며 제자들의 방언하는 것을 듣고 소동하며 그곳에 있는 제자들이 모두 갈릴리 사람임에도 불구하고 각 나라와 족속의 말로 방언하는 소리를 듣고 놀라 신기하게 여겼고 당황하였고 또한 새 술에 취하였다고 조롱하기도 하였습니다.

2. 베드로의 설교를 함께 살펴봅시다(14-36절).

사도행전 2장14-36절은 사도행전에 나타나는 베드로의 두 번째 설교입니다.

1) 성령강림 사건을 술 취함으로 조롱하는 사람들에게 베드로는 무엇이라 말하였습니까?(14-15절)

제3시는 6시를 기점으로 시간을 계산하는 유대식 시간법에 의하여 오전 9시를 의미합니다. 곧 120명이나 되는 사람들이 오전 9시에 술 취함으로 보는 것은 억지스러운 일입니다. 베드로는 사람들의 두 번의

'어찜이뇨'라는 말에 응답하고 있습니다. 첫 번째 8절의 '어찌 됨이냐'라는 말에 14-21절에서 성령께서 임하셔서 그들의 입을 주장하셨기 때문이라고 밝히며 두 번째 12절의 '이 어찌 된 일이냐'라는 말에 곧 '하나님의 큰 일을 말함'(11절)에 관하여 22-36절에서 그것은 예수 그리스도의 죽으심과 부활 사건임을 밝히고 있습니다.

2) 베드로는 성령의 강림사건을 어떻게 해석하고 있습니까?(16-21절)

베드로는 성령의 강림 사건을 말씀의 성취의 사건으로 해석하고 있으며 특별히 요엘 2장28-29절을 인용하고 있습니다. 성령 강림의 사건은 말세에 하나님의 영을 모든 육체에 부어주심에 대한 성취가 됩니다. 이미 앞서 성령의 강림이 시각적으로 각 사람 위에 하나씩 임함을 보였다면 베드로의 설교를 통해서 이 성령의 임함은 요엘 말씀의 성취를 따라 '세대적인 차이'와 '성적인 차이'와 '계급적인 차이'를 뛰어넘게 됩니다. 아직 베드로의 설교 가운데는 유대인과 이방인의 장벽은 무너지지 않았으나 이미 성령 강림 사건은 이러한 장벽을 뛰어넘고 있는 것입니다.

구속사에서 현재의 성도들은 이미와 아직 가운데 있습니다. 곧 이미 이루어진 예수 그리스도의 초림과 아직 이루어지지 않은 예수 그리스도의 재림 가운데 끼어 있는 것입니다. 베드로의 요엘서 인용에도 이미와 아직이 구분됩니다. 요엘 2장28-29절은 오순절 성령 강림 사건으로 말미암아 성취되었으나 요엘 2장 30-31절의 말씀은(행 2:19-20) 그리스도의 재림 이전의 사건으로 아직 성취되지 않았습니다. 그럼에도 불구하고 베드로가 이 모든 본문을 인용하고 있는 것은 요엘 2장 32절의 말씀까지 이끌기 위함인 것으로 보입니다. 즉 오순절 성령 강림으로 모든 세대적, 성적, 계급적 장벽이 무너짐은 누구든지 주의 이름을 부르는 자는 구원을 받기 때문입니다. 이는 혈통적이며, 종교적이며, 민족 중심적이었던 유대교에 있어서는 가히 혁명적인 선언이라 아니할 수 없는 것입니다.

3) 베드로의 설교에 있어 예수 그리스도의 생애에 대한 증언을 살펴봅시다(22-36절).

앞서 성령 강림 사건의 의미를 요엘 말씀을 통해서 증거한 베드로는 이번에는 예수 그리스도의 생애에 관하여 증언합니다. 예수 그리스도의 생애에 관하여서는 이스라엘 사람들이 아는 바이며 하나님께서 큰 권능과 기사와 표적으로 나사렛 예수를 증언하였습니다(22절). 이처럼 하나님께서 정하신 뜻과 미리 아신 대로 예수를 내준 바 되었음에도 불구하고 이스라엘은 율법을 갖지 않은 자들의 손을 빌어 그를 십자가에 못박아 죽였으며(23절) 하나님께서는 죄 없으신 그가 사망에 매여 있을 수 없으므로 사망의 고통에서 풀어 살리셨습니다(24절).

베드로는 요엘서의 인용에 이어 시편 16편 8-11절의 인용을 통해서 예수의 죽음과 부활에 관하여 증언합니다(25-28절). 시편 16편 8-11절은 그들 가운데 묘가 있는 다윗에 대한 증언이 아닌 그리스도에 관한 증언이며 이 예수를 하나님이 살리신 것입니다. 베드로는 우리가 다 이 일에 증인이라 하였습니다.

4) 베드로의 설교의 요지에 관하여 살펴봅시다.

베드로의 설교의 요지는 그의 설교의 마지막 부분인 36절에 잘 요약되어 있습니다. 곧 너희가 십자가에 못 박은 예수님이 바로 그리스도라고 것입니다. 베드로는 성령 강림 사건을 술취함으로 조롱하는 무리들에 관하여 논리적으로 반박한 후 성령 강림 사건을 예언된 말씀의 성취의 안목에서 해석해 주었습니다. 더 나아가 베드로는 예수님의 생애(22절), 죽음(23절), 부활(24절), 승천(33절), 성령의 강림(33절)에 관하여 풀어 말하여 주며 그들이 십자가에 못 박으신 분이 바로 기다리던 메시야라는 것을 깨닫게 해 주었습니다. 마지막으로 베드로는 시편 110편1절을 인용하며 주께서 하나님이 우편에 앉아 계시며 그들이 십자가에 못 박은 예수를 하나님이 주와 그리스도가 되게 하셨다고 선포하였습니다(36절).

3. 초대교회의 탄생에 관하여 살펴봅시다(37-47절).

1) 베드로의 설교에 대해 사람들은 어떠했습니까?(37절)

그들의 마음은 찔렸습니다. 우리는 이로써 말씀의 사역으로 인한 저들의 찔림조차도 성령의 사건으로 보는 것이 중요합니다. 물론 저들이 회개하고 죄 사함을 얻음으로 성령을 선물로 받게 되지만 성령의 사역은 말씀을 통해 이미 저들의 마음 가운데 시작하고 있었던 것입니다. 그들은 베드로와 다른 사도들에게 물어 형제들아 우리가 어찌할꼬 하였습니다.

2) 베드로는 저들에게 한 말과 그 결과에 관하여 살펴봅시다(38-41절).

베드로는 죄를 깨닫고 마음의 찔림을 가진 사람들에게 회개하고 예수 그리스도의 이름으로 세례를 받아서 죄 사함을 받고 성령을 선물로 받으라고 하였습니다. 그리고 그 결과 그날에 삼천 명이나 되는 사람들이 주께로 돌아오게 되었습니다. 120명의 오순절 날 합심 기도와 성령의 강림이 3천 명이나 되는 놀라운 성령의 열매를 맺었습니다. 그러나 이 또한 앞으로 이루어진 성령의 사역에 비하면 그 시작에 불가한 일이었습니다.

3) 성령의 강림으로 말미암아 교회가 탄생하게 됩니다. 교회 안에서 이루어지는 4가지 일을 살펴봅시다(42절).

교회 안에는 가르침과 교제와 떡을 뗌과 기노가 있어야 합니다. 이 중에 어떠한 하나라도 소홀히 여겨서는 안 될 것입니다. 곧 말씀을 가르침과 성도들 상호 간의 교제와 구체적으로 음식을 나눔과 함께 모여서 기도하는 일은 교회의 중요한 요소가 되는 것입니다.

4) 이 외에도 초대교회에 있었던 것들에 관하여 살펴봅시다(43-47절).

① 두려움: 초대교회 가운데는 성령강림 사건 이후에 하나님에 관하여 두려워함이 있었습니다. 이는 하나님을 경외하는 거룩한 두려움이었습니다.

② 기사와 표적: 초대교회 가운데는 기사와 표적이 많이 나타났습니다. 하나님의 일은 외적으로 이렇게 나타나는 것이었습니다.

③ 함께 함: 초대교회 가운데는 믿는 사람들이 함께 모였습니다.

④ 통용과 나눔: 초대교회 가운데는 모든 물건을 서로 통용하고 재산과 소유를 팔아 필요에 따른 나눔이 있었습니다.

⑤ 모이기에 힘씀: 초대교회 가운데는 같은 마음과 모이기를 힘씀이 있었습니다.

⑥ 떡을 뗌: 초대교회 가운데는 집에서 떡을 떼며 기쁨과 순전한 마음으로 음식으로 먹음이 있었습니다.

⑦ 하나님 찬미: 초대교회 가운데는 하나님을 찬미함이 있었습니다.

초대교회 가운데는 온 백성에게 칭송을 받음이 있었습니다. 초대교회 가운데는 날마다 구원받는 사람들이 더하였습니다.

묵상

01 오순절 성령강림의 현상이 주는 교훈에 관하여 나누어 봅시다.

02 성령을 선물로 받는 것은 예수 그리스도를 믿음으로 말미암아 죄 사함을 받은 자에게 주어지는 것입니다. 성령님을 모신 나의 삶은 어떠합니까?

03 성령님의 강림으로 말미암아 예루살렘에 최초의 교회가 세워지게 됩니다. 성령님으로 말미암는 아름다운 교회는 어떠한 교회입니까?

되새김

오순절의 현상적인 성령의 강림은 하나의 표증이 되어 오늘날 시대가 어떠한 시대인지를 구분 짓게 합니다. 곧 오늘날 우리들의 시대는 성령시대입니다. 성령의 강림과 함께 놀라움과 회개와 교회 탄생을 바라보며 오늘날 우리들의 개인적인 삶과 교회적인 삶을 되돌아보아야 할 것입니다.

PART

03

성령의 사역
3장1~26절

Key Point

성령의 기다림, 성령 강림, 교회의 탄생으로 이어지는 성령의 역사는 이제 성령의 외적 사역으로 나타납니다. 곧 베드로와 요한의 나면서 못 걷는 이의 치유 사건은 구체적인 성령의 사역입니다. 우리는 성령의 사역에 대하여 두 가지를 염두에 두어야 합니다. 첫째, 베드로와 요한은 성령에 의하여 앉은뱅이를 일으켰다는 것이고 둘째, 성령의 사역은 어떠한 목적을 가지는 바 곧 예수 그리스도를 증거한다는 것입니다.

본문 이해

성령 강림의 약속과 성령 강림에 이어 성령의 사역은 그 연속에 있어서 자연스럽습니다. 이미 앞서 사도들로 말미암은 기사와 표적을 증거하였지만(행 2:43), 더욱 구체적으로 베드로와 요한을 통한 성령의 사역에 관하여 증거합니다. 베드로와 요한이 나면서 걷지 못하였던 자를 일으켜 세운 것은 하나의 기적만을 의미하는 것이 아닌 성령의 사역을 선포하시는 것과 같은 것입니다. 성령의 강림은 한 개인의 신분적인 변화뿐만 아니라 이제 변화된 삶을 이끄시는 것입니다.

동방 박사들은 유대인의 왕으로 나신 이라고 선포하였습니다. 만일 유대인이 이 선포를 하였다면 예수님은 유대인의 왕이 될 것입니다. 그러나 이 선포를 동방 박사들이 하였을 때에 예수님은 단지 유대인만의 왕이 아닌 만왕의 왕이 되심을 선포하는 것입니다.

■ 사도행전 3장의 구조적 이해

　　행 3:1-10: 베드로와 요한의 치유 이적

　　행 3:11-26: 베드로의 세 번째 설교

1. 베드로와 요한은 성전 미문에 앉아 있던 나면서부터 못 걷는 병자를 예수 그리스도의 이름으로 치유하였습니다(1-10절).

1) 성전과 교회를 구별하여 봅시다.

엄밀한 의미에서 교회는 성전과 구분됩니다. 성전은 하나님께 예배를 드림에 있어 희생제사를 통하여야 하지만 교회는 이미 예수 그리스도의 희생제물됨을 근거함으로 드리는 예배가 됩니다. 따라서 교회의 예배는 희생보다는 예수 그리스도로 말미암는 감사와 함께 성령이 임하는 예배가 되어야 합니다. 성전은 하나의 건물이며, 하나님의 임재의 장소를 의미합니다. 그러므로 성전은 두 개가 지어질 수 없는 것입니다. 그러나 오늘날 성전의 개념은 성령의 전인 그리스도인의 몸이 곧 성전이 되었으며 교회는 하나님의 임재의 장소와 건물이 아닌 부르심을 받은 자들인 성도의 무리가 되었습니다.[1]

2) 이미 교회가 탄생되었고 교회와 성전의 구분에도 불구하고 베드로와 요한의 성전에서 기도함을 보며 무엇을 살펴볼 수 있습니까?(1절)

우리는 이 부분에 관하여 이미 앞에서 살펴봄과 같은 명확한 구분이 있음에도 불구하고 두 가지 안목에서 균형적으로 살펴보아야 합니다. 첫째, 사도들은 그들의 삶 속에서 신앙의 전통을 무시하지 않았다는 것입니다. 오늘날 시간법으로, 유대인들은 9시, 12시, 3시에 3번 기도를 드렸습니다. 사도들은 그들의 삶에 있어 신앙의 전통을 존중하였을 뿐

---

1) 교회를 뜻하는 '에클레시아'는 ~로부터를 의미하는 '에크'와 부르다라는 '칼레오'의 합성어로 '~로부터 부르심을 받은 무리'를 뜻합니다. 이는 성도란 죄와 사망에서 부르심을 받은 자들임을 알 수 있습니다.

만 아니라 유대교적인 모임을 통해 전도의 기회로 삼았습니다. 하지만 둘째, 교회가 탄생함에도 불구하고 성전과 교회가 아직 명확하게 구분되지 않았다는 점을 살필 수 있습니다.

3) 나면서부터 못 걷는 병자 치유 사건은 누구로 말미암은 것입니까?

베드로와 요한은 모든 병자에게 이러한 태도를 취하지 않았습니다. 치유받은 병자는 나면서부터 못 걸었으며 매일 그곳에 있었던 사람이었습니다. 오순절 성령 강림이 있기 오래전부터 성전 미문에서 구걸을 하였던 사람이었습니다. 따라서 우리는 이 사건을 살펴봄에 있어서 베드로와 요한의 자의적이며 즉흥적인 사건이 아닌 성령의 사역으로 기억하는 것이 바람직합니다. 즉 우리는 성령에 민감하며 또한 그분의 음성에 순종하는 삶 속에서 하나님의 역사를 경험함이 있는 것입니다. 교회란 어떠한 사람들이 되어야 합니까? 교회를 '부르심을 받은 자들의 무리'라고 한다면 또한 교회란 '성령의 인도하심을 받는 자들이 되어야 합니다.

4) 베드로와 요한이 병자에게 했던 말을 살펴봅시다(6절).

베드로와 요한이 병자에게 우리를 보라 하였을 때에 그는 무엇인가를 얻을까 하여 바라보았습니다. 이는 세상에 우리들이 기대하는 것과 우리들이 세상에 주어야 할 것이 무엇인지를 분별케 합니다. 세상은 여전히 자신의 필요를 따라 구합니다. 그러나 교회는 세상을 향하여 그들이 원하는 것을 줄 것이 아니라 오직 예수 그리스도를 전하여야 하는 것입니다. 예수 그리스도는 어둠 가운데 있는 세상에 빛이며, 사망 가운데 앉은 자의 소망이 됩니다.

"은과 금은 내게 없거니와 내게 있는 것으로 네게 주노니 곧 나사렛 예수 그리스도의 이름으로 걸으라"(행 3:6)

더불어 알 것은 성령의 사역은 결코 예수 그리스도와 분리되지 않습니다. 성령님은 예수 그리스도를 증거하는 영이신 것입니다.

베드로와 요한은 이미 3천 명이나 되는 사람을 얻었습니다. 그들은 이전의 '갈릴리 사람들의 무리'(행 2:7)가 아니었습니다. 그리고 베드로와 요한은 초대 교회의 중요한 위치에 있었던 사람들이었습니다. 그들은 세상을 향하여 많은 일들을 할 수 있을 것입니다. 그러나 놀랍게도 그들은 '은과 금은 내게 없거니와'라고 말하고 있습니다. 그들이 세상에 전해 주어야 할 것은 세상이 원하거나 구하는 것이 아닌 것입니다. 그것은 그들이 구하는 것보다 더 귀하고 뛰어난 것입니다. 이는 곧 '예수 그리스도의 이름'입니다.

교회와 성전은 어떠한 차이가 있습니까?
교회는 누구의 인도하심을 받아야 합니까?
교회가 세상에 주어야 할 바는 무엇입니까?

2. 베드로의 세 번째 설교를 자세히 살펴봅시다(11-26절).

1) 베드로와 요한은 나면서부터 못 걷는 병자의 치유를 통해서 누구를 찬양하였습니까?(11-12절)

그들은 몰려든 사람들에게 '이스라엘 사람들아 이 일을 왜 놀랍게 여기느냐 우리 개인의 권능과 경건으로 이 사람을 걷게 한 것처럼 왜 우리를 주목하느냐'고 자신들에게 영광이 돌려짐을 경계하였습니다. 곧 베드로와 요한은 이 일을 통해서 자신들이 영광을 받지 않고 하나님께 찬양과 영광을 돌렸으며 더불어 이 놀라운 사건을 통해서 다시 한번 복음 전파의 기회로 삼았습니다.

2) 믿음에 관하여 살펴봅시다. 믿음이란 무엇입니까?

넓은 의미에서 믿음이란 하나님의 말씀을 믿음으로 말미암는 것입니다(롬 10:17). 그러나 더욱 구체적으로 참된 믿음이란 예수를 믿는 믿음을 의미합니다.

3) 베드로의 세 번째 설교를 요약해 봅시다.

베드로는 이 기적이 자신들로 말미암은 것이 아님을 말하며 저희가 하나님께서 영화롭게 하신 그 종, 생명의 주를 죽임과 하나님께서 그를 다시 살리셨음을 증거합니다. 그리고 이 사람을 성하게 한 것은 자신들이 아니라 예수의 이름으로 말미암아 즉 예수를 믿는 믿음으로 말미암음을 강조한 후 하나님께서는 이미 그리스도께서 해 받으실 것을 선지자들을 통해 미리 알게 하시고 이루셨으니 이제 저들에게 다시 한번 회

개를 촉구합니다(19절). 그리고 그의 마지막 설교 부분에서 계속적으로
예수께서 약속하신 그리스도임을 증거합니다.

묵상

01 베드로와 요한이 치유하기 전에 그들이 가졌던 성령님과의 교제에 관하여 묵상하여 봅시다. 나의 삶 속에서 성령님과 어떠한 친밀함이 있습니까?

02 나면서 걷지 못한 자를 일으킨 성령의 사역은 예수 그리스도의 이름으로 말미암습니다. 또한 치유를 통한 증거는 예수 그리스도에 관한 것입니다. 곧 성령의 사역은 예수 그리스도를 증거하는 일입니다. 나의 삶에 있는 성령의 사역은 어떻게 예수 그리스도와 관련되어 있습니까?

03 베드로의 세 번째 설교가 주는 교훈에 관하여 나누어 봅시다.

되새김

성령님의 사역은 성령님께 민감한 무리들에 의해서 예수 그리스도를 증거하게 하는 것입니다. 성령 충만한 삶, 은혜의 삶을 살지만 어떠한 위협도 경험하지 못하고 예수 그리스도에 관해서 입 한번 열지 못한다면 우리들의 삶은 결코 성령님과 함께 한 삶이라고 할 수 없습니다. 세상이 주는 평안에 익숙하지 않도록 우리들의 신앙의 삶에 날마다 경성함이 있어야 할 것입니다.

PART

04

산헤드린 공회 앞에 선
베드로와 요한
4장1~31절

Key Point

오순절 성령 강림 후에 베드로의 설교에 대해서 조롱은 있었으나 핍박은 없었습니다. 그러나 나면서 걷지 못하는 자를 일으킨 치유 사건 후에 베드로의 설교에는 산헤드린의 핍박이 뒤따랐습니다. 예수님께서 잡히실 때에 세 번이나 부인하였던 베드로는 산헤드린의 위협 속에서 담대하였습니다.

본문 이해

　교회의 위기는 외적인 위기와 내적인 위기, 보이는 위기와 보이지 않는 위기로 구분됩니다. 곧 4장의 위기는 외적인 위기이며 보이는 위기이며, 5장의 위기는 내적인 위기이며 보이지 않는 위기입니다. 교회의 탄생 후 교회는 성장해 나아갔지만 그와 동시에 많은 외적인 박해를 받게 됩니다. 4장의 산헤드린 공회의 위협은 이러한 박해 중에 첫 번째가 됩니다. 교회는 위협을 받게 되었습니다. 그러나 이러한 위협은 장차 이루어질 모든 박해의 시작에 불가하였습니다. 파도 없는 항해가 없듯, 여러 가지 박해가 교회에 있게 될 것입니다. 그러나 성령님께서는 이러한 박해 속에서 교회를 더욱 성장케 하시는 것입니다. 박해 속에서 교회는 단련되고, 하나가 되었으며 더욱더 하나님을 향하게 하신 것입니다.

■ 사도행전 4장의 구조적 이해

　　행 4:1-4: 베드로와 요한의 체포
　　행 4:5-12: 베드로의 네 번째 설교
　　행 4:13-22: 산헤드린 공회의 위협
　　행 4:23-31: 베드로와 요한의 석방과 감사 기도

1. 베드로와 요한은 체포되어 산헤드린 공회의 심문을 받게 되었습니다
　 (1-22절).

1) 베드로의 두 번째 설교와 세 번째 설교 이후는 어떠했습니까?(4절)

베드로의 두 번째 설교 후 3천 명이 회개하고 교회가 탄생되었으며 세 번째 설교 후에도 남자만 해도 5천 명이 믿게 되었으나 저희는 잡혀 갇히게 되었습니다. 이로 통해 우리의 사역은 때때로 놀라운 결과를 동반하기도 하나 때때로 희생이 따르기도 한다는 점을 가르칩니다.

2) 산헤드린 공회에 관하여 살펴봅시다.

산헤드린 공회는 유대 민족의 최고 법정이며, 이 공회의 공적 회장인 대제사장(가야바)을 비롯하여 70명의 공회원으로 구성되어 있었습니다. 산헤드린 공회는 로마 정부로부터 부여된 특정 권세를 가지고 있었고 심지어 자체 내 경찰이 있어 공회의 판결을 집행했습니다. 그러나 사형 집행을 수행하는 권한은 부여받지 못했기에, 공회의 사형 집행 결정은 로마 당국에 재심하도록 제출되었습니다. 여기서 안나스가 대제사장으로 언급되지만, 그는 공적으로 은퇴하였기에 그의 사위인 가야바가 대제사장이었습니다. 그러나 안나스는 그의 호칭과 권위와 존경의 자리는 그대로 유지했습니다. 이 지도자들은 예수님의 십자가 처형에 관련이 있는 사람들이었습니다.

3) 산헤드린의 위협 가운데 있는 베드로의 모습을 예수님의 재판 전에 있었던 베드로의 모습과 비교해 봅시다.

예수님의 잡히심 앞에서 3번이나 주를 부인하던 모습에서 성령의 임재 후에는 담대한 베드로의 모습을 살펴볼 수 있습니다. 오랜 세월이 그를 강건케 한 것이 아니라 성령충만됨으로 그의 삶은 강건할 수 있었습니다.

4) 산헤드린 공회 앞에서 선포한 베드로의 네 번째 설교에 관하여 살펴봅시다(5-12절).

베드로는 나면서부터 걷지 못하였던 자가 이스라엘 백성이 십자가에 못 박고 하나님이 죽은 자 가운데서 살리신 나사렛 예수 그리스도의 이름으로 나음을 입었다고 주장합니다. 예수는 건축자의 버린 돌같이 여김을 받았으나 머릿돌이 되신 분으로서 인간이 구원받을 유일한 이름임을 선포하고 있습니다.

5) 산헤드린 공회원이 알고 있었던 베드로와 요한은 어떠한 사람들이었습니까?(13절)

그들은 본래 학문 없는 범인으로 알고 있었습니다. 따라서 그들이 담대하게 말함을 보고 더욱 놀랐습니다.

6) 베드로와 요한의 증거에 대한 산헤드린 공회원의 반응과 그 이유는 무엇입니까?(14절)

병자의 치유라는 명백한 증거 앞에서 산헤드린 공회원들은 힐난한 말이 없었습니다.

7) 산헤드린 공회원들은 베드로와 요한에게 어떻게 행하였으며 베드

로와 요한의 반응에 관하여 살펴봅시다.

산회드린 공회원들은 부인할 수 없는 유명한 표적으로 인해 민간에 더 퍼지는 것을 막기 위해 베드로와 요한을 위협하였습니다. 그들은 베드로와 요한을 해할 수도 있었으나 명백한 증거 앞에서 백성들을 두려워하여 단지 베드로와 요한을 위협함으로 놓아주었습니다. 그러나 베드로와 요한은 그들의 위협에 굴하지 않고 담대하였습니다.

2. 베드로와 요한은 산헤드린 공회로부터 놓임을 받았습니다(23-31절).

1) 베드로와 요한은 석방된 후에 누구에게로 갔습니까?

사도들은 그들의 동료에게 가서 제사장들과 장로들의 말을 다 고하였습니다. 사도들은 자신들에게 일어난 하나님의 역사와 돌보심을 그의 동료들과 함께 나누고 있는 것입니다.

2) 믿음의 무리들이 하나님을 찬양하며 기억한 것은 무엇입니까?

사도들과 동료들은 이 모든 일들을 통해서 하나님께 찬양과 영광을 돌리며 특별히 시편 2편의 말씀을 기억하고 있습니다. 곧 열방과 족속과 세상의 군왕과 관리들이 분노하고 대적하지만 결국은 허사를 경영하는 것입니다. 예언된 말씀과 같이 헤롯과 본디오 빌라도와 이방인과 이스라엘 백성이 합동하여 하나님의 기름 부으신 거룩한 종 예수를 거슬리고 죽였으나 그들의 경영은 헛될 뿐이었습니다.

3) 이들이 시편의 말씀을 기억한 것은 자신들에게 어떠한 유익이 되

었습니까?

시편의 말씀은 예수님께 향한 저들의 경영이 헛됨과 같이 그의 자녀들을 향한 세상의 경영함이 헛됨 뿐이라는 믿음을 주고 있는 것입니다.

4) 이들이 간구한 것들을 살펴봅시다.

믿음의 무리들은 자신들이 이 모든 일을 잘 견딜 수 있도록 위협을 감하여 줄 것과 온전히 주어진 사명을 감당할 수 있는 힘과 용기와 담대한 능력을 달라고 기도하고 있습니다. 곧 그들은 주어진 사명을 감당하기를 원했지 그것을 피하기를 원했던 것이 아닙니다. 이들은 더불어 자신들을 통하여 병이 나으며 표적과 기사가 거룩한 종 예수의 이름으로 이루어지기를 간구하였습니다.

5) 다시 이루어진 작은 성령의 역사를 살펴봅시다.

이들의 찬양과 간구의 기도에 대한 응답으로 이들이 모인 곳이 진동하였으며 무리가 다 성령의 충만함을 받아 더욱 담대히 하나님의 말씀을 전하였습니다.

묵 상

01   복음에 대한 다양한 반응들에 관하여 나누어 봅시다.

02   위협과 핍박에 대한 베드로의 변화됨에 관하여 나누어 봅시다.

03   하나님의 말씀을 전함에 있어서 내게 필요한 것은 무엇입니까?

되새김

주의 약속 가운데 기다림을 배우게 하시고, 성령의 강림 가운데 심령의 변화를 경험하게 하시고, 복음의 전파 가운데 능력을 경험하게 하신 하나님께서는 이제 복음 전파의 고난을 경험하게 하셨습니다. 고난 가운데 감사한 것은 먼저 작은 고난을 허락하셔서 이기게 하시어 더 큰 고난도 감당하게 하시는 것입니다. 고난 가운데 건지신 하나님께서는 모든 고난 가운데 승리하게 하실 것입니다.

P A R T

05

초대 교회의 생활
4장32~5장42절

Key Point

기다림, 성령강림과 교회의 탄생, 성령의 사역, 교회의 시련 이후에 초대 교회의 삶의 모습을 우리들에게 보여주고 있습니다. 그곳에는 일치와 나눔과 가르침과 이적과 전도함이 있었습니다. 이번 과는 믿음의 공동체의 아름다운 모습을 보여주며 더불어 교회 가운데 불순한 요소가 있었을 때 이것이 정화됨의 모습으로 뭇 사람들을 두렵게 합니다. 성령님은 사도들을 통해서 계속적인 이적을 행하셨으며 비록 교회를 향한 환난과 어려움은 끊이지 않았지만 믿음의 사람들을 더욱 강하게 붙드셨음을 보이십니다.

본문 이해

제5과는 내용상 크게 다섯 단락으로 나누어집니다. 초대 교회의 생활, 바나바의 소개, 아나니아와 삽비라 사건, 사도들의 표적, 두 번째 산헤드린 공의회의 위협입니다. 초대 교회의 생활은 이상적인 교회 공동체에 관하여 보여주며, 바나바와 아나니아/삽비라의 대조적인 모습은 교회를 세워 나아감에 있어서 분별하여야 할 바에 관하여 가르칩니다. 앞서 베드로와 요한을 통해서 나면서 못 걷는 이를 치유한 이적은 이제 다른 사도들의 손을 통하여서도 많은 표적과 기사가 일어났으며, 핍박 또한 베드로와 요한에서 전 사도에게로 확대되었으나 더욱 강권적인 하나님의 도움의 손길이 있음을 보게 됩니다. 곧 하나님께서는 공동체로 하나가 되게 하셨으며, 정결케 하시고, 능력이 있게 하셨으며, 위협과 핍박의 담금질 속에서 더욱 강건케 하셨습니다.

■ 사도행전 4장32-5장42절의 구조적 이해

　　행 4:32-35: 초대 교회의 공동체 생활

　　행 4:36-37: 바나바에 대한 소개

　　행 5:1-11: 아나니아와 삽비라 사건

　　행 5:12-16: 사도들의 표적

　　행 5:17-28: 두 번째 산헤드린 공회의 핍박

　　행 5:29-32: 다섯 번째 베드로의 설교

행 5:33-42: 가말리엘의 중재

1. 초대 교회의 이상적인 모습이 가능했던 이유들을 다음의 각절을 분석하
   며 살펴봅시다(4장2-35절).
   ① 한마음과 한 뜻(32절)
   첫째, 믿는 무리들은 한마음과 한 뜻이 되었습니다. 믿는 무리들은 수
   적으로 적은 수가 아니었습니다. 그들은 오순절 성령의 강림에 3천 명
   에서 베드로와 요한의 앉은뱅이를 일으킨 이적 이후에 남자의 수만 5
   천 이상이 되었다고 증거하기 때문입니다(4장4절). 적은 무리일 때에는
   한마음이 될 수 있지만 많은 사람이 모일 때에는 한마음이 되기 힘듭니
   다. 이는 사람의 힘이 아닌 성령의 능력인 것입니다. 곧 이렇게 많은 무
   리들이 한마음 한 뜻이 되었다는 것은 인간의 방법의 지혜에 의한 것이
   아니라 성령에 의한 것입니다. 우리들의 마음과 삶이 먼저 성령의 지배
   를 받는다면 이 모든 일은 가능한 것입니다.

   ② 물건의 통용(32절)
   둘째, 믿는 무리들은 모든 물건을 서로 통용하고 자기 재물을 조금이
   라도 자기 것이라 하는 이가 하나도 없었습니다. 마음의 일치는 외적으
   로 그들의 재물을 통용하는데 자연스러웠습니다. 곧 이와 같은 나눔은
   그들의 마음의 일치에 근거하는 것입니다. 나눔은 그들의 일치를 증거
   하는 것입니다.

③ 큰 권능과 증언(33절)

셋째, 사도들에게는 큰 권능이 있었습니다. 믿는 무리들에게 마음의 일치를 허락하신 것이 바로 성령님이시라면 사도들의 큰 권능 또한 성령님에 의한 것입니다. 마음의 일치로 서로의 나눔이 가능케 하였다면 이제 사도들은 권능으로 주 예수의 부활을 증거하였습니다. 그리고 이러한 복음 사역은 무리로 하여금 큰 은혜를 입게 하였습니다. 저들은 단순히 경제적인 공동체로 협력한 것이 아니라 복음의 증인으로서 서로 합력한 것이었습니다.

④ 가난한 사람이 없음(34절)

넷째, 32절 나눔의 결과 가난한 사람이 없게 되었습니다. 이러한 나눔은 바로 밭과 집 있는 자가 자신의 소유를 팔아 그 판 것의 값을 내어 놓았기 때문입니다. 모든 사람이 자신의 재산을 팔지는 않았겠지만 어떠한 믿음의 본을 보여주는 사람들이 성령의 감동 아래 자신의 소유를 팔아 가난한 자들의 부족분을 채웠습니다. 우리는 모든 재산을 규모 없이 팔 필요는 없을 것입니다. 그러나 가난한 자들을 우리 곁에 두셨음에도 불구하고 그 마음을 굳게 하는 것이 얼마나 성령님의 사역을 방해할 뿐만 아니라 우리들의 성령 안에서의 교제를 막는지 깨달아야 할 것입니다.

⑤ 사도들의 분배(35절)

다섯째, 사람들은 자신의 재산을 온전히 분배할 수 있는 권위를 사도

들에게 부여했습니다. 그들을 믿었으며 사도들은 성실히 저들의 믿음
에 합당한 나눔을 가졌습니다. 사도들은 무분별한 나눔이 아닌 필요를
따라 나눔을 가졌습니다. 자신의 필요에 따른 삶은 바로 성령 안에서 우
리로 아무 욕심도 없이 온전케 하는 훈련입니다.

2. 공동체의 삶 속에 대표적인 모범으로 바나바를 제시합니다(36-37절).

1) 바나바에 관하여 살펴봅시다. 특별히 바나바의 리더십에 관하여
연구하여 봅시다.

① 헌신하는 리더십(4장36-37절)

첫째, 바나바의 리더십은 헌신됨에 있었습니다. 바나바는 자신의 소
유를 하나님께 드린 사람이었습니다. 그는 구브로에서 난 사람이었고,
레위 족속에 속하는 사람이었습니다. 본명은 요셉이었는데 사도들이
권위자라는 뜻으로 바나바라 불렀습니다. 그의 권위는 자신의 희생으
로 말미암아 얻게 된 이름이었습니다. 오늘날 권위를 얻기 위해서 희생
치 아니하고 취하려고 하는 시대 속에 바나바는 그 이름만으로도 우리
들에게 귀한 교훈을 주고 있습니다. 그는 자신의 밭을 팔아서 사도들의
발 앞에 두었습니다. 우리는 교회에 무엇을 할 때 먼 미래를 바라봅니
다. 이렇게 하는 것이 결국 자신에게 더 큰 축복으로 돌아오리라고 생
각합니다. 그러나 우리가 무엇을 받을 것이기 때문에 오늘 우리가 드리
는 것이 의미가 있는 것이 아니라 오늘 내가 주의 일에 이처럼 무언가
를 드리는 것 자체가 축복임을 알아야 할 것입니다. 우리가 주님의 일
을 할 수 있을 때, 힘이 있고 능력이 있고, 물질이 있고 무언가 눈에 보

이는 것이 있어 주께 드리고 섬기고 일할 수 있다는 것만으로도 큰 축복임을 알아야 할 것입니다. 바나바는 자신의 밭을 팔아서 하나님의 일에 쓰일 수 있도록 드렸습니다. 어떠한 자신에게 돌아올 유익이 아니라 오직 하나님의 일에 대한 깊은 사랑과 관심이 그 안에 있었습니다. 우리는 이와 같은 바나바를 본받을 수 있어야 할 것입니다.

② 세워주는 리더십(9장26-27절)

둘째, 바나바의 리더십은 세워주는 리더십입니다. 바나바와 관련된 두 번째 이야기는 9장에서 살펴볼 수 있습니다(9장26-29절). 바나바는 사울이 회심하고 복음을 전할 때 그를 믿지 못하는 예루살렘 교회에 소개한 사람입니다. 참된 권위는 세워줌으로 말미암는 것입니다. 사울이 회심하였으나 사람들은 사울을 믿을 수 없었습니다. 스데반이 순교를 당할 때 그곳에서 중요한 지위를 차지하고 있던 자를, 교회를 핍박하던 자를 믿을 수가 없었습니다. 그러나 바나바는 자신의 권위로 사울을 세워주었습니다. 참된 권위는 이처럼 세워줌으로 말미암는 것입니다. 우리는 바나바처럼 누군가를 세워줄 수 있는 사람이 되어야 할 것입니다.

③ 동역하는 리더십(11장19-26절)

셋째, 바나바의 리더십은 동역하는 리더십입니다. 바나바의 세 번째 이야기는 사도행전 11장에서 살펴볼 수 있습니다(11장19-26절). 스데반의 순교 후 많은 사람들이 핍박을 피해 흩어졌습니다(8장1절). 흩어진 사람들 중에 구브로와 구레네 사람 몇 사람이 안디옥에 이르러 헬라인에게 복음을 전파하였습니다. 유대인에게만 복음을 전하였더니 이제는 헬라인에게도, 이방인에게도 복음을 전하였습니다. 이 일로 말미암아 성령의 역사 가운데 수많은 사람들이 예수 그리스도를 믿는 역사가 일어났습니다. 예루살렘 교회는 복음이 안디옥에서 왕성하게 되었다는 소식을 듣고 바나바를 그곳에 보냈습니다. 바나바는 이곳에서는 이렇게 소개되고 있습니다. "바나바는 착한 사람이요 성령과 믿음이 충만한 사람이라"(행 11장24절) 그리고 이렇게 마무리 짓고 있습니다. "이에 큰 무리가 주께 더하여지더라" 구브로와 구레네 몇 사람으로 말미암아 안디옥에 복음이 왕성케 되었고 많은 이방의 사람들이 돌아왔습니다. 더욱이 예루살렘으로부터 파송된 바나바로 말미암아 안디옥 교회는 더 큰 부흥을 맞게 되었습니다. 그러나 바나바는 여기에서 머물지 않았습니다. 바나바는 부흥기에 자신의 위치를 확고히 하고 자신의 위치를 높이려고 힘썼던 사람이 아니었습니다. 그는 비록 그곳에서 복음이 왕성했지만 더 큰 왕성함을 바라보기를 원했습니다. 그리고 그 일을 혼자서는 감당할 수 없음을 알고 있었습니다. 그래서 이제는 사울을 찾기 위해 다소로 가서 사울을 데리고 왔습니다. 우리는 위대한 바울을 알고 있습니다. 그러나 우리는 위대한 바울 뒤에 숨기고 가려진 바나바라는 사람이 있음을 알고 있어야 할 것입니다. 바나바는 헌신된 사람이었고 세워주는 사람이었고 이제는 동역하는 사람이었습니다. 바나바와 사울의 사역으로 말미암아 안디옥 교회는 더욱 큰 성장을 거두었습니다. 이전에는 복음의 중심이 예루살렘 교회였더니 이제는 복음의 중심이 안디옥으로 옮기게 되었습니다. 그리고 사람들은 비로소 그리스도인이라 불림을 받게 됩니다. 그리스도인이라는 이름은 예루살렘 교회에서 얻게 된 이름이 아니라 바로 안디옥에서 얻게 된 것입니다.

④ 인내하는 리더십(15장36-41절)

넷째, 바나바의 리더십은 인내하는 리더십이었습니다. 사도행전에서 살펴볼 수 있는 바나바의 마지막 이야기입니다. 안디옥 교회는 안디옥에서의 복음의 왕성함으로 머물지 않고 선교하는 교회가 되기 위하여 선교사를 파송하였습니다. 이 전도여행에 바나바와 사울을 구별하여 안수하고 이들을 보냈습니다(13장). 우리는 지금 이 1차 전도여행에 관해서 다 살필 수 없을 것입니다. 다만 우리가 기억해야 할 것은 이 전도여행 중에 마가라는 사람이 끝까지 합류하지 못하고 돌아갔다는 사실입니다(13장13절). 그리고 이 일은 2차 전도여행 때 문제가 되는데 바나바는 2차 전도여행에서 이 마가를 데리고 가야 한다고 주장하고 바울은 주의 일에 한마음으로 끝까지 함께 하지 못한 사람을 데리고 갈 수 없다고 해서 심히 다투고 결국 바나바와 바울은 서로 따로따로 전도여행을 떠나게 되었습니다. 후에 바나바와 바울은 화해하였으며 더욱이 마가라는 사람은 마가복음을 쓰게 되었다는 사실, 그리고 마가는 바울에게 있어 없어서는 안 되는 사람으로 귀한 사람이 되었다는 사실은 바나바의 인내와 품음으로 말미암아 어떠한 일이 일어나게 되었는가를 우리에게 잘 보여주는 사실이 아닐 수 없습니다. 마가에 대한 견해는 다양할 수 있지만 그것이 옳고 그르고를 떠나 바나바의 리더십은 인내하고 품어주는 리더십이었다는 것을 인정하는 것으로 본 장에서는 만족하고자 합니다.

2) 36-37절의 위치가 앞 뒤 단락에 대하여 갖는 의미는 무엇입니까?

바나바에 관한 이야기는 앞 단락의 구체적인 예가 되며 뒷 단락은 이러한 아름다운 모범이 어떻게 왜곡될 수 있는가를 보여줍니다. 이는 오늘날 우리들에게 성령 안에서 참된 삶은 무엇인가를 근신케 합니다.

3. 아나니아와 삽비라의 사건을 자세히 살펴봅시다(5장1-11절).

1) 아나니아와 삽비라의 죄는 무엇입니까?

① 마음에 사탄이 가득함

아나니아와 삽비라의 행위의 근원에는 성령으로 말미암는 것이 아니라 사탄의 마음에 기인합니다. 아나니아와 삽비라 안에는 사탄이 가득하였습니다(3절). 성령 안에서 갖는 일치된 마음이 아닌 앞서 모범을 보인 바나바가 사도들과 사람들에게 인정을 받은 것처럼 자신들의 행위를 통해서 인정을 받으려는 마음으로부터 나온 것입니다. 아나니아와 삽비라에게는 인정을 받고자 하는 인간적인 마음과 탐욕적인 마음을 품었습니다. 그들은 하나님께 향한 두려운 마음이 없었으며 성령을 속였으며 자발적으로 그릇된 계획을 진행시킴으로 그 범죄의 깊이를 더하였던 것입니다.

② 성령을 속이고자 함

그 마음에 사탄이 가득함은 이제 성령을 속이고자 하였습니다. 아나니아는 사람에게 거짓말을 한 것이 아닌 하나님께 향한 것이며 이는 성령을 속이고자 한 일입니다.

③ 공동체의 정결함을 더럽힘

아나니아와 삽비라의 죄는 개인적인 죄에서 공동체적인 죄로 이어집니다. 하나님께서 아나니아와 삽비라를 심판하신 이유는 공동체의 순결함을 유지하시기 위함이었다는 것을 알아야 합니다. 초대 교회의 순수하고, 순결한 공동체가 아나니아와 삽비라의 죄악으로 말미암아 그 순결함을 상실할 위기 가운데 놓였습니다. 이에 하나님의 심판은 저들에게 임하였던 것입니다. 하나님께서는 단순히 아나니아와 삽비라의 죄악을 넘어 하나님의 공동체를 향한 마음을 우리들에게 가르쳐 주시는 것입니다.

2) 아나니아와 삽비라에 관해서 긍정적으로 생각하여 봅시다. 그리고 다시 한번 그들의 죄의 깊이를 상고하여 봅시다.

아나니아와 삽비라가 비록 땅 값의 얼마를 감추었음에도 불구하고 그들은 어쩌면 다른 사람들보다 나은 점을 이야기할 수 있습니다. 곧 그들은 자신의 소유 중에 얼마나 내어 놓은 것입니다. 아무것도 내어놓지 않은 사람들에 비해서 그들은 더욱 훌륭할 수 있습니다. 더욱이 그들이 내어놓은 값의 가치가 큰 것이라면 더욱더 용납할 수 있을 것입니다. 그러나 이러한 생각들이 얼마나 성령님의 생각과 거리가 있는지 깨달아야 합니다. 그리고 이러한 견해가 얼마나 우리들의 신앙을 혼란하게 하며 왜곡, 변질시키는지도 분별하여야 합니다. 하나님의 방법과 그 마음의 진실됨 없이 드려지는 헌신과 예배는 하나님께는 더욱 가증스러운 것입니다. 하나님의 일을 함에 있어서 우리는 우리들의 삶 가운데서도 아나니아와 삽비라의 예를 찾아야 할 것입니다. 그리고 더욱 두려운 마음으로 우리들에게 주어진 하나님의 일들을 감당해 나가야 할 것입니다.

3) 아나니아와 삽비라의 죽음은 교회에 어떠한 영향력을 주었습니까?(11절)

교회는 이 일로 통해서 매우 두려워했으며 그들의 신앙을 근신케 하였습니다. 곧 성령님께서는 아나니아와 삽비라 사건을 통해서 불순해지려는 교회 공동체를 정화하셨고 모든 믿는 무리들에게 새로운 마음을 불어넣으신 것입니다.

4. 아나니아와 삽비라 사건 이후의 교회 공동체의 외적인 영향력에 관하여 살펴봅시다(12-16절).

1) 내적인 정화 이후에 성령님께서는 사도들의 손을 통해 어떠한 일을 행하셨습니까?(12절)

성령님께서는 사도들의 손을 통하여 민간에 표적과 기사가 많이 일어나게 하셨습니다. 언제나 중요한 것은 이러한 능력은 사도들의 손에 있었던 것이 아니라 성령님에 의한 성령의 사역에 의한 것이라는 것을 깨닫고 고백하는 데 있습니다. 이와 같은 사도들의 사역의 결과 믿는 사람들이 다 마음을 같이하여 솔로몬 행각에 모이게 되었습니다.

2) 13, 14절에서 두 부류의 사람들에 대하여 살펴봅시다.

첫째, 솔로몬 행각에 모이지 않았던 나머지 사람들 곧 믿지 않는 무리들은 비록 믿음에 있어서는 한마음이 되지 않았지만 두려워하며 감히 믿음의 사람들을 상종할 수 없었습니다. 뿐만 아니라 백성들은 이 믿음의 사람들을 더욱 적극적으로 칭찬하였습니다. 둘째, 믿고 주께로 나오는 자가 있었으니 이들은 백성 중에서 복음을 받아들이고 회개함으로 주께로 나오게 된 사람들이었습니다.

3) 12절의 이적들을 15-16절을 통해 살펴봅시다. 이러한 이적들을 통해서 성령님은 어떠한 일들을 행하셨습니까?

어떠한 이적을 보이심은 단순히 이적의 놀라움을 구경케 하는 데 그 목적이 있는 것이 아닙니다. 곧 이적과 기적에는 반드시 그에 합당한 목적을 바라봄이 중요합니다. 특별히 성령님께서 사도들의 손을 통해서 치유라는 놀라운 이적을 보이신 것은 복음의 효과적인 전파를 위한 하나의 방편이었습니다. 그러므로 우리는 이적을 대하여 단순한 호기심으로 접근하고 체험하려는 쓸데없는 소망을 벗어버리고 우리에게 맡겨진 복음의 전파를 위해서 더욱 힘써야 할 것입니다.

5. 하나님의 놀라운 이적 이후에 다시 한번 사도들에게 환난이 닥쳐왔습니다. 사도들이 겪게 되는 다음의 상황들을 중심으로 자세히 살펴봅시다 (17-42절).

1) 시기(17절)

대제사장과 사두개인들은 초대 교회 공동체의 이적과 기사를 통해 시기심을 가졌습니다. 저들의 능력과 영향력, 그리고 사람들 사이에서 누리는 칭송들로 말미암아 점점 자신들의 위치가 위협받는다 생각하였습니다. 그러나 아직까지 그들에게는 권력이 있었습니다.

2) 박해(18절)

저들은 자신들이 가지고 있는 권력으로 사도들을 잡아들였습니다. 베드로와 요한의 첫 번째 투옥이 있었을 때에는 단지 이들 두 사람의 투옥이었습니다. 그러나 두 번째 투옥은 베드로와 요한뿐만이 아닌 모든 사도들에게 가하여졌으며 첫 번째 산헤드린 공회와 다른 더 확대된 산헤드린 공회가 열리게 됨을 볼 수 있습니다. 21절의 말씀은 산헤드린 공회의 모습을 우리들에게 전하여 줍니다. 대제사장과 사두개인 당파로 이루어진 산헤드린에서 이제는 보다 큰 모임인 이스라엘 족속의 원로까지 다 모여 이 중대한 일을 결정하기에 이르게 되었습니디.

3) 보호하심(19-25절)

핍박이 거셀 때에 또한 하나님의 강력한 보호하심을 우리는 살필 수 있습니다. 다니엘의 세 친구인 사드락과 메삭과 아벳느고가 풀무 불에 던짐을 받았을지라도 하나님의 은혜는 그 풀무 속에서 더욱 넘쳤습니다.

사두개인의 당파가 사도들을 잡아다가 옥에 가두었을 때에 주의 사자가 밤에 옥문을 열고 사도들을 끌어내어 성전에서 생명의 말씀을 말하라 하였습니다. 이들이 사도들을 옥에 가둔 것은 주의 말씀을 전파하지 못하게 하기 위함이었습니다. 그러나 사도들은 주의 사자에 의해서 구출되었을 뿐만 아니라 주의 복음을 계속적으로 선포하였습니다. 산헤드린 공회가 사람을 옥에 보내어 사도들을 잡아 오라 하였을 때에 관속들은 옥에서 사도들을 보지 못하고 돌아왔습니다. 사도들을 옥에서 보지 못하였던 관속들의 말은 매우 풍자적이기까지 합니다.

"우리가 보니 옥은 든든하게 잠기고 지키는 사람들이 문에 서 있으되 문을 열고 본즉 그 안에는 한 사람도 없더이다"(23절)

사두개인의 당파는 사도들을 옥에 가둘 수 없었습니다. 사도들은 구출되었을 때에 은밀한 곳에서 숨지 않았습니다. 그들은 오히려 자신들이 더 확연히 드러나는 성전에 서서 생명의 말씀을 백성들에게 전하였습니다. 없어진 사도들을 찾음에 있어서 성전 맡은 자와 관속들은 많은 시간을 보내지 않았습니다. 이처럼 사두개인의 위협은 무기력하며 오히려 주의 복음의 능력을 나타낼 뿐이었습니다.

4) 증거(26-32절)
사도들은 자신들의 어려운 처지를 오히려 복음을 전파하는 기회로 삼았습니다. 베드로의 다섯 번째 설교가 이어집니다.

복음은 마치 스프링과 같은 것입니다. 아무리 눌러도 결국은 누를 수 없는 것입니다. 힘을 가해 누를 수록 더욱 힘 있게 솟아오르는 것이 바로 복음인 것입니다. 또한 위협과 위기는 복음을 위한 또 다른 성장을 위한 발판을 제공합니다. 결코 박해는 그리스도의 복음을 없이하지 못하였고 이로 말미암아 교회는 더욱 성장하게 되는 것입니다.

베드로의 설교는 이전의 설교와 다른 어떠한 세상적인 고상한 지식을 전하는 것이 아니었습니다. 그의 설교는 이전의 설교와 동일한 것을 반복적으로 선포하는 것이었으나 그 안에는 생명과 능력이 있었습니다. 20절 말씀에서 주의 사자는 사도들이 전하여야 할 말씀이 생명의 말씀인 것을 밝히고 있습니다. 아무리 화려한 수식이 많고, 그 안에 온갖 세상의 지혜가 있다 할지라도 세상의 지혜와 지식은 생명의 말씀이 될 수 없습니다. 그러나 반복되는 간략한 말씀이라 할지라도 복음 안에는 생명이 있는 것입니다.

첫째, 예수 그리스도의 죽음과 부활입니다.
"너희가 나무에 달아 죽인 예수를 우리 조상의 하나님이 살리시고"(30절)

둘째, 예수 그리스도의 승천입니다.
"이스라엘에게 회개함과 죄 사함을 주시려고 그를 오른손으로 높이사 임금과 구주로 삼으셨느니라"(31절)

셋째, 성령의 강림입니다.

"우리는 이 일에 증인이요 하나님이 자기에게 순종하는 사람들에게 주신 성령도 그러하니라"(32절)

복음 안에는 능력이 있습니다. 이 능력의 일은 하나님에 의해서 예수 그리스도 안에서 죽음과 부활 승천하심으로 성취되고 또한 믿는 자에게 주시는 성령으로 말미암아 오늘날 믿음의 사람들 안에서 또한 역사하시는 것입니다. 이 복음의 선포가 또한 위협과 위기 가운데 선포되었음을 주목해 보아야 할 것입니다. 우리는 위기 속에서 담대하여야 할 것이며 모든 순간에서 복음을 위한 기회를 찾아야 할 것입니다.

5) 도우심(33-39절)

사도들을 돕는 것은 천사들만이 아니었습니다. 사도들을 대적하는 무리들 가운데 하나님께서 선한 사람을 두셨습니다. 우리는 하나님을 신뢰한다면 하나님께서는 천사들을 통해서든, 아니면 우리를 대적하는 사람들 가운데 어떠한 사람들을 통해서든 우리를 도우신다는 것을 신뢰하여야 할 것입니다.

바리새인 가말리엘은 율법교사 즉, 교리를 가르치는 선생 된 자로서 모든 백성에게 존경을 받는 사람입니다. 공회가 사도들을 없이하려는 위기 가운데 공회 가운데 일어나 명하여 사도들을 잠깐 밖에 나가게 하고 공회 앞에서 연설을 하게 됩니다. 좀 더 가말리엘에 관하여 살

펴보면,

　유대 랍비에는 율법 해석에서 각기 다른 해석적인 성향을 가진 두 학파가 있었습니다. [2] 샴마이에 의해 설립된 샴마이 학파는 한 율법의 파계를 전체 율법의 파계로 간주함으로 엄격하게 율법을 적용하였고 힐렐에 의해 설립된 힐렐 학파는 한 인간의 전체적인 성향이 선과 악 중에 어떠한 곳에 더 기울어져 있는가를 하나님의 심판의 척도로 삼으로서 보다 온건하게 율법을 적용하였습니다. 가말리엘에 관한 연구는 그가 속해 있는 힐렐 학파와의 연관성과 앞으로 우리가 자세하게 살필 바울과 가말리엘의 관계 속에서 가말리엘에 관하여 추측할 수 있습니다. 표면적으로 볼 때 사도행전 22장3절에서 바울이 가말리엘의 문하에서 교육을 받았다는 것은 가말리엘이 힐렐 학파의 후계자가 되었음을 고려할 때 힐렐 파에 속하였다는 것으로 쉽게 단정지을 수도 있지만 바울이 가진 율법에 대한 열심, 바리새 운동의 과격성, 갈라디아서 3장10절, 5장3절 등에 깔린 신학적인 사상은 힐렐 학파 보다는 샴마이 학파적입니다.

　"나는 유대인으로 길리기아 다소에서 났고 이 성에서 자라 가말리엘의 문하에서 우리 조상들의 율법의 엄한 교훈을 받았고 오늘 너희 모든 사람처럼 하나님께 대하여 열심히 있는 자라"(행 22:3)

---

2)　F.F. Bruce, 『바울신학』(서울: 기독교문서 선교회, 2001), pp. 44-47.

"무릇 율법 행위에 속한 자들은 저주 아래에 있나니 기록된 바 누구든지 율법 책에 기록된 대로 모든 일을 항상 행하지 아니하는 자는 저주 아래에 있는 자라 하였음이라"(갈 3:10)

"내가 할례를 받는 각 사람에게 다시 증거하노니 그는 율법 전체를 행할 의무를 가진 자라"(갈 5:3)

이러한 이유로 어떠한 학자(Haacker)는 가말리엘이 힐렐 학파였다는 전통적인 견해를 반대하기에 이르며 바울 또한 샴마이 학파에 속하였다고 주장합니다.[3] 그러나 전통적인 입장에서 볼 때 가말리엘이 힐렐 학파를 이끌었고 바울이 가말리엘의 문하에서 교육을 받았다고 하더라도 바울은 그의 사상과 가치는 보다 샴마이적인 영향을 받고 있었다고 가정할 수 있을 것입니다.

가말리엘은 유대 역사에 있었던 두 사건에 관하여 전하여 주고 있습니다.[4]

---

3) 김세윤, 『바울 복음의 기원』(서울: 도서출판 엠마오, 1996), pp. 75-76.

4) 첫 번째 사건은 드다 사건입니다. 드다라는 인물에 관해서는 사도행전과 요세푸스가 쓴 유대 고대사에만 나타납니다. 요세푸스의 드다의 기록에 대한 전문은 다음과 같습니다.

"파두스(Fadus)가 유대 총독으로 있을 때 튜다스(Theudas)라는 한 마법사가 수많은 군정들을 미혹하고 있었다. 튜다스는 자신이 선지자라고 무리들을 속이면서 명령 한 마디로 요단강을 갈라 걸어서 강을 건너게 해 줄 테니까 모두 요단강으로 모이라고 떠들고 다녔다. 이에 많은 무리들이 그의 말에 현혹되어 요단강으로 모여들었다. 그러나 파두스는 유대인들이 튜다스의 대범한 시도를 이용할지도 모른다는 생각에서 기병대를 보내 그들을 공격하여 많은 이들을 살해하는 한편 많은 이들을 생포하였다. 로마 병사들은 튜다스도 생포한 후 목을 베고 그 목을 예루살렘으로 가지고 왔다. 이것이 쿠스피우스 파두스의 재임 기간에 유대인이 당한 비극이었다."(Antiq., ⅩⅩ 5:1)

그러나 파두가 유대 총독으로 있을 때 주후 45 혹은 46년에 일어나 이 튜다스는 사도행전 5장36-37절에 나타나는 드다(Theudas)와 동일 인물일 수가 없습니다. 왜냐하면 드다는 키레니우스(구레뇨, Cyrenius)가 세금을 부과하던 때나, 아니면 주후 7년경에 활동했던 인물로 생각되기 때문입니다. 즉 가말리엘이 연설하고 있는 때는 A.D. 30-34년경으로 여겨지는데 요세푸스가 전하는 드다의 이야기는 A.D. 45-46년 경으로 상정할 때에 곧 가말리엘은 10년 후에 일어난 일을 연설함으로 말미암아 누가나 요세푸스 두 사람 중의 한 사람의 잘못된 연대기적 착오를 하고 있음을 밝히는 것이기 때문입니다. 그러나 요세푸스가 언급한 드다가 누가가 언급한 드다라는 인물과 동일한지는 확실하지 않으며 (Robertson), B.C. 4년 헤롯 대왕이 죽던 해에 팔레스틴 지역에서는 많은 민중 봉기가 일어났는데 여기서 언급된 드다는 그 반란 지도자들 중의 한 사람일 가능성이 큽니다(Bruce). 왜냐하면 드다(Theudas)는 당시 흔한 이름인 데오두수스(Theodo년)의 약명이기 때문입니다.

가말리엘은 드다 사건과 함께 갈릴리 유다에 관한 사건에 관하여 전합니다. 이 사건에 대한 이야기 또한 우리는 요세푸스의 글을 통해서 전해 들을 수 있습니다. 세금을 원활하게 걷기 위한 호구 조사는 B.C. 8-6년 경에 아구스도 황제에 의해 처음 시작되니 14년을 주기로 실시되었습니다. 오늘 말씀에 나타나는 호구 조사는 이 중에 두 번째의 호구 조사로서 A.D. 6-7년경에 구레뇨 총독 밑에서 실시되었을 때를 말하며 갈릴리 유다의 반란은 두 번째 호구 조사 때 일어난 것입니다. 이에 대한 요세푸스의 전문에 관하여도 소개하면 다음과 같습니다.

"아겔라오가 다스리던 지역은 로마의 속주로 편입되게 되었고 로마의 기사단 단원인 코포니우스가 케사르로부터 사람을 마음대로 살리고 죽일 수 있는 권력을 부여받고 총독으로 파견되었다. 유다스라는 갈릴리인 유대인을 선봉해 반란을 일으키게 한 때가 바로 코포니우스가 총독으로 있을 때였다. 유다스는 아래와 같이 동족을 선동하였다: '로마인들에게 세금을 바치는 굴욕을 당하고, 언젠가 죽을 로마인을 하나님처럼 섬긴다는 것은 비겁한 자들이나 하는 짓이오.' 그는 특정한 유대 종파의 선생이었고 다른 종파의 지도자들과는 조금도 같은 데가 없었다."(Wars, Ⅱ, 8.1)

이 반란은 드다의 반란보다 더 큰 것으로 정치적 메시야를 갈망하던 유대인들에게 큰 호응을 얻었습니다. 그러나 그 반란도 얼마 못 가 당시 로마의 총독 구레뇨에 의해 진압되었습니다. 그를 따랐던 추종자들은 모두 흩어지거나 죽임을 당하였습니다.

이제 가말리엘은 이 두 사건을 상기시키며 이와 같이 이야기합니다.

"이제 내가 너희에게 말하노니 이 사람들을 상관 말고 버려두라 이 사상과 소행이 사람에게서 났으면 무너질 것이요 만일 하나님께로서 났으면 너희가 저희를 무너뜨릴 수 없겠고 도리어 하나님을 대적하는 자가 될까 하노라"(행 5:38-39)

주의해서 볼 것은 가말리엘은 여기에서 두 가지 가정법을 쓰고 있습니다. 첫째, '이 사상과 소행이 사람에게서 났으면'이라는 것과 '만일 하나님께로서 났으면'이라는 두 가지 가정입니다. 문법적으로 첫 번째 가정법($\acute{\epsilon}\acute{\alpha}\nu$)은 불확실한 가정임에 반해 두 번째 가정법($\epsilon\dot{\iota}$)은 사실에 입각한 가정으로서 가말리엘은 사도들의 편에 서 있음을 암시해 줍니다.

놀라운 것은 가말리엘의 권위가 있다고 할지라도 그의 말에 의해서 산헤드린 공회의 분노함이 수그러졌다는 것입니다. 참으로 이는 하나님의 은혜라 아니할 수 없는 것입니다. 우리는 이러한 분위기의 반전을 마치 사도들을 주의 사자를 통해서 옥문에서 나오게 하신 것과 같은 이적으로 바라볼 수 있어야 할 것입니다.

산헤드린 공회는 가말리엘의 말에 옳게 여기며 사도들을 불러 채찍질하며 예수의 이름으로 말하는 것을 금하고 놓았습니다. 그들은 고이 사도들을 보내지 않고 육체적인 고통으로 채찍질을 가하였습니다. 그들은 위협으로만 되지 않자 이번에는 그 위협에 채찍질을 더한 것입니다. 그러나 이제 이러한 위협과 고통에도 불구하고 사도들이 이를 어떻게 여겼는지를 살펴보시기 바랍니다.

6) 박해(40-41절)

사도들은 여전히 박해를 받았습니다. 그러나 사도들은 이를 합당하게 여기고 또한 기뻐하였습니다.

"사도들은 그 이름을 위하여 능욕 받는 일에 합당한 자로 여기심을 기뻐하면서 공회 앞을 떠나니라"(행 5장41절)

사도들은 아마도 주님께서 하신 산상수훈의 말씀, 팔복의 말씀을 기억하였을 것입니다(마 5장10-12절).

7) 가르침과 전도(42절)

참으로 주의 사람들은 세상이 감당할 수 없는 사람들인 것입니다. 산헤드린 공회는 예수의 이름으로 말하는 것을 금하고 채찍질하며 위협하였으나 사도들은 이를 기뻐하였으며 저희들이 무엇을 했는지 42절 말씀은 결론적으로 우리들에게 전해 주시고 있습니다.

"저희가 날마다 성전에 있든지 집에 있든지 예수는 그리스도라 가르치기와 전도하기를 쉬지 아니하니라"(행 5:42)

믿는 무리들은 날마다 성전에 있든지 집에 있든지 예수는 그리스도라 가르치기와 전도하기를 쉬지 않았습니다. 우리는 날마다 이러한 가르침과 전도의 삶을 살아야 할 것입니다.

묵상

01 초대 교회의 모습이 주는 교훈에 관하여 나누어 봅시다.

02 바나바의 4가지 리더십에 관하여 나누어 봅시다.

03 아나니아와 삽비라 사건이 주는 교훈에 관하여 나누어 봅시다.

되새김

저마다 초대 교회로 돌아가야 한다고 외칩니다. 그러나 중요한 것은 나 스스로
가 저 바나바를 좇아 믿음의 사람이 됨으로 말미암는 것입니다. 초대 교회를 그
리워 하지만 스스로 아나니아와 삽비라의 길을 걷고 있는 숨은 자아의 모습을 하
나님께 드러내야 할 것입니다. 참된 그리스도인의 삶에 관해서 초대 교회를 비
추어 생각해 봅시다.

PART

06

사역의 분담
6장1~7절

Key Point

기다림, 성령 강림과 교회의 탄생, 성령의 사역, 교회의 시련, 초대 교회의 생활에 이어 이번 과에서는 사역이 분담되는 과정을 보여줍니다. 초대 교회 공동체에게 일어난 새로운 문제는 정화를 요하는 문제가 아닌 사역의 분담을 요구합니다. 이제 효과적인 복음전파를 위한 우선순위를 결정하고 분담하는 일에 주목하여야 할 것입니다.

본문 이해

"그 때에 제자가 더 많아졌는데..."(행 6장1절)

6장1절의 말씀은 새로운 이야기의 시작이며 또한 5장의 공회를 떠난 사도들의 계속적인 선교사역의 결과를 전하여 줍니다. 이것은 참으로 복음 사역을 하는 자들의 기쁨이 되는 것입니다. 주를 위하여 핍박을 받고 능욕을 받는 것은 하늘의 소망을 가진 자에게 있어서 가장 큰 복인 것입니다.

계속적으로 교회는 성장을 하였습니다. 우리는 사도행전에서 성장의 말씀이 계속적으로 나타나고 있음을 주목해 보아야 합니다.

오순절 성령 강림 이후: "그 말을 받는 사람들은 세례를 받으매 이 날에 제자의 수가 삼천이나 더하더라"(행 2장41절)

성전 미문의 앉은뱅이 치유 사건 이후: "말씀을 들은 사람 중에 믿는 자가 많으니 남자의 수가 약 오천이나 되었더라"(행 4장4절)

아나니아와 삽비라의 심판의 결과: "믿고 주께로 나오는 자가 더 많으니 남녀의 큰 무리더라"(행 5장14절)

두 번째 산헤드린의 공회 이후: "그 때에 제자가 더 많아졌는데"(행 6장1절)

고난이 외적인 문제를 주었다면 이제 분열이라는 내적인 더 심각한 위기를 접하게 됩니다. 그러나 이러한 위기 속에서 6장의 이야기는 일곱 집사가 임명되는 이야기로 이어집니다.

■ 사도행전 6장1-7절의 구조적 이해
  행 6:1-7: 일곱 집사의 선출

1. 예루살렘 교회 가운데 있었던 두 부류의 사람들에 관해서 연구해 봅시다.

히브리파 유대인 기독교인	헬라파 유대인 기독교인
팔레스틴 지역에서만 살았던 유대인들	디아스포라 유대인들, 헬레니즘계 크리스찬
아람어 사용	헬라어 사용
율법적, 보수적, 성전에서의 예배 강조	성령이 임하는 교회에서의 예배 강조. 예수그리스도의 가르침을 강조
행함을 강조함	믿음 강조
이방인들에 대해 배타적인 성향이 강했다	이방인에 대해 조금 더 개방적이거나 우호적인 성향이 강했다.

2. 예루살렘 교회 가운데 새로운 문제는 무엇이었습니까?(1절)

말씀은 제자들의 수가 더 많아진 가운데 새로운 문제가 교회 안에 일어나게 됨을 전해줍니다. 곧 헬라파 유대 그리스도인이 자기의 과부들이 매일 구제에 빠지는 모습을 보며 불공평한 대우를 받음으로 인해 히브리파 유대 그리스도인들을 원망한 것입니다.

3. 사도들은 이 일을 어떻게 처리하였습니까? 그리고 그렇게 한 이유는 무엇입니까?(2-4절)

사도들은 이 문제를 해결함에 있어 사도들 자신들이 이 일을 맡을 경우 우선순위에 있어 더욱 중요한 말씀의 전파에 소홀할 우려를 인하여 다른 믿음의 사람들에게 맡길 것을 결정합니다.

4. 사도들이 구제의 일을 맡길 사람은 어떠한 사람이어야 했습니까?(3절)

사도들은 성령과 지혜가 충만하여 칭찬을 듣는 사람 일곱을 택하게 하였습니다.

5. 사도들은 자신들의 일이 무엇이라고 규정하였습니까?(4절)

사도들은 자신들은 오로지 기도하는 일과 말씀 사역에 힘쓰리라고 하였습니다.

6. 초대 교회 일곱 집사의 이름을 써 봅시다(5절).

스데반, 빌립, 브로고로, 니가노르, 디몬, 바메나, 니골라[5](유대교에 입교했던 안디옥 사람)

일곱 집사의 임명에 있어서 주목해야 할 세 가지 교훈이 있습니다. 첫째, 특이한 사실은 이들의 이름이 한결같이 헬라식 이름으로서 가능한 추측은 이들 일곱 명 모두가 헬라파 유대인들이었다는 사실입니다. 공동체 가운데 히브리파 유대인들이 있었고, 헬라파 유대인들이 있었으며 이들을 잘 공존하는데 목적이 있었던 것이 아니라 전적으로 헬라파 유대인들을 통한 집사의 임명은 파격적으로 보입니다. 이는 참으로 놀라운 현상으로 우리는 초대 교회가 유대인 중심에서 이방인 중심으로 선교의 방향을 전환하는 그 조짐을 여기에서부터 볼 수 있는 것입니다. 초대 교회는 하나님의 은혜를 받기에 그 조직을 통해서 보는 바와 같이 그 그릇을 크게 하였던 것입니다. 저들의 목적이 단지 히브리파 유대인과 헬라파 유대인들의 공존을 목적으로 하였다면 저들은 계속적인 어떠한 파당의 싸움을 반복했을 것입니다. 그러나 저들의 목적은 내적인 공동체의 일시적인 분배의 정의를 실현하는 것에 있지 않았고 계속적인 복음의 전파에 마음이 있었다는 것을 살펴보아야 합니다.

---

5) 유대교에 입교한 안디옥 사람 니골라에 대해서는 초대 교부들인 이레니우스와 터툴리안은 이 니골라가 요한계시록 2장6-15절의 니골라당을 세운 사람과 이름이 같다하여 이 둘을 같은 사람으로 보아 예수님의 제자 열 둘 중에 한 사람 가룟 유다가 있듯이 초대 집사 일곱 중에 니골라라는 배신자가 있음을 전합니다.

둘째, 우리들은 본문의 말씀에서 주도권을 가지고 있었던 히브리파 유대인들의 헌신을 볼 수 있습니다. 이들의 헌신은 어떠한 열심이 아닌 그들의 주도권을 포기하고, 오히려 공동체의 계속적인 부흥을 소망하였다는 것입니다.

셋째, 놀라운 것은 이러한 마인드가 사도들로부터 나온 것이 아니라 온 무리들로부터 나왔다는 것에 경의를 표하지 않을 수 없습니다. 때때로 교역자들은 소위 평신도라고 불리는 성도들을 무시해서는 안될 것입니다. 하나님의 은혜가 임한 평신도는 거룩한 제사장들의 무리들로서 동일한 성령의 충만함 가운데 이러한 놀라운 일을 스스로 해 나아갈 수 있는 것입니다. 그러므로 교역자들은 바르게 공동체를 양육하고 이끌어 줄 수 있어야 할 것이며 바르게 성장하는 공동체는 스스로 이러한 일을 행할 때에 더욱 힘 있게 주의 복음의 사역을 감당할 수 있게 되는 것입니다.

무리들은 일곱 집사를 택하여 사도들 앞에 세우고 사도들이 기도하고 그들에게 안수함으로 말미암아 이들은 맡겨진 사역을 감당하게 됩니다. 비록 제자들의 무리들에 의해서 택함을 받았지만 이들은 전적으로 하나님에 의해서 세움을 받는 자들입니다. 그러므로 그 권위로서 이들은 사도들 앞에 세움 받고 사도들이 이들을 위하여 기도하고 안수함으로 집사의 직분을 감당케 되었습니다.

사도들의 결정의 결과 하나님의 말씀이 점점 왕성하여 예루살렘에 있는 제자의 수가 더 심히 많아지고 허다한 제사장의 무리도 이 도에 복종하게 되었습니다. 따라서 우리는 교회 안에 여러 가지 문제에 관해서 하나님께 지혜를 구하여야 할 것이며 하나님의 사람들이 하나님의 말씀을 맡은 일을 제쳐 놓고 사무적인 일에 깊이 관여하거나 행정에 치우쳐서 하나님의 말씀을 전하고 기도하는 일에 소홀히 하는 것이 얼마나 전체적인 교회 공동체에게 불이익을 끼치는지를 알고 올바른 사역의 분담을 통해서 복음을 전하는 일에 더욱 힘써야 할 것입니다.

묵상

01 교회 안에서 일어나게 되는 여러 가지 분열들은 모두가 교회의 정화를 요하는 것이 아닙니다. 곧 우리는 공동체 안에서 있을 수 있는 여러 다양한 문제들에 대한 해결을 위해서 기도하고 지혜를 구하여야 할 것입니다.

02 교회의 바른 정체성을 가지는 것은 참으로 중요합니다. 말씀의 전파라는 우선순위를 제쳐놓고 다른 것에 집중하는 것은 성령의 사역이 아님을 기억해야 할 것입니다. 이러한 우선순위를 바르게 함에는 사역의 분담을 명확히 하는 것이 중요한 것입니다.

03 일곱 집사를 통한 교훈에 관하여 나누어 봅시다.

되새김

사역을 분담하는 것은 일을 효율적으로 하기 위함이 아니라 보다 중요한 복음 전파 사역을 보호하기 위함이었습니다. 교회의 바른 우선순위는 바로 말씀과 기도에 있습니다.

PART

07

스데반의 순교
6장8~7장60절

Key Point

기다림(1장), 성령의 강림과 교회의 탄생(2장), 성령의 사역(3장), 교회의 시련(4장), 초
대교회의 생활(5장), 사역의 분담과 일곱 집사의 선출의 말씀(6장)에 이어 이번 장에서는
앞선 일곱 집사 중에 스데반의 사역과 순교에 관하여 전합니다. 일곱 집사 중에 대표적인
스데반 집사의 사역은 말씀 사역으로 확장되며, 이로 말미암은 스데반의 죽음은 끝이 아
닌 새로운 시작의 계기기 됩니다.

스데반의 사역에 산헤드린의 세 번째 소집이 이루어졌습니다. 첫 번째가 베드로와 요한의 사역, 두 번째가 모든 사도들을 체포함으로 이루어졌다면 이제 세 번째 공회는 그리스도교 공동체의 한 사람, 곧 스데반 집사를 통해서 이루어졌습니다. 사도들이 아닌 집사에게로 그 핍박이 옮겨졌습니다. 그의 체포와 심문을 통해서 우리는 이 스데반 집사의 영향력이 얼마나 컸던가를 잘 알 수 있습니다. 그리스도교의 영향력을 행사하는 사람들은 다만 사도들뿐만이 아니었습니다. 두 명의 사도들에게서 전 사도에게 위협을 가하였던 산헤드린은 이제 한 사람 스데반 집사에게, 앞으로는 모든 성도들에게 위협을 가할 수밖에 없는 지경에 이르게 될 것입니다.

두 번째 산헤드린 공회에서 위협에 채찍질을 더하였던 그들은 이제는 거짓 증인들을 세우고 말하기를 "이 사람이 이 거룩한 곳과 율법을 거슬러 말하기를 마지 아니하는도다 그의 말에 이 나사렛 예수가 이곳을 헐고 또 모세가 우리에게 전하여 준 규례를 고치겠다 함을 우리가 들었노라"라고 하였습니다.

왜 성전을 중심으로 해서 이권을 가지고 있었고 공권력을 가지고 있었던 사람들이 그리스도교들의 복음 선포에 민감했는가에 관해서 우리는 알아야 할 것입니다. 사실 예루살렘의 많은 사람들은 예루살렘의 성전을 중심으로 해서 그들의 이권과 생계를 유지하는 사람들이었습니다. 성전에 직접적이든, 간접적이든, 어떠한 방식이든 그들의 생계는 철저하게 예루살렘 성전 중심으로 이루어졌습니다. 곧 예루살렘의 성전 유지와 예배를 위하여 세계 각지에 흩어진 유대인들이 막대한 헌금을 드리며 또한 매 절기 때마다 성전 순례자들이 예루살렘을 방문하며 성전과 성전 밖에서 쓰인 돈은 상상을 초월하는 것입니다. 따라서 예루살렘 성전에 대한 공격은 하나님에 대한 것 이전에 그들에게는 자신들의 생활권에 대한 도전으로 받아들여졌습니다.

■ 사도행전 6장8-7장60절의 구조적 이해

　　행 6:8-15: 스데반의 사역과 체포
　　행 7장1-53: 스데반의 설교
　　행 7장54-60: 스데반의 순교

1. 성령님께서 스데반을 통해서 역사하신 바를 살펴봅시다(6장8절).

　성령님께서는 스데반으로 하여금 은혜와 권능이 충만케 하셨고 그로 통해서 기사와 표적을 민간에 행하게 하셨습니다. 이전에 사도들에게 임했던 하나님의 권능의 역사가 이제 새로운 직분을 맡은 집사를 통해서 동일하게 나타나게 되는 것을 보게 됩니다.

2. 6장1-6절까지의 집사의 사역과 8절 이하의 집사의 사역을 구분하여

봅시다.

집사가 세워짐은 먼저 교회 안의 행정적인 처리를 위해서 세움을 입었지만 성령님께서는 그로 하여금 교회 안에서 단순 행정의 차원에서 머물게 하시지 않았습니다. 그에게 권능을 주신 하나님께서는 그 또한 복음의 사역에 나서게 하셨던 것입니다. 이로써 우리는 교회가 해야 할 가장 중요한 것은 바로 말씀의 사역과 복음의 전파 사역이라는 것을 깨닫게 됩니다.

3. 스데반을 고소한 내용은 무엇입니까?(13-14절)

스데반을 대적하는 무리들은 거짓증인을 세우고 주장하기를 스데반이 이 거룩한 곳 곧 성전과 율법을 거스려 말하기를 나사렛 예수가 이 곳을 헐고 또 모세가 자신들에게 전하여 준 규례를 고치겠다 함을 들었다고 하였습니다.

4. 공회 앞에 서서 변론하는 스데반의 태도는 어떠합니까?(7장2절)

"여러분 부형들이여 들으소서..." 스데반은 공회 앞에서 모든 이를 향하여 정중한 태도로 복음에 관해서 전하고 있습니다. 공회 앞에서 이렇게 변론하는 것도 저들이 자신과 같이 복음을 믿게 하려는 기대로 말미암은 것입니다.

5. 스데반의 설교를 다음의 주제들을 중심으로 요약하여 자세히 살펴봅시다.

스데반이 전하는 아브라함에 관하여(2-8절)

스데반은 믿음의 조상 아브라함에 관한 이야기로부터 시작합니다. 스데반에 있어 복음의 시작은 아브라함으로부터 입니다. 이야기의 개요는 다음과 같습니다. 아브라함이 하란에 있기 전에 메소포다미아에 있을 때에(곧 아버지 데라는 우상을 새기며 우상을 섬기는 자로서 하나님을 알지 못하였을 때에: 여호수아 24장2-3절 참조) 영광의 하나님이 아브라함에게 나타나셔서 네 고향과 친척을 떠나 내가 네게 보일 땅으로 가라 명하십니다. 아브라함은 갈대아 사람의 땅을 떠나 하란으로 향하게 됩니다. 메소포타미아 문명의 경계에 위치한 하란에서 벗어나지 못함은 아버지 데라의 노쇠함을 생각할 수도 있습니다. 이후 아브라함은 하란에서 마침내 아버지 데라가 죽자 가나안 땅으로 들어가게 됩니다. 그러나 그곳에서 발 붙일 만큼의 유업도 자식도 없었는데 하나님께서는 이 땅을 아브라함과 그의 자손에게 소유로 주시겠다고 약속합니다. 또한 그 후손이 다른 땅에 나그네 되어 400년 동안 괴롭게 함을 당할 것과 기한이 지나면 종 삼는 나라를 하나님께서 심판하실 것과 그 후에 그들이 나와서 가나안 땅에서 하나님을 섬길 것을 말씀하셨습니다. 이와 같은 약속의 표징으로 하나님께서는 아브라함과 할례의 언약을 행하셨습니다. 스데반은 중요한 할례를 언약으로 말합니다. 할례는 어떠한 관습에 그 의의가 있는 것이 아니라 하나님과 하나님의 백성 사이에 하나님께서 하실 일들과 하나님의 약속에 대한 언약으로 등장하고 있는 것입니다. 할례의 언약 후의 이야기는 하나님의 약속이 성취되는 과정을 보여줍니다.

스데반이 전하는 요셉에 관하여(9-16절)

"그 후손이 다른 땅에서 나그네 되리니..."(6절) 아브라함 이후 이삭과 야곱에 관한 이야기는 쉬 지나가고 요셉에 관한 자세한 이야기를 들려주고 있습니다. 요셉의 이야기는 이스라엘 백성이 어떻게 애굽 땅으로 이주하게 되었는가의 경위를 밝혀 줌으로 하나님께서 아브라함에게 약속하시고 들려주신 바가 어떻게 성취되는가를 보여주는 역할을 합니다. 요셉에 대한 자세한 이야기는 본문 9-16절을 참고 바랍니다.

스데반이 전하는 모세에 관하여(20-43절)

"그 땅 사람들이 종으로 삼아 사백 년 동안을 괴롭게 하리라 하시고 또 이르시되 종 삼는 나라를 내가 심판하리니.. "(6-7절) 요셉 이후의 이야기는 모세의 이야기로 이어지고 있습니다. 모세의 이야기는 '이스라엘 백성이 어떻게 애굽 땅에서 400년 동안 괴롭힘을 당하고 구원을 받게 되었는가'에 대한 경위를 밝혀 줌으로 역시 하나님께서 아브라함에게 약속하시고 들려주신 바가 어떻게 성취되는가를 보여주는 역할을 합니다. 모세에 대한 자세한 이야기는 본문 18-43절을 참고 바랍니다.

증거의 장막에 관하여(44-50절)

하나님께서는 광야에서 모세를 통하여 증거의 장막을 주셨습니다. 이는 여호수아와 함께 가나안 땅으로 들어가서 다윗 때까지 이르렀으며 마침내 솔로몬은 그를 위하여 집을 지었습니다. 그러나 말씀은 지극히 높으신 이는 손으로 지은 곳에 계시지 아니함을 보이십니다. 사람의 손으로 만든 것에 의해 하나님이 가두어질 수 없는 것입니다. 하나님께서 증거의 장막을 저희에게 주심은 하나님께서 거하시는 곳이 아닌 하나님의 임재의 상징으로 저희에게 주신 것입니다. 따라서 우리는 유대인의 성전은 하나님이 거하시는 유일한 장소가 아니며 그 자체로도 아무 거룩함이 있을 수 없음을 알 수 있습니다. 곧 하나님의 임재로 말미암아 하나님의 성전이 신성케 되는 것이지 그 자체로는 아무것도 아닌 것입니다.

스데반의 마지막 책망에 관하여(51-53절)

스데반은 아브라함의 이야기의 서두에 할례의 언약에 관하여 이야기하였습니다. 그러나 이스라엘 백성은 목이 곧고 마음과 귀에 할례를 받지 못한 사람들이었습니다. 그들은 항상 성령을 거스려 그들의 조상이 하였던 것과 같이 곧 그들의 조상이 의인이 오시리라 예고한 선지자들을 죽였던 것과 같이 저희는 그 의인을 잡아 준 자요 살인자가 된 것입니다. 율법에 관하여 저들은 모세가 자신들에게 준 규례라고 하나 스데반은 더욱 구체적으로 천사의 전한 율법임을 보이며 저들이야말로 천사의 전한 율법을 받고도 지키지 아니하였음을 책망하고 있습니다.

6. 스데반의 변론을 들은 공회는 어떠한 반응을 보였습니까?(54절)

그들은 마음의 찔림을 받았으나 회개치 아니하고 오히려 스데반을 향하여 이를 갈았습니다. 이로부터 우리는 마음의 찔림을 받는 것과 회개에 이름이 얼마나 거리가 있나를 깊이 묵상할 수 있을 것입니다. 우리의 마음의 찔림이 회개함으로 나아가는 것은 하늘의 축복이요 은혜인 것입니다.

7. 스데반이 본 환상에 관하여 살펴봅시다(55-56절).

하나님께서는 하늘 문을 여시고 스데반으로 하여금 인자가 하나님 우편에 서신 것을 보게 하셨습니다. 이와 같은 증거는 그의 죽음 앞에 그를 더욱 담대케 함이며 또한 많은 무리들에게 그들의 믿음을 굳게 하시기 위함이었습니다.

8. 스데반의 환상 이후에 사람들의 행동을 자세히 살펴봅시다(57-58절).

그들은 자신들의 분노를 삼키지 못하고 결국 스데반을 데리고 성 밖에 내치고 돌로 쳐 죽였습니다. 그들은 첫째, 분노함을 이기지 못하여 불법적으로 사람을 죽였으며 둘째, 자신의 거룩한 곳을 지키려는 쓸데없는 오만과 무시 가운데 스데반을 성 밖으로 끌고 가서 죽였으며 셋째, 그들은 저들의 분노를 계획적으로 들어냄으로 더욱 사악함을 들어내었던 것입니다.

9. 스데반의 마지막 기도를 살펴봅시다(59-60절).

자신에 관하여

스데반은 자신의 영혼을 주 예수님께 맡기었습니다.

무리들에 관하여

스데반은 마지막 죽는 그 시간까지 무리들을 용서하였습니다. 이 기도에 관해서 스데반은 무릎을 꿇었으며 크게 불러 말함으로 간절히 기도하였던 것입니다. 우리는 이 거룩한 용서의 장소에 바울이 있었다는 사실을 유심히 살펴보아야 할 것입니다. 더욱이 스데반의 설교가 긴 본문의 형태로 전해지고 있다는 사실, 그리고 이 스데반의 설교가 앞으로 있게 될 바울의 사역 가운데 어떠한 영향력을 끼쳤는지까지 꼼꼼히 살펴보아야 할 것입니다.

묵상

01   우리는 사역의 분담으로 집사의 직분을 얻게 된 스데반에게 임한 성령의 역
      사를 살펴보았습니다. 우리는 저마다에게 주어진 직분과 권위에 존중하는
      마음을 가져야 할 것입니다. 그리고 더욱더 복음 전파를 위하여 힘써야 할
      것입니다.

02   스데반의 설교에 관하여 나누어 봅시다.

03   스데반의 용서를 살핍시다. 그리고 우리가 마땅히 용서해야 할 사람들을 위
      하여 기도합시다.

되새김

비록 교회의 문제를 해결하기 위하여 집사가 선출되었지만 교회의 모든 직분은
단지 교회의 여러 가지 일들이 아닌 복음 전파에 집중하여야 합니다. 그러므로
교회의 직분은 여러 일들을 잘하는 전문가가 아닌 성령과 지혜가 충만하며 칭찬
받는 사람들 중에 선출되는 것입니다.

사도행전

교회의 확장
-유대와 사마리아/이방인 선교의 과도기
(8-12장)

PART

08

복음의 확장
8장 1~40절

Key Point

기다림(1장), 성령의 강림과 교회의 탄생(2장), 성령의 사역(3장), 교회의 시련(4장), 초
대교회의 생활(5장), 사역의 분담과 일곱 집사의 선출(6장), 스데반의 순교(7장)에 이어
이번 과에서는 복음의 확장을 보여주고 있습니다. 스데반의 순교와 교회에 대한 핍박에
도 불구하고 성령님께서는 이러한 성도들의 핍박으로 인해 오히려 더욱더 복음을 확장
케 하셨습니다.

본문 이해

　사도행전 1-7장은 예루살렘 교회의 설립과 부흥 성장에 관한 말씀이며, 8-12장은 예루살렘 중심으로 한 머물러 있던 복음이 예루살렘을 넘어 유대와 사마리아, 팔레스틴에 이어 수리아 안디옥까지 복음이 확장됨을 보여줍니다. 마지막 13-28장은 바울의 1, 2, 3차 전도여행을 배경으로 수리아 안디옥 교회를 중심으로 하여 세계에 복음이 전해지는 것을 보여줍니다.

　이제 8장으로부터 12장은 예루살렘 교회에서 어떻게 수리아 안디옥 교회를 중심으로 한 세계 선교가 이루어지고 되었는가의 배경을 전해주며 예루살렘 중심의 내적인 부흥에서 수리아 안디옥 교회를 중심으로 한 외적 부흥의 과도기를 보여주시는 말씀입니다.

　8장은 이러한 과도기의 모습을 가장 적절하게 보여줍니다. 7장의 스데반의 죽음은 1-7장까지의 예루살렘 교회의 탄생과 부흥의 종말을 보여주는 듯 하지만 도리어 8장으로부터 복음은 새로운 전환기를 가지게 됩니다. 예루살렘 중심적인 부흥은 이제 과도기를 거쳐 이방인의 지역에까지 이르게 됩니다. 박해는 꺼트릴 수 없는 불에 바람을 부는 것과 같은 것입니다. 8장은 이러한 두 가지 모습을 보여줍니다. 곧 스데반의 순교와 사울의 핍박으로 인한 예루살렘 교회의 환난과 예루살렘에서 흩어진 사람들의 복음 전파로, 빌립으로 인한 사마리아 전도와 에디오피아 내시에게 복음이 전해짐을 보여주십니다.

■ 사도행전 8장의 구조적 이해

　　행 8:1-3: 사울의 교회 박해

　　행 8:4-8: 빌립의 사마리아 전도

　　행 8:9-13: 빌립과 마술사 시몬

　　행 8:14-17: 예루살렘 사도들의 베드로와 요한의 사마리아 파송

　　행 8:18-24: 돈으로 성령의 능력을 매수하고 하고자 하는 시몬에 대한 책망

　　행 8:25: 귀환하는 두 사도의 사마리아 여러 마을의 복음 전파

　　행 8:26-40: 빌립과 에디오피아 내시

1. 스데반의 죽음 이후의 일들을 살펴봅시다(1-3절).

사울에 관하여:

사울은 그가 죽임 당함을 마땅히 여겼습니다(1절). 또한 사울은 교회를 잔멸하여 예수를 믿는 각 집에 들어가 남녀를 끌어다가 옥에 넘겼습니다(3절). 1절에 사울이 스데반의 죽임 당한 일을 마땅히 여김에 이어 예루살렘 교회의 큰 박해와 환난의 말씀 후에 다시 3절에서 사울이 행한 일들을 반복함은 예루살렘의 큰 핍박의 중심에 바로 사울이 있었음을 알게 합니다.

사울은 이후에 복음 전파에 헌신합니다. 핍박자로 통해서 복음이 유대에서 흩어지게 하는데 오히려 복음 전파자로 쓰임을 받게 하였다는 것은 놀라우며 기이한 일이라 아니할 수 없습니다. 사울은 사도행전 7장58절에 혜성과 같이 갑작스레 등장합니다. 그는 마치 엘리야가 열왕기상 17장에 갑자기 나타나 아합에게 선포함과 같이 등장합니다. 다만 사울은 그 등장을 복음을 위하여 화려하게 등장한 것이 아닌 복음에 대한 핍박자로 부끄럽게 등장하게 합니다. 그러나 사울은 하나님의 손에 의해 핍박자에 복음 전파자로, 더 나아가 사도로 부르심은 하나님의 오묘한 섭리요 역사입니다.

예루살렘 교회에 관하여:

그날에 예루살렘에 있는 교회에 큰 박해가 있어 사도 외에는 다 유대와 사마리아 모든 땅으로 흩어졌습니다. 이는 예루살렘 교회의 와해가 아닌 복음의 확산을 위한 하나님의 섭리 가운데 있는 일이었습니다.

경건한 사람들에 관하여:

경건한 사람들이 스데반을 장사하고 위하여 크게 울었습니다. 예루살렘 교회에 큰 박해로 사도 외에 다 유대와 사마리아 모든 땅으로 흩어지는 과정 속에서 아직 남겨진 이들을 향하여 성경은 '경건한 사람들'이라 높였으며 이들은 사울과 대조적으로 스데반을 장사하고 위하여 크게 울었습니다.

2. 스데반의 순교와 교회의 핍박으로 인해 흩어진 무리들은 어떠한 일을 하였습니까?(4절)

흩어진 사람들은 두루 다니며 복음의 말씀을 전파하였습니다. 그들은 쫓겨난 사람들이 아니었습니다. 그들은 새로운 환경에서 자신의 생계를 위한 사람들이 아니었습니다. 그들은 자신의 생명을 위하여 숨는 자들이 아니었습니다. 그들은 오히려 두루 다니며 복음을 전파하는 사람들이 되었습니다.

3. 사마리아 선교에 대한 상황을 자세히 살펴봅시다(5-25절).

1) 사마리아인에 관해서 자세히 연구하여 봅시다.

사마리아 지방은 본래 북이스라엘 에브라임 지파와 므낫세 반 지파 사람들이 거주하던 지역으로 북이스라엘의 수도였으나 북왕국이 먼저 BC 722년 앗수르 사르곤 2세에 의해서 멸망될 때에 앗수르는 이 지역을 효과적으로 다스리기 위하여 많은 이스라엘 사람들을 자기 나라로 포로로 잡아가고 또한 바벨론과 구다 아와와 하맛과 스발와임에서 많은 이방인들을 데려다가 이스라엘 백성들 대신에 사마리아 성읍에 살게 하는 혼혈정책을 취하였습니다. 곧 이들은 혈통적으로 이방인과 혼혈되었으며 종교적으로 이방 종교로 말미암아 이스라엘 종교의 순수성을 잃어버리고 말았습니다. 그러므로 순수한 혈통을 주장하는 유대인들에게는 사마리아인은 이방인과 다를 바가 없었고 게다가 그들은 이방의 우상숭배적인 요소를 그들의 신앙과 혼합시킴으로써 더욱 유대인들에게 멸시를 받았던 것입니다. 앗수르 바벨론 페르시아로 이어지는 패권의 이전으로 앗수르의 혼혈정책, 바벨론의 포로정책, 페르시아의 귀환정책으로 이어지면 BC 537년에 스룹바벨 영도하에 귀환하게 된 이스라엘 사람들이 그 순수성을 간직한데 반해 사마리아인들과는 상종할 수 없게 되었으며 BC 444년 이스라엘 성전건축과 성벽을 중수할 때에 사마리아 사람들이 함께 일하자는 선의를 유대인들은 거절하고 이들의 관계는 완전한 적대감으로 벌어지게 되었습니다. 유대인들이 예루살렘에 성전을 지을 때에 이들은 그리심산에 자신들의 성전을 세웠습니다.

2) 사마리아 선교는 누구에 의해서 이루어졌습니까?(5절)

사마리아 선교는 일곱 집사 중의 한 명인 '빌립'에 의해서 이루어졌습니다. 빌립은 헬라파 유대인으로서 사마리아 전도에 적합하였으며 이로써 사도행전 1장8절의 사마리아 선교가 가시적으로 이루어졌습니다. 복음이 예루살렘을 넘는 과정에서 빌립의 이름이 가장 먼저 나옴은 참으로 그에게 영광스러운 일입니다.

3) 빌립을 통한 성령의 사역을 살펴봅시다(5-8절).

베드로와 요한을 통한 이적, 사도들을 통한 기적 이후의 스데반을 넘어 빌립을 통해서도 계속적인 성령의 사역을 볼 수 있습니다. 유의하여야 할 것은 이러한 이적과 기적에는 복음의 전파라는 구체적인 일이 함께 하였다는 것을 주의하여야 할 것입니다. 빌립은 그리스도를 백성에게 전파하였고 무리가 빌립의 말도 듣고 행하는 표적도 보았으며 한 마음으로 그가 하는 말을 따랐습니다. 보다 구체적으로(7절) 많은 사람들에게 붙었던 더러운 귀신들이 크게 소리를 지르며 나가고 또 많은 중풍병자와 못 걷는 사람이 나음으로 그 성에 큰 기쁨이 있었습니다. 이들에게는 영적인 문제, 육적인 문제, 정신적인 문제들이 모두 해소되었습니다.

사도들의 사역과 그 표적: 5장12절
스데반 집사의 사역과 그 표적: 6장8절
빌립 집사의 사역과 그 표적: 8장6절

4) 시몬은 어떠한 사람이었습니까?(9-11절)
사마리아 성에서 마술을 행하여 사마리아 백성을 놀라게 하며 자칭 큰 자라 하는 자입니다. 성의 낮은 사람부터 높은 사람까지 다 그를 따랐으며 이 사람은 크다 일컫는 하나님의 능력이라 불리는 사람이었습니다. 곧 시몬은 마술의 힘으로 사마리아인들을 왜곡시키고 그들 가운데 중요한 위치를 차지하고 있었습니다.

시몬은 자칭 큰 자였으며, 크다 일컫는 하나님의 능력으로 자신의 위장하고 퍼트리는 자였습니다. 세상은 이처럼 사람들의 눈에 크게 보이며, 사람들을 놀라게도 만듭니다. 그러나 복음 안에서 세상의 유명한 자는 무명한 자가 되며, 큰 자는 작은 자가 되며, 존귀한 자는 비천한 자가 됨을 깨닫고 세상을 따르는 자가 아닌 돌이켜 복음에 순종하고 복음을 따르는 자가 되어야 할 것입니다.

5) 빌립의 사마리아 선교로 말미암아 어떠한 변화가 있었습니까?

사마리아인들(12절):

빌립이 하나님의 나라와 및 예수 그리스도의 이름에 관하여 전도함을 그들이 믿고 남녀가 다 세례를 받았습니다. 복음이 들어가기 전에 세상의 것들이 주인 노릇을 하였으나 복음이 들어갈 때에 사람들은 더 이상 세상에 현혹되지 않고 복음 안에 서게 된 것입니다.

시몬(13절):

시몬 또한 믿고 세례를 받은 후에 전심으로 빌립을 따라다니며 그 나타나는 표적과 큰 능력을 보고 놀라게 되었습니다.

6) 사마리아 선교를 위하여 예루살렘의 사도들은 어떠한 조치를 하였습니까?(14절)

예루살렘에 있는 사도들은 사마리아도 하나님의 말씀을 받았다 함을 듣고 베드로와 요한을 보내어 사마리아 선교를 도왔습니다.

7) 베드로와 요한은 사마리아에서 어떠한 일을 행하였습니까? 그리고 그 의의에 관해서 생각해 봅시다(15-17절).

사마리아로 내려온 베드로와 요한은 이들은 주 예수의 이름으로 세례를 받았지만 아직 성령을 받지 못함을 알고 성령 받기를 위하여 기도하였습니다. 그리고 저들에게 안수하였을 때 비로소 저들은 성령을 받게 되었습니다. 그런데 우리는 왜 성령 받음이 빌립에 의해서 이루어지지 않았는가를 묻지 않을 수 없습니다. 이 또한 하나님께서 오순절 날까지 성령의 강림을 미루신 것과 마찬가지로 예루살렘에서 내려온 베드로와 요한을 통한 성령의 임함의 역사를 일으키심으로 사마리아 교회를 예루살렘 교회와 연결시키며 더불어 사마리아 교회로 하여금 예루살렘 교회를 더욱 신뢰케 하기 위함이라고 볼 수 있는 것입니다.

8) 시몬은 성령의 역사를 어떻게 왜곡하였습니까?(18-19절)
시몬은 사도들이 안수함으로 성령이 임하는 모습을 보며 돈을 드려 그러한 권능을 얻기를 원하였습니다.

9) 베드로의 꾸짖음과 시몬의 회개함을 살펴봅시다(20-24절).
베드로는 신령한 은혜를 세속적인 가치로 곡해하는 시몬을 강하게 꾸짖었습니다. 그러나 이것은 그를 버림을 위함이 아니라 베드로의 꾸짖음을 듣고 즉시로 회개하는 모습 속에서 그를 다시 찾기 위함이었다는 것을 알 수 있습니다. 우리는 시몬의 모습 속에서 신령한 가치를 세속적 가치로 측량하며 신앙 생활하는 것에 대한 분명한 경계를 늦추지 말아야 할 것이며 또한 드러난 표적만을 보고 집중하는 신앙의 위험성에 대해서도 분명한 경계가 있어야 할 것입니다.

4. 사마리아 선교 후에 성령은 땅끝까지 이르는 복음 전파 사역을 계속하

셨습니다. 빌립이 에디오피아 내시에게 전도하는 과정을 자세히 살펴봅시다(26-40절).

빌립은 그의 사역 속에서 더욱더 깊이 있게 하나님의 인도하심을 받을 수 있었습니다. 빌립의 사마리아 전도는 하나님의 직접적인 개입과 인도가 아니었습니다. 그 과정은 분명히 성령의 인도하심이 있었지만 빌립은 그의 사역 속에서 더욱 깊이 있는 성령의 개입과 인도하심을 배울 수 있었습니다.

1) 주의 사자는 빌립을 어디로 인도하였습니까? 그리고 주의 사자는 빌립을 인도함에 관해서 무엇을 말해주었습니까?(26절)

주의 사자는 사마리아에서 이제 빌립을 남으로 향하여 예루살렘에서 가사로 내려가는 길로 인도하였습니다. 그러나 주의 사자는 빌립을 보내며 그 이유를 명확히 알리지 않았습니다. 마치 아브람이 갈 바를 알지 못하고 갈데아 우르를 떠나 약속의 땅으로 향하였던 것과 마찬가지로 주의 성령은 빌립을 통해 이루실 일들을 비밀에 감추시고 다만 그에게 순종을 요구하시는 것입니다. 그러므로 우리는 우리가 알지 못하는 일들에 대한 성령의 인도하심에 순종으로 온전히 주를 신뢰하는 마음을 가져야 할 것입니다.

2) 그곳에서 빌립은 누구를 만났습니까? 이로 통해 우리는 무엇을 깨달을 수 있습니까?(27-28)

빌립은 먼저 일어나야 했습니다. 하나님의 선교에 있어서 중요한 것은 순종입니다. 그는 사마리아 땅에서 개척자로서 환대를 받고 높임을 받을 수 있었습니다. 그러나 믿음의 사람들은 이러한 환대와는 관계가 없는 사람들인 것입니다. 이들은 오직 주의 인도하심을 기뻐하는 사람들이며 주님의 일을 성취함으로 주께 영광을 돌리는 사람들인 것입니다.

사울의 회심과 베드로와 고넬료와의 만남을 통한 이방인에 대한 전도의 문이 공식적으로 열리고 그 사역이 이루어짐에 대한 말씀에 앞서 빌립의 에디오피아 내시의 전도는 매우 의미 있는 말씀입니다. 우리는 이 에디오피아 내시가 본국으로 가서 어떠한 일을 행하였는지 알지 못합니다. 그러나 중요한 것은 하나님의 역사는 이와 같이 우리들이 알지 못하는 곳에서 여전히 복음의 사역이 이루어지게 하신다는 것입니다.

빌립은 그곳에서 예배하러 예루살렘에 왔다가 돌아가는 에디오피아 사람, 에디오피아 여왕 간다게의 모든 국고를 맡은 큰 권세가 있는 내시를 만났습니다. 그렇게 멀리까지 하나님을 경외하는 권세 있는 자가 있다는 사실은 참으로 놀라운 일이 아닐 수 없습니다. 우리는 참으로 선교는 하나님의 선교임을 그리고 우리 앞서 복음의 선교를 향한 그분의 열정으로 모든 준비된 자를 우리에게 보이심을 깨닫고 우리에게 맡겨진 일들에 결코 게을리해서는 안될 것입니다.

3) 성령은 빌립을 어떻게 이끄셨습니까?(29절)
성령은 빌립에게 내시가 타고 있는 병거로 가까이 갈 것을 지시하셨습니다. 곧 빌립이 이 에디오피아 내시와의 만남은 성령님의 인도하심 가운데 이루어진 것입니다.

4) 내시가 읽고 있었던 말씀에 관하여 빌립은 어떻게 해석하여 주었습니까?(30-35절)

내시가 이사야의 고난 받는 종의 예언된 말씀을 읽고 있었다는 것은 하나님의 섭리 가운데 이루어진 일입니다. 이제 이러한 본문을 읽고 있던 중에 빌립을 내시에게 인도하신 성령님께서는 빌립을 통해서 그 본문이 바로 예수 그리스도를 가리킴과 더불어 예수 그리스도에 관한 복음을 전하게 합니다.

5) 빌립의 전도에 관하여 내시는 어떠한 반응을 보였습니까?(36절)

권세 있는 자가 겸손히 자신의 무지를 감추지 않고 배우려고 함과 또한 복음을 받아들이는 일은 성령의 사역으로 말미암지 않고는 불가능한 것입니다. 내시는 빌립이 전한 복음을 진심으로 받아들일 뿐만 아니라 적극적으로 세례를 받기를 청하여 빌립으로부터 세례를 받았습니다.

한 사람에게 인도하심

빌립은 한 사람에게로 인도하심을 받았습니다. 하나님께서는 오늘도 우리들을 한 사람에로 인도하십니다. 우리는 어떠한 집단적인 사역을 하는 것이 아니라 한 사람과의 만남을 소중히 여기며 이 한 사람을 통한 역사를 기대하여야 합니다. 우리는 하나님께서 이 한 사람을 변화시키시고 어떠한 일을 행하실지 알지 못합니다. 그러나 우리는 마치 한 사람 에디오피아 내시에게 복음이 들어가고 그로 말미암아 아프리카에 복음이 들어가는 일이 일어난 것과 같은 그러한 놀라운 일들이 한 사람의 전도로 이루어짐을 깨달아야 할 것입니다.

준비된 영혼과의 만남

하나님께서는 빌립으로 좋은 밭으로 인도하셨습니다. 하나님께서는 준비된 자를 만나게 하셨습니다. 에디오피아 내시는 한 사람의 영혼이며 또한 준비된 영혼의 모습을 보여줍니다. 하나님께서는 오늘도 복음을 듣기만을 간구하는 준비된 영혼들을 오늘도 우리들 가운데 허락하십니다. 마치 추수할 일군들이 낫을 대고 추수만 하면 되듯이 오늘날도 하나님께서 우리가 깨어 주의 인도하심을 받을 때에 이처럼 준비된 영혼들을 만나게 하시는 것입니다. 우리는 한 날을 보내며 하나님, 오늘도 준비된 영혼을 만나게 하여 주시옵소서. 그렇게 기도하여야 할 것입니다.

권세자와의 만남

연약한 우리들, 보잘것없는 우리들은 가진 자에 대한, 권세자에 대한 막연한 두려움을 가집니다. 이 땅의 것은 남보다 조금 더 가질 때에 우월감을 함께 가지며, 이 땅의 보잘것없는 것을 갖지 못할 때에 우리는 열등감을 가지게 됩니다. 그러나 복음은 이러한 우월감도 열등감도 다

초월하는 것입니다. 하나님께서는 빌립으로 하여금 큰 권세 있는 자를 만나게 하셨습니다. 하나님께서는 이 에디오피아 내시가 어떠한 자신의 권세를 내세움을 보이지 않으십니다. 사람은 누구든 복음 앞에서는 심령이 가난한 사람들입니다. 우리가 세상에 물질로 간다면 우리는 열등감을 가질 수밖에 없을 것입니다. 그러나 우리는 복음으로 세상에 가는 것입니다. 세상은 언제나 복음에 관하여 심령이 가난한 자들인 것입니다. 오늘 우리들이 만나는 사람들에게 대한 두려움을 떨쳐야 할 것입니다. 우리들에게 주신 복음으로 이 땅에 전할 수 있는 우리들의 삶이 되어야 할 것입니다.

묵상

01 복음의 확장이 핍박으로 말미암아 이루어짐에 관하여 나누어 봅시다.

02 빌립의 사마리아 전도 사역이 주는 교훈에 관하여 나누어 봅시다. 특별히 사마리아의 시몬에 관한 이야기가 주는 교훈은 무엇입니까?

03 빌립을 통한 에디오피아 내시의 전도가 주는 교훈에 관하여 나누어 봅시다.

되새김

우리는 이번 장으로 예루살렘에서 시작된 복음이 온 유대와 사마리아와 땅 끝까지 전해지는 과정을 볼 수 있게 되었습니다. 복음은 더욱 확장해 나가는데 우리는 낯선 방관자가 되어서는 안 될 것입니다. 하나님의 선교의 역사책에 과연 나는 어떠한 기록을 남기겠습니까? 단지 순종함으로 성령의 인도하심으로 큰 영광 가운데 기록된 많은 믿음의 사람과 같이 오늘도 내게 허락하시는 사마리아인과 에디오피아인을 잠잠히 묵상하여야 할 것입니다.

사울의 회심
9장1~31절

Key Point

이제까지 우리는 1장에서 약속한 성령님의 강림으로 말미암아 어떻게 복음이 예루살렘과 온 유대와 사마리아까지 이르게 되었는가를 살필 수 있었습니다. 이제 복음은 더욱더 넓은 곳까지 전하여지게 되는데 이를 위하여 사도 바울이 이방인의 사도로 부르심을 받게 됩니다. 이번 과에서는 바울의 회심의 장면과 이방인 전도를 위한 준비와 이전의 복음 사역을 정리합니다.

본문 이해

8장에서 바울은 핍박자요, 박해자로 등장합니다. 한편으로 그는 복음의 확산에 있어서 핍박자와 박해자로 쓰임을 받았습니다. 그러나 다른 한편으로 9장에서 회심을 통해서 그리스도의 증인이 됩니다. 8장에서 하나님께서는 바울을 통해서 복음의 불씨가 예루살렘에서 사마리아와 주변으로 번지게 하셨습니다. 10장에서 베드로를 통해서 고넬료에게 복음을 전하심으로 이방인의 구원의 문을 공식적으로 여심에 앞서 9장의 사울의 회심은 바로 이방인의 사도로 예비된 한 사람을 부르시고 세우심이 됩니다.

■ 사도행전 9장1–31절의 구조적 이해

　행 9:1-9: 사울의 다메섹 도상에서의 회심 사건

　행 9:10-19: 사울과 아나니아의 만남

　행 9:20-22: 사울의 다메섹 전도

　행 9:23-25: 사울의 피신

　행 9:26-31: 사울의 예루살렘 전도

1. 사울에 관한 말씀의 흔적을 살펴봅시다(행 7장58절, 8장1-3절).

　7장58절:

　스데반을 성밖에 내치고 돌로 칠 때에 증인들은 옷을 벗어 사울의 발

111

앞에 두었습니다.

8장1절:
사울은 스데반의 죽임 당함을 마땅히 여기었습니다.

8장3절:
사울은 교회를 잔멸하기 위하여 각 집에 들어가 남녀를 끌어다가 옥에 넘겼습니다.

2. 사울의 다메섹 회심 장면을 자세히 살펴봅시다(1-9절).
   1) 사울이 다메섹으로 향한 이유는 무엇입니까?
   8장에서 살필 수 있는 사울의 위협은 전혀 식지 않았습니다. 이미 예루살렘 교회를 와해시켰던(행 8:3) 사울은 이번에는 예루살렘으로부터 약 240km 떨어진 다메섹에 흩어신 그리스도인들까지 잔멸하고자 하여 대제사장에게 공문을 받아 다메섹 여러 회당에서 예수를 믿는 무리들을 만나면 남녀를 막론하고 결박하여 예루살렘으로 잡아오려 하였습니다.

   2) 사울에게 다메섹 가까이 이르렀을 때에 어떠한 일이 일어났습니까?
   아래를 참고

   3) 사울의 다메섹 도상 체험은 사도행전의 세 번에 걸쳐 증언되고 있

습니다. 각각 비교해 가며 살펴봅시다.

사울의 회심에 관한 말씀이 사도행전에서 세 번에 걸쳐 증언됨은 이 사건이 사도행전에 있어서, 또한 복음의 역사에 있어서 얼마나 중요한 사건인지를 알게 합니다. 한 사람의 변화는 단지 한 사람의 변화가 아닌 기독교 역사의 변화가 된 것입니다.

9장3-9절:

9장의 말씀은 실제 사건의 묘사입니다. 실제적인 사건의 묘사는 비교적 간략한 형식으로 핵심만이 시간의 순서에 맞게 표현되고 있습니다. 먼저 9장의 말씀에서 핵심적으로 살펴볼 내용들은 1. 핍박자 사울에 대한 예수님의 말씀 "사울아 사울아 네가 어찌하여 나를 박해하느냐... 나는 네가 박해하는 예수라" 2. 다메섹으로 보내심 "너는 일어나 시내로 들어가라 네가 행할 것을 네게 이를 자가 있느니라" 3. 바울 동행자들의 증거 "같이 가던 사람들은 소리만 듣고 아무도 보지 못하여 말을 못하고 서 있더라" 4. 사울의 소명에 대한 아나니아의 환상 등입니다.

22장5-21절:

22장의 말씀은 천부장의 허락 아래 같은 동족 유대인들에게 설명한 사도 바울의 회고 기록입니다. 따라서 유대인을 대상으로 한 바울의 회심의 회고 연설은 아나니아에 관련된 이야기가 보다 심도 있게 이루어집니다. 9장과 22장은 함께 핍박자 바울에 대한 언급을 시간적 순서에 따라 26장에 비해 핵심적으로 전개됩니다. 다만 9장에서는 아나니아가 보았던 환상을 중심적으로 묘사된다면 22장에서는 그러한 환상을 본 아나니아와 바울과의 만남이 중심적으로 표현되어 있습니다. 주요 쟁점으로 시간적 묘사와 핍박자 바울에 대한 언급은 9장과 22장이 같으나 바울 동행자들의 증언에 대한 차이 ("나와 함께 있는 사람들이 빛은 보면서도 나에게 말하시는 이의 소리는 듣지 못하더라"-9절) 곧 소리를 듣지 못하였다는 것은 분명한 내용을 듣지 못하였음을 뜻으로 9장에서 소리를 들었다는 언급과 크게 다르지 않습니다.

26장12-18절:

26장의 말씀은 총독 베스도의 허락 아래 아그립바와 버니게 앞에서 설명한 사도 바울의 회고 기록으로 예수는 바로 하나님이었다는 사실과 자신이 이방인의 사도로 부르심을 받았다는 것을 강조하고 있습니다. 26장의 특징은 회심 사건의 시간적 순서에 대해서는 무시하고 다만 바울 자신이 이방인의 사도로 부름 받은 사실만을 강조하고 있습니다. 바울의 회고에서 아나니아에 대한 언급이 없음은 22장에서는 듣는 대상이 유대인이었기에 유대교적인 전통 안에서 자신의 소명이 이루어졌음을 밝히기 위함이었으나 26장에서는 그럴 필요가 없으므로 아나니아를 통해 들은 소명을 마치 자신이 들은 것과 같이 표현하고 있을 뿐입니다. 만일 자신의 소명에 대한 이야기를 간접적으로 들었다는 9장과 22장의 보고와 26장의 직접적 소명 보고를 두 번의 반복적인 재확인이라 할지라도 이는 크게 상반되지는 않을 것입니다. 이 외에 같은 사건에 대한 회고에 있어 미묘한 차이는 바울 동행자들의 상황에 대한 자세한 이야기의 언급을 삭제한 부분에서도 살펴볼 수 있습니다.

4) 다메섹 동산에서 겪게 된 사울의 정신적인 충격에 관하여 생각해 봅시다.

① 열심의 충격

사울의 영적인 출생은 다메섹 도상에서 주님을 만나는 충격 속에서 이루어졌습니다. 다메섹 도상에서의 주님과의 만남은 사울에게 큰 충격을 주었습니다. 하나님을 위한 열심이 결국 하나님을 향하여 찌르는 자가 되고 만 것입니다. 자신의 삶의 모든 열심만큼 그의 삶은 하나님께 향하여 어긋난 삶을 산 것입니다. 우리는 우리의 열심을 돌아보아야 합니다. 수영을 배우고자 하는 사람에게 가장 큰 장애는 그가 수영을 할 수 있다는 것입니다. 그가 수영을 할 수 있다는 것이 그가 바르게 수영을 배움에 있어 장애가 되는 것입니다. 때로는 우리가 안다는 것, 우리의 생각, 우리의 가치관, 우리의 열심을 버리지 않는 한 결국 이 모든 것이 하나님 나라의 일을 함에 있어 장애가 될 수 있다는 것을 잊어서는 안 될 것입니다. 우리의 열심이 오히려 주의 일을 어긋나게 하는 열심이 되어서는 안 될 것입니다

바울(사울)은 자신에 관하여 이렇게 소개합니다.

"내가 팔 일 만에 할례를 받고 이스라엘의 족속이요 베냐민의 지파요 히브리인 중의 히브리인이요 율법으로는 바리새인이요 열심으로는 교

회를 핍박하고 율법의 의로는 흠이 없는 자로라"(빌 3:5-6)

이제 이러한 열심에 대한 충격이 다메섹 도상에서 사울에게 있었던 것입니다.

② 지식의 충격

두 번째 사울의 충격은 그의 지식에 대한 충격이었습니다. 그는 누구보다도 열심일 수 있었던 것은 그의 무식으로 말미암은 것이 아니라 유대교에 대한 그의 지식으로 말미암은 것이었습니다. 그의 지식이 그로하여금 더욱더 열심으로 만들었습니다. 그러나 다메섹에서 예수님과의만남의 충격은 자신의 모든 지식의 헛됨을 알게 한 것입니다.

③ 헛된 삶의 충격

세 번째 사울의 충격은 자신이 쌓은 모든 것, 자신의 지식과 열심으로 말미암아 자신이 걸었던 삶의 헛됨에 대한 충격이었습니다. 이는 참으로 큰 충격입니다. 자신이 결국 헛된 삶을 살았던 것입니다. 삶의 헛됨은 가장 큰 충격을 줍니다. 왜냐하면 인생은 두 번 주어지는 것이 아니기 때문입니다. 인생은 돌이킬 수 있는 것이 아니기 때문입니다. 인생은 지울 수 있는 것이 아니기 때문입니다. 인생을 지울 수 있는 지우개는 없는 것입니다.

5) 하나님께서 사울의 눈을 멀게 하심을 살펴봅시다(8-9절).

이와 같은 충격 속에 있는 사울에게 향한 하나님의 치유책이 있었습니다. 그것은 그로 하여금 잠시 눈이 멀게 하신 것입니다. 그의 기질로 판단하건대 만일 이러한 충격 속에서 하나님께서 그에게 아무런 조치도 하지 않으셨다면 사울은 어떻게 되었을지 아무도 모르는 것입니다. 하나님께서는 사울로 하여금 잠시 눈이 멀게 하셨습니다. 충격에 휩싸인 사울을 마치 제압하는 것과 같음이 그로 보지 못하게 하시는 것입니다. 그로 철저하게 하나님께 사로 잡히게 하시는 것입니다.

① 하나님을 만남의 증표가 됨

첫째, 사울이 앞을 바라보지 못함은 하나님을 만남의 한 증표가 되는 것이었습니다. 마치 사가랴가 세례 요한에 대한 천사의 소식을 듣고도 믿지 못함으로 말미암아 세례 요한의 이름을 짓기까지 말을 하지 못하였던 것과 마찬가지로 하나님께서는 사울로 잠시 앞을 바라보지 못하게 하심으로 말미암아 이 일이 하나님께로 말미암은 일임을 보이셨습니다. 하나님께서는 그의 눈을 멀게 하심으로 철저하게 사울을 제압하셨습니다.

② 그의 삶을 돌이키게 함

둘째, 눈이 멀게 하심은 그로 그의 삶을 돌이키게 하시는 것입니다. 눈을 감으면 생각을 하게 됩니다. 곧 자신이 행하였던 일들을 돌아보게 하는 것입니다. 그는 예루살렘 교회를 핍박함에 중심에 서 있던 사람이었습니다. 그는 스데반의 순교에 있어 그 옷을 맡고 있었던 자였으며 그의 죽음을 마땅하게 여기던 사람이었습니다. 하나님께서는 단지 그로 하여금 그의 삶의 헛됨과 그의 열심의 헛됨을 책망하는 것이 아니라 그로 돌이키게 하시는 것입니다.

③ 바른 하나님의 지식을 세우게 하심

셋째, 눈이 멀게 하심은 그의 하나님의 지식을 바로 세우시는 것입니다. 공부하는 학생이 일주일 동안 열심히 공부한다고 해서 공부의 효율이 있는 것이 아니다고 합니다. 하루를 쉼으로 말미암아 6일 동안 학습한 것이 머리 가운데 잘 정리가 되는 것입니다. 이와 같이 하나님께서는 사울로 보지 못함의 기간을 통해서 그의 하나님에 대한 지식을 바로 세우시는 것입니다.

④ 기도하게 하심

넷째, 눈이 멀게 하심으로 그로 하나님을 항하여 기도하는 자로 만드셨습니다. 그는 하나님의 주권적인 역사 가운데 무능한 자가 되었습니다. 이제 그는 철저하게 하나님께 향하여 기도하는 자가 된 것입니다. 인간의 무능의 자리는 하나님의 능력의 꽃을 피울 수 있는 가장 좋은 밭이 되는 것입니다.

사울은 눈을 떴으나 아무것도 보지 못하고 사람의 손에 끌려 다메섹으로 들어가서 사흘 동안 보지 못하고 식음을 전폐하였습니다. 우리는 이로써 사울의 심정을 어느 정도라고 이해할 수 있습니다. 다메섹 도상의 사건은 사울에게 일생일대의 큰 충격이 아닐 수 없는 것입니다.

3. 사울과 아나니아와의 만남에 관하여 자세히 살펴봅시다(10-19절).

1) 주께서 환상 중에 아나니아에게 무엇을 명하셨습니까?

이제 하나님께서는 또 한 사람을 예비하셨습니다. 이 사람이 바로 사도행전에 나타나는 3명의 아나니아 중에 두 번째 아나니아인 다메섹의 아나니아입니다. 주께서 환상 중에 아나니아를 부르셨습니다. 그리고 그에게 말씀하셨습니다.

"일어나 직가라 하는 거리로 가서 유다의 집에서 다소 사람 사울이라 하는 사람을 찾으라 그가 기도하는 중이니라. 그가 아나니아라 하는 사람이 들어와서 자기에게 안수하여 다시 보게 하는 것을 보았느니라"(행 9:11-12)

하나님께서는 이 일이 자의적인 일이 아닌 하나님께로 말미암은 일임을 보이시기 위하여 각각 다른 두 사람에게 보이십니다. 하나님께서는 이후에도 베드로에게 말씀하시고, 고넬료에게 말씀하심으로 그 일이 하나님께로 말미암음을 또한 보이십니다(행 10장).

2) 하나님의 부르심에 아나니아의 대답을 살펴봅시다(13-14절).

어떠한 의미에서 사울은 가장 구원받기 어려운 사람이며, 구원받아서는 안 될 사람이었습니다. 사울에 대한 하나님의 말씀에 아나니아는 믿을 수 없었으며 당황스러웠습니다. 아나니아는 다음과 같이 대답하였습니다.

"주여 이 사람에 대하여 내가 여러 사람에게 듣사온즉 그가 예루살렘에서 주의 성도들에게 적지 않은 해를 끼쳤다 하더니 여기서도 주의 이름을 부르는 모든 사람을 결박할 권한을 대제사장들에게서 받았나이다"(행 9:13-14)

사울의 악명뿐만 아니라 아나니아는 사울이 다메섹에서 행할 일들의 준비와 그 목적까지 분명히 알고 있었습니다.

3) 주께서는 아나니아에게 사울에 장래에 관하여 무엇을 말씀하여 주셨습니까?
사울은 주의 이름을 이방인괴 임금들과 이스라엘 자손들에게 전하기 위하여 택한 그의 그릇입니다. 주께서 말씀하시기를 주의 이름을 위하여 얼마나 고난을 받아야 할 것을 주께서 그에게 보이실 것을 말씀하셨습니다.

4) 사울과 아나니아의 만남을 살펴봅시다.
아나니아가 사울에게 안수를 하자 즉시 사울의 눈에서 비늘 같은 것이 벗어져 그로 다시 보게 되었습니다. 우리는 이 비늘 같은 것이 무엇인지 알지 못합니다. 중요한 것은 그것이 무엇인가가 아닌 그의 변화인 것입니다. 사울은 다시 보게 되었으며 일어나 세례를 받고 음식을 먹고 강건하여졌습니다. 이제는 주를 위한 강건함으로 서게 되는 것입니다.

4. 회심한 사울의 다메섹에서 사역을 살펴봅시다(20-25절).

1) 사울은 다메섹에서 무엇을 전파하였습니까?(20절)

사울은 다메섹에서 즉시로 각 회당에서 예수가 하나님의 아들이심을 전파하였습니다.

2) 사람들의 반응은 어떠했습니까?(21절)

사람들은 이 사람이 예수의 이름을 부르는 자들을 멸하려는 사람이었기에 더욱 놀라워하였습니다.

3) 유대인들은 사울에 대하여 어떠한 계획을 하였습니까? 그리고 일의 결과는 어떠했습니까?(23-25절, 고후 11:32-33 참고)

사울의 사역이 이제 여러 날이 지났습니다. 9장22절과 23절 사이의 갭을 이해하여야 합니다. 이 기간은 단순한 여러 날이 아닙니다. 이에 대한 열쇠의 구절이 바로 갈라디아서 1장으로부터 얻을 수 있습니다. 이는 바울의 직접적인 간증입니다.

사울은 다메섹 도상에서 회심하고 다메섹으로 먼저 갔음은 그가 다메섹 직가라는 거리의 유다 집에서 다메섹 도상에서 주님을 만난 후 사흘째 되던 날에 아나니아로부터 안수를 받고 세례받음으로 확인됩니다.

그리고 그는 19절을 따라 다메섹에 있는 제자들과 함께 며칠을 있었으며, 이 며칠은 23절의 여러 날과 구분됩니다. 곧 사울은 다메섹에 며칠을 거하며 주의 사역을 하였으며 그다음의 행적은 갈라디아서 1장17절로부터 얻을 있습니다. 사울이 이 다메섹에서 두 번째로 다시 다메섹으로 돌아오기까지는 3년의 세월이 흘렀으며 이 삼 년의 세월에 그는 아라비아에 거하였던 것입니다.

보다 자세한 회심 후 바울의 행적에 관하여서는 다바르 말씀교재 『갈라디아서』를 참고 바랍니다.[6]

두 번째 다메섹 기간에 유대인들은 사울을 죽이기를 공모하였습니다. 그러나 곧 그 공모는 사울에게 알려지게 됩니다. 하나님께서는 이처럼 사역 초기부터 사울을 보호하셨던 것입니다. 유대인들은 사울을 죽이기 위하여 밤낮으로 성문까지 지키었습니다. 그러나 사울의 제자들은 밤에 광주리에 사울을 담아 성에서 달아 내림으로 다메섹에서 무사히 빠져나가게 하였습니다. 사울이 유대인들의 공모를 알게 된 사실과 사울의 제자들의 언급은 사울의 회심이 단순히 개인적인 회심이 아닌 상당한 영향력이 있었음을 보여줍니다. 그것은 사울이 가진 지위와 이전의 영향력의 연속상으로도 가능한 사실입니다. 그러나 우리는 성령님으로 말미암아 더욱더 그로 통해서 복음이 확장되는 것을 바라볼

---

6) 임경묵, 『갈라디아서』(인천: 도서출판 다바르, 2024), 37-39쪽.

수 있을 것입니다.

5. 다메섹에서 빠져나간 사울의 첫 번째 예루살렘 방문에 관하여 살펴봅시
   다(26-30절).

　1) 사울의 예루살렘 방문의 목적과 그 어려움은 무엇이었습니까?

　두 번째 다메섹의 방문에서 도피한 사울의 여정으로 회심 후 첫 번째
예루살렘 방문의 말씀입니다.

　사울이 예루살렘으로 가서 제자들을 사귀고자 하나 다 두려워하여 그
의 제자 됨을 믿지 아니하였습니다. 사울은 참으로 두려운 사람이었습
니다. 예루살렘에서 사울이 어떠한 사람인지 우리는 다시 한번 생각해
볼 필요가 있습니다. 사울 자신의 말을 빌자면 그는

　"주님 내가 주를 믿는 사람들을 가두고 또 각 회당에서 때리고 또 주
의 증인 스데반이 피를 흘릴 때에 내가 곁에 서서 찬성하고 그 죽이는
사람들의 옷을 지킨 줄 그들도 아나이다"(행 22:19-20)

　라고 주께 고백한 바가 있습니다. 예루살렘의 모든 그리스도인이 흩
어질 수밖에 없었던 것이 이 사울로 말미암은 일이라 하여도 과장이 아
닐 정도의 그의 교회의 핍박에 대한 열심은 참으로 대단한 것이었습니
다. 그러한 자가 이제 복음을 위한 사역자로 변모해서 주의 복음을 전
할 때에 그리 쉽게 믿어질 수 없는 것입니다.

2) 바나바는 사울의 예루살렘 사역에 있어 어떠한 역할을 하였습니까?

모든 사람이 사울을 두려워하여 그의 제자 됨을 믿지 못할 때에 바나바가 사울을 데리고 사도들에게 가서 그가 길에서 어떻게 주를 본 것과 주께서 그에게 말씀하신 일과 다메섹에서 그가 어떻게 예수의 이름으로 담대히 말하던 것을 말하였습니다. 곧 사울이 예루살렘의 제자들과 사도들과 교제함에 있어서 결정적인 교량적인 역할을 한 것이 바로 바나바입니다.

3) 사울의 예루살렘 사역에 관하여 살펴봅시다. 그리고 그 결과는 어떠했습니까?

사울은 예루살렘에서도 예수의 이름으로 담대히 말하고 헬라파 유대인들과 함께 말하며 변론하였습니다. 이와 같이 사울이 특별히 헬라파 유대인과 변론함은 히브리파 유대인들은 사울에 관하여 자세히 알기에 그들에게 복음을 전하는 것은 더욱 어려운 일이었기 때문입니다. 그러나 이들 헬라파 유대인조차도 결국 사울을 죽이려고 힘쓰게 됨으로 예루살렘 형제들은 사울을 가이사랴로 데리고 내려가서 다소로 보내게 됩니다.

6. 지금까지의 성령의 사역에 대한 요약된 말씀을 읽어봅시다(31절).

9장31절의 말씀은 1장부터 지금까지의 사역을 정리하는 말씀뿐만 아니라 다음의 사역을 준비하고 기대케 하는 말씀으로 역할을 하고 있습니다.

"그리하여 온 유대와 갈릴리와 사마리아 교회가 평안하여 든든히 서 가고 주를 경외함과 성령의 위로로 진행하여 수가 더 많아지니라"(행 9:31)

묵상

01 이방인의 선교 사역을 위해 준비된 영혼은 뜻밖에도 교회를 가장 핍박한 사람이었습니다. 사울의 부르심과 사울이 가졌던 충격에 관하여 나누어 봅시다.

02 사울과 아나니아의 만남이 주는 교훈에 관하여 나누어 봅시다.

03 사울의 변화가 주는 교훈에 관하여 나누어 봅시다.

되새김

육체의 예수님을 한 번도 본 적이 없었던 사울이 사도로 부르심을 받아 어떤 사람들보다도 주님의 귀한 도구로 쓰임을 받았습니다. 이제 우리는 어떠한 하나님의 도구입니까? 날마다 우리들의 삶을 초청하시는 성령님으로 말미암아 우리들의 부르심의 길을 걸어가야 할 것입니다.

PART

10

베드로의 룻다와 욥바 사역
9장32~43절

Key Point

스데반의 등장과 순교, 빌립의 사마리아 전도와 에디오피아 내시 전도, 사울의 회심 등의
이야기로 잠시 잊혀졌던 중심인물인 베드로에 대한 말씀을 다시금 상기케 합니다. 베드
로의 룻다와 욥바의 사역은 다시금 베드로를 주목하게 하심으로 베드로를 통해서 이루어
나가시는 하나님의 뜻이 어디에 있는가를 알게 하십니다.

본문 이해

빌립을 통해서 두 가지 사역인 사마리아 전도와 에디오피아 내시에게 복음 전파를 행하신 바와 같이 성령께서는 베드로를 통해서 룻다와 욥바에서 두 사역을 행하게 하셨습니다. 두 사역은 이 사역들이 하나님께로 말미암음을 증거하시는 것입니다. 하나님께서는 베드로에게 두 가지 사역과 세 사람과의 만남을 행하셨습니다. 룻다의 애니아, 욥바의 다비다와 시몬입니다. 성령께서 이들을 통해서 보이시고자 하는 바가 무엇인지 살펴보고자 합니다.

■ 사도행전 9장32-43절의 구조적 이해

　　행 9:32-35: 베드로의 룻다 사역
　　행 9:36-42: 베드로의 욥바 사역
　　행 9:43: 베드로가 무두장이 시몬의 집에 머묾

1. 하나님께서는 베드로를 룻다와 욥바로 인도하셨습니다.

　1) 룻다와 욥바의 지역적 특성에 관하여 연구해 봅시다.

　룻다는 욥바로 가는 도중에 있는 촌락으로 예루살렘에서 약 하룻길에 위치해 있습니다. 그리고 욥바는 팔레스타인 변방에 위치한 해안지역입니다. 앞서 사울의 예루살렘 교회에 대한 핍박으로 흩어진 자들이 두루 다니며 복음을 전파하였고 빌립이 또한 사마리아에 복음을 전하였던 바와 같이(행 8:4-5) 베드로 또한 두루 다니며 복음을 전파하였습니다.

2) 베드로의 룻다와 욥바 전도 갖는 의의는 무엇입니까?

이방인 선교를 위한 인물로 사울을 예비하신 하나님께서는 빌립을 통한 사마리아 복음 전파에 이어 이제 베드로의 룻다와 욥바의 이적을 통해서 복음을 유대지경을 넘어 팔레스타인 변방지역까지 확장시킴으로 이방인 전도에 대한 구체적인 지역적 확장을 이루고 있음을 볼 수 있습니다. 곧 룻다와 욥바의 전도는 이후의 가이사랴의 고넬료를 통한 이방인 전도의 발판적인 역할을 합니다.

2. 베드로의 룻다 사역을 살펴봅시다(32-35절)

베드로는 룻다에서 애니아라 하는 사람을 만났습니다. 그는 중풍병으로 침상 위에 누운 지 8년이 되었습니다. 베드로가 이르기를 "애니아야 예수 그리스도께서 너를 낫게 하시니 일어나 네 자리를 정돈하라"라고 하였습니다. 이에 애니아가 8년이나 누웠던 침상으로부터 일어섰습니다. 이로써 사도들의 사역이 전적으로 성령의 이끄심 가운데 있었음을 다시 한번 보여줍니다. 애니아에 대한 치유로 말미암아 룻다와 사론에 사는 사람들이 다 애니아를 보고 주께로 돌아오게 되었습니다.

룻다의 애니아의 치유는 무기력한 자를 회복케 하시며 이전의 무기력했던 자를 쓰심을 보여주십니다. 자신의 침상에서 8년간 누워 있었던 자는 그 어떠한 사람들보다도 무기력함을 보여줍니다. 그러나 하나님의 은혜는 이러한 무기력한 자를 일으키시고 그를 통해서 복음이 전파되게 하신 것입니다.

3. 베드로의 욥바 사역을 살펴봅시다(36-43절).

  1) 욥바의 여제자에 관하여 자세히 알아봅시다(36절).

  욥바에 다비다라 하는 여제자가 있었습니다. 아람어 다비다는 헬라어로는 도르가로서 노루, 암사슴을 의미합니다. 그녀는 자선사업에 뛰어나 선행과 구제를 많이 하였습니다. 베드로가 룻다에 있을 때에 다비다가 병들어 죽어 사람들이 시체를 씻어 다락에 뉘었습니다. 제자들이 베드로가 룻다에 있음을 듣고 두 사람을 보내어 지체 말고 와 달라고 간청하였습니다. 욥바는 예루살렘 서북쪽 55km 떨어졌으며 룻다와는 약 18km 정도 떨어진 곳입니다. 베드로는 욥바에 이르러 도르가가 죽어 있는 다락에 올라가니 모든 과부가 베드로 곁에 서서 울며 도르가가 그들과 함께 있을 때에 지은 속옷과 겉옷을 내어 보였습니다. 중풍병자 애니아를 고칠 때와 같은 하나님의 말씀이 아직 그에게 임하지 않았습니다. 지금의 그의 상황에서는 단지 하나님 앞에 기도하는 것밖에는 없었습니다. 그는 자신의 기도가 사람들의 방해를 받지 않기를 원하였습니다. 그리고 사람들을 내어 보내고 무릎을 꿇고 주께 향하여 간절히 기도하였습니다. 그리고 베드로는 돌이켜 시체를 향하여 다비다야 일어나라 말하였습니다.

애니아를 낫게 함에는 예수 그리스도의 이름을 직접적으로 언급하였습니다. 그러나 다비다의 일으킴에는 예수 그리스도의 직접적인 언급이 없습니다. 물론 우리는 예수의 이름의 언급이 없음을 통해서 의아해하거나 예수의 이름과 상관없는 이적이라고 생각할 수 없습니다. 다만 하나님의 사역의 직접적인 하나님의 역사와 우리의 믿음을 통한 선포에 대한 다양성을 보여주시는 두 사건이라 할 수 있는 것입니다. 하나님께서는 직접적인 어떠한 인도하심 가운데 하나님의 일을 행하시기도 하시며 때때로 우리들 가운데 믿음을 일으키시사 주의 권능의 사역을 행하시기도 하시는 것입니다.

베드로의 말에 다비다는 눈을 떠 베드로를 보고 일어나 앉았습니다. 베드로는 손을 내밀어 그녀를 일으키고 성도들과 과부들을 불러들여 그녀의 산 것을 보였습니다. 이에 온 욥바 사람이 알고 많은 사람이 주를 믿었습니다.

기적은 단순히 기적에 의미가 있는 것이 아닌 복음 전파의 한 수단으로 의미가 있는 것입니다. 그러므로 우리는 말씀을 볼 때 그러한 기적들이 어떻게 복음전파에 영향을 끼치는지 살펴보아야 합니다. 또한 헛된 표적과 이적과 기적에 우리들의 관심이 집중하는 것에 경계하여야 할 것입니다.

예수님께서 야이로의 딸에게 '달리다굼'이라고 말씀하심으로 죽은 소녀를 살리셨다면 이제 베드로는 욥바의 다비다를 살리시며 '다비다 굼'이라고 말하였습니다. 달리다굼이 주님의 역사라며, 다비다굼은 교회의 역사가 됩니다. 주님의 역사는 이제 교회를 통해서 계속되는 것입니다. 더 나아가 욥바의 다비다를 살리심은 무기력할 뿐만 아니라 소망이 끊어진 자에게 주께서 소망이 되심을 보이시는 것입니다. 하나님께서는 소망이 없는 자리에서 친히 소망이 되십니다.

마지막으로 베드로는 욥바에 여러 날 있어 시몬이라 하는 무두장이의 집에서 머물렀습니다. 무두장이는 동물의 가죽을 가공하는 직업으로서 죽은 동물과 접촉해야 하는 직업이므로 유대인들의 거리낌을 받는 부정적인 직업이었습니다. 유대인들은 무두장이에 대한 혐오감을 가지고 멸시하였으며 무두장이는 아무데나 거주할 수 없었고, 도시 구역에서 멀리 떨어진 곳에 법적으로 한정되었습니다. 그러나 주님께서는 삭개오와 마태의 집에서 유하심과 같이, 주님께서 죄인의 집에서 유하며 그들과 함께 하셨던 바와 같이 베드로는 모든 편견을 깨었습니다. 하나님의 역사는 이처럼 밑바닥의 역사였으며 이러한 역사는 하나님의 놀라운 세계 선교의 밑거름과 준비 작업들이 되었습니다.

무기력한 자에게, 소망이 없는 자에게, 더 나아가 소외된 자에게 하나님께서는 베드로를 통해서 복음이 전하여지게 하셨습니다. 하나님께서는 무기력한 자를 회복케 하시며, 소망이 끊어진 자에게 친히 소망이 되시며, 소외된 자와 함께 하시는 것입니다.

묵 상

01 베드로의 룻다의 애니아 치유가 주는 교훈에 관하여 나누어 봅시다.

02 베드로의 욥바의 다비다를 살린 사건의 교훈을 나누어 봅시다.

03 베드로가 욥바의 무두장이 시몬의 집에 머묾이 주는 교훈에 관하여 나누어
봅시다.

되새김

베드로의 룻다와 욥바의 작은 순회적인 사역은 더 큰 복음의 확장에 대한 전조가
됩니다. 곧 룻다의 애니아를 고치시고, 욥바의 다비다를 살리심으로 더 큰 복음
의 소용돌이가 세상에 몰아치게 될 것을 예고하는 것입니다. 베드로가 무두장이
시몬의 집에 머묾은 하나님의 때를 기다림과 같은 모습을 보여줍니다.

PART

11

이방인 고넬료 전도
10장1~11장18절

Key Point

유대와 사마리아 팔레스틴까지 확장된 복음은 이제 더 넓은 세계로 향합니다. 전도자 사울을 부르심으로 이방인 선교를 준비하신 하나님께서는 지역적인 확장과 함께 구체적으로 이방인 고넬료에게 복음을 전하심으로 이방인 선교에 대한 문을 여십니다. 이번 과에서는 이방인 고넬료에게 복음이 전파됨과 이 일을 베드로가 예루살렘 교회에 보고함에 관하여 전합니다.

본문 이해

　사도행전 10장은 베드로와 고넬료의 만남에 관하여 비교적 자세하게 많은 분량으로 전합니다. 이는 베드로와 고넬료의 만남이 사도행전에 있어서 얼마나 중요한 사건인지를 알게 하십니다. 단순히 고넬료라고 하는 한 이방인에게 복음이 전해진 사건이 아니라 하나님께서 고넬료를 통해서 이방인의 구원의 문을 여시고 또한 이를 선포하시는 의미 있는 사건이 되는 것입니다. 베드로는 고넬료에게 복음을 전파할 뿐만 아니라 이 일을 예루살렘에 보고함으로 이방인 전도를 공식화합니다(행 11장1-18절). 8장에서 사마리아아와 이방인의 전도의 일을 시작하신 하나님께서는 9장에서 이방인 전도를 위하여 사울을 준비하셨으며, 10장에서 베드로를 통하여 고넬료에게 복음을 전함으로 이를 공식화하십니다.

■ 사도행전 10장1-11장18절의 구조적 이해
　　행 10:1-8: 고넬료의 환상
　　행 10:9-16: 베드로의 환상
　　행 10:17-23: 베드로가 고넬료의 사람들을 영접함
　　행 10:24-33: 베드로와 고넬료의 만남
　　행 10:34-43: 베드로의 여섯 번째 설교
　　행 10:44-48: 이방인에게 성령을 부어주심

행 11:1-18: 베드로의 예루살렘 교회에 보고

1. 고넬료에게 임한 환상을 자세히 살펴봅시다(1-8절).

 1) 고넬료는 어떠한 사람입니까?(1-2절)

 고넬료는 가이사랴의 이달리아 군대의 백부장입니다. 그는 이방인이고 높은 지위에 있음에도 불구하고 경건하여 온 집으로 더불어 하나님을 경외하며 백성을 많이 구제하고 하나님께 항상 기도하는 사람이었습니다.

 2) 고넬료에게 환상은 언제 임하였습니까?(3절)

 제 구시는 유대식 시간법으로 오후 3시를 의미합니다. 이로써 환상은 꿈이 아님을 알 수 있습니다. 이에 관하여 말씀은 '밝히 보매', '하나님의 사자가 들어와'라는 표현을 하고 있습니다.

 3) 하나님의 사자는 고넬료에 관하여 무엇을 말하였습니까?(4절)

 천사가 이르기를 네 기도와 구제가 하나님 앞에 상달되어 기억하신바가 되었다고 말씀하였습니다. 욥바의 다비다의 선행과 구제가 그의 죽음의 자리에까지 많은 과부들이 함께 하게 한 바와 같이 가이사랴의 백부장 또한 기도와 구제의 사람이었습니다.

 4) 하나님의 사자가 지시한 바는 무엇입니까?(5-6절)

 "네가 지금 사람들을 욥바로 보내어 베드로와 하는 시몬을 청하라 그는 무두장이 시몬의 집에 유숙하니 그 집은 해변에 있다"라고 하였습니다.

5) 고넬료는 환상 후에 어떻게 하였습니까?(7-8절)
고넬료는 집안 하인 둘과 부하 가운데 경건한 사람 하나를 불러 이 일을 다 이르고 욥바로 보내었습니다.

2. 베드로에게 임한 환상을 자세히 살펴봅시다(9-16절).

1) 베드로에게 환상은 언제 임하였습니까?(9절)
고넬료에게 임한 환상에 이어 베드로에게 임한 환상에 관하여 전하십니다. 베드로에게 임한 환상은 고넬료의 환상 다음날 제 육시입니다. 제 육시는 12시를 의미합니다. 이때는 고넬료가 보낸 사람들이 성에 가까이 갔을 때이며 또한 시간적으로 시장할 때입니다.

2) 베드로가 본 것은 무엇입니까?(11-12절)
하늘이 열리며 한 그릇이 내려오는 것을 보였는데 큰 보자기 같고 네 귀를 매어 땅에 드리웠으며 그 안에는 땅에 있는 각색 네 발 가진 짐승과 기는 것과 공중에 나는 것들이 있었습니다.

3) 베드로가 들은 것들과 대답들을 살펴봅시다(13-16절).
첫 번째 소리가 있어 베드로야 일어나 잡아먹어라 하였습니다. 베드로는 주여 그럴 수 없나이다 속되고 깨끗하지 아니한 것을 내가 결코 먹지 아니하였나이다 하였습니다. 두 번째 소리 있어 하나님께서 깨끗하게 하신 것을 네가 속되다 하지 말라 하였습니다. 이런 일이 세 번 있은 후 그릇이 곧 하늘로 올려져 갔습니다.

3. 베드로와 고넬료가 보낸 사람들과의 만남을 살펴봅시다(17-23절).
  1) 고넬료의 사람들이 시몬의 집에 이를 때는 어느 때입니까?(17-18절)
  베드로가 환상이 무슨 뜻인지 속으로 의아해하고 있을 때 고넬료의 보낸 사람들이 시몬의 집을 찾아 문 밖에 서서 불러 베드로라 하는 시몬이 여기 유숙하느냐 물었습니다.

  2) 성령께서는 베드로에게 어떻게 말씀하셨습니까?(19-20절)
  베드로가 그 환상에 대하여 생각할 때에 성령께서 그에게 말씀하시기를 "두 사람이 너를 찾으니 일어나 내려가 의심하지 말고 함께 가라 내가 그들을 보내었느니라"라고 말씀하셨습니다.

  3) 고넬료의 사람들은 어떻게 베드로를 초청하였습니까?(21-22절)
  베드로는 내려가 그 사람들을 보고 내가 곧 너희가 찾는 사람인데 너희가 무슨 일로 왔느냐고 물었습니다. 이에 저희는 말하기를 백부장 고넬료는 의인이요 하나님을 경외하는 사람이라 유대 온 족속이 칭찬하더니 그가 거룩한 천사의 지시를 받아 당신을 그 집으로 청하여 말을 들으려 한다고 말하였습니다.

4) 베드로는 저들을 어떻게 맞이하였습니까?(23절)

베드로는 저들을 불러들여 유숙하게 하였습니다.

4. 베드로와 고넬료의 만남을 살펴봅시다(24-48절).

1) 고넬료는 베드로를 어떻게 맞이하였습니까?(24-25절)

이튿날 고넬료는 친척과 가까운 친구들을 모아 기다리다가 베드로가 올 때에 그 발 앞에 엎드리어 절하였습니다.

2) 이에 대한 베드로의 반응은 어떠했습니까?(26절)

베드로는 고넬료를 일으키며 일어서라 말하며 자신도 사람임을 이야기하였습니다.

3) 유대인에게 위법된 사항은 무엇입니까?(27-28절)

유대인으로서 이방인을 교제하며 가까이하는 것이 위법입니다.

4) 베드로는 자신에 대하여 어떻게 설명하였습니까?(28-29절)

하나님께서 자신에게 지시하사 아무도 속되다 하거나 깨끗하지 않다 하지 말라고 하시기로 부름을 사양하지 아니하고 왔다고 말하였습니다.

5) 고넬료는 자신에 대하여 말한 후 무엇을 구하였습니까?(30-33절)

고넬료는 자신에게 환상 중에 나타난 주의 사자에 관한 이야기 후에 베드로에게 주께서 베드로에게 명하신 모든 것을 듣기를 청하였습니다.

6) 베드로의 설교를 살펴봅시다(34-43절).

사도행전에는 많은 설교가 있으며 그중에 사도행전의 전반부에 있어서는 대부분이 베드로의 설교입니다. 스데반의 설교로 말미암아 잠시 끊겼던 베드로의 설교가 여섯 번째로 나타나고 있습니다.

① 베드로의 첫 번째 설교(행 1장15-22절)

　발단: 누락된 사도의 자리를 채우기 위하여

　대상: 오순절 전 120제자들에게

　결과: 맛디아라는 사도를 세움

　의미: 복음 사역을 위한 준비를 함

② 베드로의 두 번째 설교(행 2장14-40절)

　발단: 오순절 성령 강림으로 말미암아

　대상: 오순절에 모인 여러 디아스포라 흩어진 유대인과 유대교에
　　　　들어온 사람들

　결과: 3천 명의 결실

　의미: 오순절에 모인 디아스포라 흩어진 유대인들의 변화로 말미
　　　　암아 복음이 전세계로 확장케 하심. 베드로에게 허락하신 천
　　　　국 열쇠 중의 하나로서 예루살렘에 복음의 문이 열리는 것
　　　　을 의미 합니다.

③ 베드로의 세 번째 설교(행 3장12-26절)

발단: 성전 미문의 앉은뱅이를 일으킨 후에

대상: 오순절에 모였던 사람들이 각기 자신들의 삶의 처소로 다
　　　돌아가고 남겨진 무리들, 곧 예루살렘을 삶의 처소로 살아
　　　가는 순수한 유대인들

결과: 5천 명의 결실

의미: 예루살렘 교회를 든든히 세우심

④ 베드로의 네 번째 설교(행 4장8-12절)

발단: 산헤드린의 첫 번째 핍박 가운데

대상: 산헤드린 공회원들

결과: 산헤드린 위협은 복음이 전파되는 데에 아무런 장애가 되지
　　　않았습니다. 믿는 사람들의 수가 5천이나 더하였으며 믿음
　　　의 사람들의 마음은 환난 중에 더욱 강건하였습니다.

의미: 교회로 하여금 환난 가운데 더욱 굳게 하심

⑤ 베드로의 다섯 번째 설교(행 5장29-32절)

발단: 산헤드린의 두 번째 핍박 가운데

대상: 산헤드린 공회원들

결과: 가말리엘의 중재로 말미암아 다만 채찍질 받고 놓임을 받음.
　　　저희가 날마다 성전에 있든지 집에 있든지 예수는 그리스도
　　　라 가르치기와 전도하기를 쉬지 아니함.

의미: 교회는 환난 가운데 성장함

⑥ 베드로의 여섯 번째 설교(행 10장34-43절)

　발단: 고넬료와의 만남

　대상: 고넬료의 집에 모인 사람들

　결과: 성령의 강림

　의미: 이방인의 전도의 문이 열림. 곧 이방인이 그들의 문화를 가
　　　지고 복음 안에서 하나가 될 수 있게 됨.

베드로의 깨달음(34-35절)

베드로는 하나님은 사람의 외모를 보지 아니하시고 각 나라 중 하나님을 경외하며 의를 행하는 사람은 하나님이 다 받으시는 줄 깨닫게 되었습니다. 이는 아직 성령이 임하시기 이전에 베드로가 깨달은 것입니다. 우리는 깨닫습니다. 그러나 하나님께서는 더 깊은 깨달음을 허락하여 주실 것입니다. 우리는 이것을 기억하고 신뢰하고 또한 소망하여야 할 것입니다. 이전에 알게 된 하나님은 그신 하나님이십니다. 그러나 하나님께서는 더 큰 하나님을 알게 하시고 만나게 하실 것입니다. 아직 베드로는 보자기가 세 번이나 내려오는 환상을 볼 때에 깨닫지 못하였습니다(행 10:9-16). 그러나 이제 고넬료와의 만남 가운데 깨닫는 자가 되었으며(행 10:34-35), 더 나아가 그는 놀라운 경험을 하게 될 것입니다(행 10:45). 이방인의 의미는 단지 그들의 부족한 모습 그대로 받으시는 것이 아니라 이전의 다른 자녀와 그들이 차별이 없음을 선포하시는 것입니다.

베드로가 전한 복음(36-43절)

화평의 복음: 베드로가 전하는 복음은 예수 그리스도의 지상에서의 사역을 중심으로 합니다. 베드로는 이 복음에 관하여 '화평의 복음'이라고 하였습니다. 하나님과의 화평이 전제되지 않는 한 그 어떠한 세상적이며, 세속적인 화평도 의미가 없습니다. 그러나 이제 예수 그리스도는 친히 우리의 죄를 도말하심으로 하나님과 화평케 하셨으며 화평의 복음을 전하게 되었습니다.

만유의 복음: 화평의 복음을 전하시는 예수 그리스도는 이제 '만유의 주'가 되십니다. 특정한 백성만이 아닌 이 화평은 만유 가운데 선포되었으며 주는 만유의 주님이 되십니다.

공생애의 시작과 장소: 공생애의 시작을 알리는 요한의 세례 이후 복음은 갈릴리에서 시작하여 온 유대와 두루 전파되었습니다. 이제 이러한 갈릴리로부터 온 유대에 이르러 두루 전파됨은 더 나아가 이방인에게까지 미치게 될 것을 가르치시는 것입니다.

구체적 사역: 38절의 말씀은 전파된 말씀에 관하여 좀 더 구체적으로 증거합니다. 하나님께서는 나사렛 예수에게 성령과 능력을 기름 붓듯 하셨으며 그가 두루 다니시며 선한 일을 행하시고 마귀에게 눌린 모든 사람을 고치셨습니다. 이는 하나님께 함께 하셨기 때문입니다.

증인 됨(39-43절): 베드로는 자신을 포함한 '우리'를 증인이라 하였습니다. 그들은 유대인의 땅과 예루살렘에서 행하신 모든 일의 증인이며 미리 택하신 증인으로 죽은 자 가운데서 부활하신 후 그를 모시고 음식을 먹은 자들입니다. 주님께서는 바로 그들에게 명하사 백성에게 전도하되 하나님이 살아 있는 자와 죽은 자의 재판장으로 정하신 자가 곧 이 사람인 것을 증언하게 하셨고 그에 대하여 모든 선지자도 증언하기를 그를 믿는 사람들이 다 그의 이름을 힘입어 죄 사함을 받는다 하였습니다.

7) 이방인들이 성령을 받음을 살펴봅시다(44-48절).

베드로가 복음을 전할 때에 성령이 말씀을 듣는 모든 사람에게 내려오셨습니다. 성령의 임하심은 다양하게 나타났습니다. 오순절에 기도할 때에(행 2장), 사마리아에서 안수할 때에(행 8:17)... 성령의 임함은 이제 고넬료에게 하나님의 말씀을 선할 때에 일어났습니다. 베드로와 함께 온 할례 받은 신자들은 이방인이 방언을 말하며 하나님을 높임을 들으며 이방인들에게도 성령 부어 주심을 인하여 놀랐습니다. 베드로는 이방인들이 '우리와 같이' 성령을 받은 것을 보고 명하여 예수 그리스도의 이름으로 세례를 베풀라 하였습니다.

이는 증인 된 자의 변화를 가지고 옵니다. 곧 이전의 증인은 부활의 주님의 증인이었으나 이제 성령을 받음으로 이방인까지 증인이 되는 것입니다.

"오직 성령인 너희에게 임하시면 너희가 권능을 받고 예루살렘과 온 유대와 사마리아와 땅 끝까지 이르러 내 증인이 되리라"(행 1:8)

5. 베드로가 이방인 선교에 관해서 변론함을 살펴봅시다(11장1-18절).

1) 유대에 있는 사도들과 형제들은 어떠한 소식을 들었습니까?(11장1절)
이방인도 하나님의 말씀을 받았다 함을 들었습니다.

2) 할례자들은 왜 베드로를 힐난하였습니까?(2-3절)
베드로가 무할례자의 집에 들어가 함께 음식을 먹었으므로 베드로를 힐난하였습니다.

3) 베드로의 변론을 다시 한번 살펴봅시다(4-15절).
베드로는 자신에게 일어난 일들을 바탕으로 변론하였습니다. 9장의 사울의 다메섹 도상의 체험이 22장과 26장에서 언급되듯이 베드로는 10장의 경험을 11장에서 다시금 전합니다.

4) 베드로는 저들에게 성령이 임하는 것을 보며 무엇을 생각하였습니까?(16절)
베드로는 성령이 저희에게 임하시는 것을 보며 처음 자신들에게 성령이 임하였던 오순절의 일들을 상고하였으며 특별히 주의 말씀에 요한은 물로 세례를 주었으나 너희는 성령으로 세례 받으리라 하신 것을 생각하였습니다.

5) 이방인 선교에 관한 베드로의 단호한 말을 살펴봅시다(17절).
　베드로는 말하기를 "그런즉 하나님이 우리가 주 예수 그리스도를 믿을 때에 주신 것과 같은 선물을 저희에게도 주셨으니 내가 누구관대 하나님을 능히 막겠느냐"라고 말하였습니다.

6) 저들은 베드로의 말에 의하여 어떠한 결론을 내렸습니까?(18절)
　저들은 베드로의 말을 듣고 하나님께 영광을 돌리며 "그러면 하나님께서 이방인에게도 생명 얻는 회개를 주셨도다"라는 결론을 내렸습니다.

묵 상

01 하나님께서는 이방인 선교를 위하여 어떠한 준비를 하셨습니까?

02 하나님께서 깨끗게 하신 것을 사람이 속되다 하지 말라고 하셨습니다. 나에게 있어 속되지 않음에도 불구하고 깨끗지 않게 여겼던 것들에 관하여 생각해 봅시다.

03 베드로의 예루살렘 교회의 보고가 주는 중요성에 관하여 나누어 봅시다.

되새김

사람들의 무관심에도 불구하고 하나님의 적극적인 섭리의 역사는 사람들로 하여금 이방인에게까지 복음을 전하게 하였습니다. 우리는 복음의 확장 속에서 구경꾼으로 부르심을 받지 않았음을 깨달아야 할 것입니다. 세계 선교를 향한 나의 부르심은 어디에 있습니까?

PART

12

안디옥 교회의 설립
11장 19~12장 25절

Key Point

이방인 선교를 위한 전도자 사울의 부르심과 이방인 고넬료를 부르심으로 이방인 선교의 문을 연 하나님께서는 이제 구체적으로 이방인 선교의 전초기지로서 안디옥 교회를 세우십니다. 우리는 이번 과에서 안디옥 교회가 세워지는 과정과 복음의 중심지가 어떻게 예루살렘에서 안디옥으로 옮겨가는지를 살펴볼 수 있습니다.

본문 이해

앞서 하나님께서는 환난과 박해 속에서도 이방인 선교의 일을 시작하셨으며(8장), 이방인 전도를 위한 사람을 예비하셨으며(9장), 이를 공식화하셨습니다(10-11장). 이제 복음을 이방인에게 전하기 위한 전초기지로서 안디옥 교회를 세우십니다. 이는 어떠한 우연이나 사람의 열심으로 말미암은 것이 아닌 하나님의 섭리 속에서 이루어진 역사입니다. 제1부 예루살렘 교회의 탄생과 부흥은 스데반의 죽음으로 끝을 맺는데, 제2부가 되는 복음 확장의 과도기에 있어서는 야고보의 순교로 끝을 맺습니다. 스데반 순교로 통해서는 복음의 확장만을 보여주셨으나 야고보의 순교를 통해서는 핍박자 헤롯의 죽음을 보이심으로 하나님의 심판을 보이십니다. 하나님께서는 스데반을 죽음으로 이끈 사울을 도리어 복음 전파자로 쓰셨으나 요한의 형제 야고보를 죽인 헤롯은 그 교만함으로 치심으로 복음의 역사가 사람의 손에 의해서 결코 멈추어질 수 없음을 보이십니다.

■ 사도행전 11장19-12장25절의 구조적 이해

　행 11:19-26: 안디옥 교회의 설립과 부흥

　행 11:27-30: 안디옥 교회의 예루살렘 교회 구제

　행 12:1-5: 야고보의 순교와 베드로의 투옥

　행 12:6-19: 베드로의 기적적 탈옥

행 12:20-23: 헤롯의 죽음

행 12:24: 교회의 부흥

행 12:25: 바나바와 사울의 복귀

1. 안디옥 교회가 세워지는 과정에 관하여 살펴봅시다(19-26절).

1) 스데반의 죽음과 교회의 핍박으로 흩어진 자들이 한 일은 무엇입니까?(19절)

그들은 흩어져서 베니게와 구브로와 안디옥까지 이르러 복음을 유대인에게만 전하였습니다.

2) 그중에 구브로와 구레네 몇 사람이 안디옥에서 한 일은 무엇입니까?(20절)

그들은 안디옥에 이르러 헬라인에게도 주 예수의 복음을 전파하였습니다.

3) 구브로와 구레네 몇 사람의 사역의 결과는 어떠했습니까?(21절)

주의 손이 그들과 함께 하시므로 수다한 사람이 믿고 주께 돌아왔습니다. 우리는 이들의 전도 가운데 주의 손이 함께 하심에 관하여 살펴야 할 것입니다. 그리고 우리들의 전도함에도 주의 손이 함께 하시길 기도하여야 할 것입니다. 이들의 전도 사역의 결과는 예루살렘에게까지 전해졌습니다.

4) 이 소식을 들었을 때 예루살렘 교회는 이방인 선교를 위하여 어떠한 준비 가운데 있었습니까?

예루살렘 교회는 베드로가 이방인 고넬료에게 복음을 전파함으로 이방인 선교를 향한 마음의 문을 열고 있었음을 상고함이 중요합니다. 하나님께서는 하나님의 경륜 가운데 이러한 준비를 이미 예루살렘 가운데 하신 것입니다.

5) 이 소문을 들은 예루살렘 교회는 어떠한 일을 하였습니까?(22절)

예루살렘 교회는 바나바를 안디옥에 보내어 안디옥 교회의 사역을 도왔습니다.

6) 사역의 결과를 다음의 사항들을 중심으로 살펴봅시다.

구브로와 구레네 몇 사람(20-21절):

바나바(22-24절):

바나바와 사울(25-26절):

7) 안디옥에서 사람들은 어떠한 이름을 얻었습니까?(26절)

안디옥에서 믿음의 사람들은 비로소 그리스도인이라 일컬음을 받게 되었습니다. 그리스도인이라는 이름이 이방인 선교 가운데서 이루어졌다는 사실은 교회의 정체성, 그리스도인의 정체성에 관하여 중요한 사실을 전합니다. 곧 그리스도인이란 예수를 믿는 무리들만이 아니라 복음을 땅 끝까지 전하는 무리들을 향한 이름인 것입니다.

2. 하나님께서 안디옥 교회의 권위를 세워나가시는 과정을 살펴봅시다 (27-30절).

1) 성령으로 말미암아 아가보 선지자가 안디옥 교회에 알린 것은 무엇입니까?(27-28)

천하가 크게 흉년이 들겠다는 것입니다.

2) 이러한 일은 언제 이루어졌습니까?(28절)

글라우디오 때에 아가보의 예언이 이루어졌습니다.

3) 안디옥 교회는 어떠한 일을 하였습니까?(29-30절)

안디옥 교회는 유대에 사는 형제들에게 부조를 보내기로 작정하고 이를 실행하여 바나바와 사울의 손으로 장로들에게 보내었습니다.

4) 성령님께서는 왜 이러한 일을 행하셨습니까?

하나님께서는 안디옥 교회를 세우실 뿐만 아니라 예루살렘 교회를 도우심으로 안디옥 교회의 권위를 더욱 굳게 세워나가시기를 기뻐하셨습니다.

3. 예루살렘 교회 가운데 여전히 함께 하시는 성령의 역사를 살펴봅시다(행 12장1-24절)

1) 복음의 확장 가운데 다시 말씀은 예루살렘 교회에 집중케 합니다. 불필요할 것만 같은 말씀을 주시는 이유에 관하여 생각해 봅시다.

복음의 확장 가운데 말씀은 예루살렘 교회 가운데 여전히 하나님의 역사하심을 보이심으로 예루살렘 교회가 외면되지 않게 하시며 이후 선교에 있어서 그들의 중요성을 다시 한번 강조하고 있습니다. 성령의 역사하심은 예루살렘 교회에게 너무나도 급진적이었으므로 당황할 수밖에 없었을 것이나 하나님께서는 그들을 외면하지 않으셨고 그들의 더욱 굳게 하시며 흥왕케 하셨습니다.

2) 헤롯왕이 교회 가운데 한 일은 무엇입니까?(12장1-2절)

헤롯왕은 교회 중 몇 사람을 해하려고 하여 요한의 형제 야고보를 칼로 죽였습니다.

3) 유대인들의 반응은 어떠했습니까?(3절)

유대인들은 이 일을 기뻐하였습니다.

4) 헤롯왕은 야고보 후에 누구를 죽이려고 했습니까?(3절)

헤롯왕은 유대인들이 기뻐하는 것을 보고 베드로도 잡아 죽이려 하였습니다.

5) 베드로가 옥에 갇힘부터 놓임을 받기까지 자세히 살펴봅시다 (3-11절).

베드로가 바로 죽임을 당치 않은 이유는 유대인의 절기인 무교절이므로 사람을 죽일 수 없었기 때문입니다. 따라서 헤롯은 베드로를 유월절 후에 죽이려고 옥에 가두었습니다. 베드로가 놓임을 받은 날은 죽임을 당케 될 전날 밤이었으며 두 군사 틈에서 두 쇠사슬에 매여 누워 자는 모습 속에서 그에게 소망이 없었음을 볼 수 있습니다. 그러나 주의 사자를 통해서 옥에서 이끌려 나오는 장면은 다시 한번 성령님의 강한 역사하심을 눈으로 볼 수 있게 합니다.

6) 하나님의 사자에 의해 놓임을 받은 베드로는 어디로 향하였습니까?(12절)

베드로는 마가라 하는 요한의 어머니 마리아의 집으로 가서 하나님의 사자에 의해 풀려나게 된 경위를 이야기하였습니다. 특별히 그곳에 있던 여러 사람들은 베드로를 위하여 기도하고 있었습니다.

7) 베드로 이후 예루살렘 교회에서는 누가 지도자적인 역할을 하게 되었습니까?(17절)

17절 말씀을 근거로 하여 베드로 이후에 예루살렘에서는 주의 동생 야고보가 지도자적인 역할을 하였음을 알 수 있습니다.

8) 파숫꾼들은 어떻게 되었습니까?(19절)

베드로를 지키던 파숫꾼들은 헤롯의 명에 의하여 심문을 당하고 죽게 되었습니다.

9) 교회를 핍박하던 헤롯의 최후에 관하여 살펴봅시다(20-23절).

헤롯이 날을 택하여 왕복을 입고 단상에 앉아 백성들을 향하여 연설한 때는 두로와 시돈 사람들과 화친하는 날로서, 평화 조약 체결을 위한 날이 아닌 헤롯이 로마 황제 가이사, 글라우디오를 기념하는 날로서 정해진 축제의 일이었습니다. 이러한 축제일에 두로와 시돈의 사람들이 언급되고 있는 것은 두로와 시돈이 이스라엘과 갖은 특별한 관계 속에서 그들이 어떻게 아첨을 하였으며 이 아첨이 어떻게 전체 사람들에게 전염되었으며 또한 이 아첨이 헤롯에게 어떻게 받아들여졌으며 그 결과는 무엇인가를 보여주시는 것입니다.

먼저 두로와 시돈은 이스라엘에서 나는 양식을 쓰는 지방이었으나 헤롯의 노여움을 사서 이러한 양식의 공급이 중단된 상태였습니다. 이에 그들은 왕의 침소를 맡은 신하 블라스도를 설득하여 화목하기를 청하였습니다. 이들은 이스라엘에서 헤롯이 벌인 축제일에 함께 참여하게 되었고 이때에 헤롯을 향하여 아첨의 말을 하게 된 것입니다. 당시의 사람들에게는 범신론이 우세하였습니다. 자연과 만물을 신이라고 말하였던 그들은 사람에게 향하여까지 신이라고 말함에 대해서 두려움을 알지 못하였으며 오히려 자연스러운 하나의 고백이었을 것입니다. 그러나 우리는 그들의 자연스러운 것이 얼마나 참람한 것이며 또한 두려운 것인가를 알아야 할 것입니다. 더 나아가 우리는 오늘날 우리들에게 죄된 자연스러운 것들이 얼마나 두렵고 무서운 것인가를 온전히 깨달아야 할 것입니다. 죄의 관영함은 심판의 임박함을 드러내는 증거가 되는 것입니다.

축제일에 헤롯왕은 은으로 만든 멋들어진 옷을 입고 이른 아침 극장으로 나왔습니다. 이른 아침 떠오르는 햇살이 그의 옷에 달린 은에 비치자 어찌나 휘황 찬란한지 쳐다보는 자들이 공포감을 느낄 정도로 현란했습니다. 그리고 이곳저곳에서 아그립바가 바로 신이라는 아첨의 소리가 나왔으며 성경은 그 근원에까지 우리들을 인도하는 바 두로와 시돈 사람들, 그들이 특별히 이스라엘과 맺고 있는 관계까지 우리들에게 밝혀 주시고 있습니다.

백성은 크게 부르되 이것은 신의 소리요 사람의 소리가 아니라 할 때에 헤롯은 마땅히 돌려야 할 하나님께 영광을 돌리지 않고 그 영광을 자신의 것으로 취하였습니다.

주의 몸된 교회를 핍박하였던 핍박자 헤롯 아그립바 1세는 두로와 시돈 사람들, 특정한 목적을 위한 사람들로부터 기인한 아첨의 소리를 즐거이 여기며 하나님께 돌려야 할 영광을 자신의 것으로 삼았다가 멸망케 되었습니다. 곧 헤롯이 영광을 하나님께 돌리지 아니하는 고로 주의 사자가 치니 충이 먹어 죽게 되었습니다. 헤롯은 이 일로 말미암아 역사에 의하면 복부의 통증이 나서 5일간 기진할 정도로 고통을 호소하다가 죽게 되었습니다. 헤롯은 그 몸에 벌레가 생겨 죽게 된 것입니다. 이는 주의 교회를 핍박한 자의 최후의 모습을 보여줍니다.

10) 갖은 핍박에도 불구하고 예루살렘 교회에서 하나님의 말씀은 어떠했습니까?(24절)

사도의 죽임 당함과 갖은 핍박에도 불구하고 예루살렘 교회에서 하나님의 말씀은 흥왕하였습니다. "하나님의 말씀은 흥왕하여 더하더라"(24절)

4. 예루살렘 교회에 대한 주목은 다시 안디옥으로 옮겨가게 됩니다. 12장의 마지막 절을 살펴봅시다(25절).

"바나바와 사울이 부조의 일을 마치고 마가라 하는 요한을 데리고 예루살렘에서 돌아오니라" 말씀은 예루살렘 교회에 대한 중요성을 언급한 후 다시 안디옥 교회에 주목하게 됩니다. 예루살렘 교회가 여전히 중요한 위치를 차지함에도 불구하고 선교의 중심자는 안디옥으로 옮겨서 하나님의 역사를 더욱 흥왕케 하시는 것입니다.

■ 네 명의 헤롯
 ① 헤롯- 예수님 탄생과 관련
 ② 헤롯 안티파스- 세례요한을 죽임. 예수님 대면
 ③ 헤롯 아그립바 1세-야고보를 죽임

④ 헤롯 아그리바 2세-바울이 아그립바 왕 앞에서 변론함.

헤롯대왕은 안티파테르의 아들입니다. 헤롯대왕에게는 세 아들이 있는데 아켈라오, 헤롯 안티파스, 빌립 아리스토불로스 중에 헤롯 안티파스가 두 번째 헤롯이 되며 세 번째 헤롯인 헤롯 아그립바 1세는 헤롯 안티파스의 형제가 되는 빌립 아리스토불로스의 아들입니다. 마지막 네 번째 헤롯은 바울이 제3차 세계선교 여행을 마치고 예루살렘에서 체포되고 가이사랴에 보내어져서 심문을 받을 때에 등장하는 아그립바이며, 이 헤롯 아그립바 2세가 야고보를 죽인 헤롯 아그립바 1세의 아들입니다. 헤롯의 가문은 참으로 저주스러운 가문입니다. 그의 가문은 하나님을 대적하는 가문이기 때문입니다. 우리의 가정이 진실로 하나님의 영광을 나타내는 가정이라면 이는 복된 것입니다. 한 가정과 가문이 하나님 나라를 위하여 헌신하기도 하는 반면 어떠한 가문은 그들의 대대로 하나님의 나라를 대적하는 가문이 있는 것입니다.

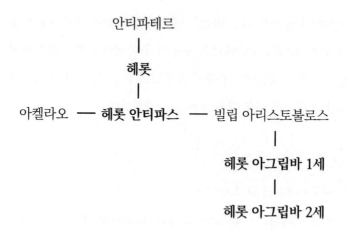

묵 상

01 안디옥에서 사람들은 비로소 그리스도인이라 칭함을 받았습니다. 그리스도인이란 어떠한 사람입니까?

02 안디옥 교회의 권위를 세워나가시는 하나님의 계획하심은 무엇입니까? 나의 권위는 무엇을 향한 하나님의 계획하심이 있습니까?

03 주의 사자가 베드로와 헤롯에게 각각 행한 바에 관하여 나누어 봅시다.

되새김

권위는 질서를 위한 것이며 더욱 큰 비전을 향한 부르심입니다. 자신의 권위를 굳게 하려는 어리석음보다는 나를 세워나가시는 하나님의 비전을 앞서 바라보아야 할 것입니다. 안디옥 교회를 세우시고 교회를 굳게 하심은 이방인 전도를 향한 하나님의 커다란 계획하심입니다. 나를 향한 하나님의 비전은 무엇입니까? 나를 세워 나가시는 하나님의 뜻은 어디에 있습니까?

사도행전

제3부

세계 선교
–땅 끝/이방인 중심의 선교
(13-28장)

PART

13

바울의 제1차 전도여행 1
13장1~52절

Key Point

이방인 선교의 구체적인 결실을 바울의 전도여행을 통하여 살펴볼 수 있습니다. 이번 과에서는 그 첫 번째 전도여행으로서 세계 선교가 핍박에 의해서나, 한 개인에 의한 것이 아니라 조직화된 교회에서 철저한 준비로 말미암아 이루어졌음을 볼 수 있습니다. 그러므로 어떻게 복음이 세계로 전하여지는가를 살필 뿐만 아니라 교회 가운데 주어진 사명이 무엇인가를 깨달아야 할 것입니다.

본문 이해

"오직 성령이 너희에게 임하시면 너희가 권능을 받고 예루살렘과 온 유대와 사마리아와 땅 끝까지 이르러 내 증인이 되리라 하시니라"(행 1:8)

1-7장은 예루살렘 교회의 설립과 부흥 성장에 관한 말씀이며, 8-12장은 예루살렘 중심으로 한 머물러 있던 복음이 예루살렘을 넘어 유대와 사마리아, 팔레스틴을 넘어 수리아 안디옥까지 복음이 확장됨을 보여줍니다. 마지막 13-28장은 바울의 1, 2, 3차 전도여행을 배경으로 수리아 안디옥 교회를 중심으로 하여 세계에 복음이 전해지는 것을 전합니다. 사도행전의 제3부가 되는 13-28장은 다시 바울의 전도여행이 되는 13-21장과 바울의 체포와 구금의 22-26장, 마지막으로 로마 이송의 27-28장으로 나누어집니다.

구체적인 바울의 제1차 전도여행은 구브로-비시디아 안디옥-이고니온-루스드라-더베의 사역입니다.

■ 사도행전 13장의 구조적 이해
  행 13:1-3: 바나바와 바울의 파송
  행 13:4-12: 구브로 사역
  행 13:13: 마가 요한의 하차

행 13:14-41: 비시디아 안디옥에서의 바울의 설교

행 13:42-49: 비시디아 안디옥에서의 사람들의 반응

행 13:50-52: 비시디아 안디옥에서 쫓겨남

1. 성령님께서는 안디옥 교회로 하여금 바나바와 바울을 파송케 하셨습니다(1-3절).

1) 안디옥 교회 사람들에 관하여 자세히 살펴봅시다(1절).

그들은 다양한 인종, 출신, 계층으로 구성되어 있었습니다. 안디옥 교회에는 선지자들과 교사들이 있었으며, 구체적인 이들의 명단이 대표적으로 다섯 사람이 소개됩니다. 곧 '바나바와 니게르라 하는 시므온과 구레네 사람 루기오와 본봉 왕 헤롯의 젖동생 마나엔과 사울'입니다. 바나바와 사울의 이름이 처음과 마지막에 나옴은 이 두 사람이 안디옥 교회에서 가지는 위치와 중요성을 잘 보여줍니다. 니게르라 하는 시므온을 통해서는 '니게르'라는 말이 검다는 뜻으로 인종적인 다양성을 보여주며, 구레네 사람 루기오를 통해서는 안디옥 교회의 지리적 다양성을, 본봉 왕 헤롯의 젖동생 마나엔을 통해서는 계층적인 다양성을 보여줍니다.

2) 성령께서 이들 가운데 행하신 일은 무엇이며 어떻게 이 일들이 이루어졌습니까?(2-3절).

주를 섬겨 금식할 때에 성령님께서는 복음의 전파를 위하여 바나바와 사울을 따로 세우게 하시고 금식하며 기도하고 두 사람에게 안수하

여 파송하였습니다.

3) 바나바와 사울의 안디옥 교회에서의 위치를 생각할 때 우리가 배울 수 있는 것은 무엇입니까?

교회란 이 땅에 제도적인 교회를 세우는데 그 목적이 있는 것이 아닙니다. 마찬가지로 교회에서 사역하는 일군 된 자들은 제도적 교회에서 자신의 위치를 확고히 하는 데 그 목적이 있는 것이 아닙니다. 오직 성령님께서 행하시는 대로 이 땅에 복음 전파를 위해서 세워진 일군이며 성령님의 인도함을 받아 복음전파에 힘써야 합니다.

이제 제1차 전도여행의 각 여정을 자세히 살펴봅시다.

2. 구브로 사역을 살펴봅시다(4-12절).

1) 바울에게 있어 구브로 사역이 갖는 두 가지 의미는 무엇입니까?(9,13절)

구브로 사역에서 처음으로 사울의 이름이 바울로 알려지며 이후의 그의 이름은 바울로 불립니다(9절). 사울은 유대식 이름으로 '높은 자'라는 뜻이고 바울은 헬라식 이름으로 '낮은 자'라는 뜻입니다. 선교지에서 이제 그의 이름은 유대식 이름이 아닌 선교지에 맞는 헬라식 이름으로 불립니다. 우리는 다메섹 개종 이전과 이후가 아닌 제1차 전도여행 중 첫 번째 선교지에서부터 그의 이름이 달리 불렸다는 사실을 알아야 할 것입니다. 둘째 바울은 새로운 이름으로 불렸을 뿐만 아니라 이후의 선교 여행에서 주도적인 인물로 나타납니다. 곧 이전에는 바나바와 바울이라 불렸다가 구브로 사역을 거치면서 바울은 보다 주도적인 인물로 바뀝니다(13절).

2) 구브로 사역의 시작은 어디에서부터였습니까? 그 이유는 무엇입니까?(5절)

구브로 사역은 회당에서부터 시작하였습니다. 회당은 하나님을 경외하는 무리들이 많이 모이는 그 어떤 장소보다도 좋은 장소였기 때문입니다. 이스라엘은 하나님의 구속사적인 특권을 가진 사람들로서 그들에게 먼저 복음이 전파되는 것은 당연한 것입니다. 그러므로 바울은 첫째로는 유대인에게 그다음으로 헬라인에게 복음을 전하였습니다.

3) 구브로 사역의 구체적인 복음전파의 전략을 살펴봅시다.

복음의 전파지로서 먼저 선택한 곳은 회당이었습니다. 그곳은 사람들이 많이 모이는 곳이며 하나님을 경외하는 무리들이 모인 곳이기 때문입니다. 그러나 이곳에서의 사람들의 반응에 관해서는 나타나지 않고 있습니다. 단지 하나의 소개를 하고 있는데 그것은 총독 서기오 바울에 관한 것입니다. 많은 사람들의 반응보다는 한 사람의 지도자를 소개하는데 이는 전도의 전략 중에 하향식 전도방법으로서 그 사회의 지도자를 개종시킴으로 위에서부터 아래로의 전도전략에 관해서 보여주고 있다고 할 수 있습니다.

4) 대적하는 사람에 관하여 살펴봅시다(6-8절).

적대시하던 사람은 바예수라 하는 유대인 거짓 선지자인 마술사 박수 엘루마였습니다. 마찬가지로 이번에도 많은 무리들이 아닌 복음을 대적하는 한 사람에 관해서 보여주고 있는데 이는 한 사람의 영향력이 어떻게 복음의 전파를 방해하며 많은 영향력을 끼치는가를 보여줍니다.

5) 복음 전파를 위한 대응은 무엇이었습니까?(9-11절)

바울은 박수 엘루마를 소경이 되게 하는 기적을 일으킵니다. 곧 복음의 전파의 한 수단으로써 심판의 기적을 통해서 복음이 전파되는 과정을 지켜볼 수 있습니다.

"바울이라고 하는 사울이 성령이 충만하여 그를 주목하고 이르되 모든 거짓과 악행이 가득한 자요 마귀의 자식이요 모든 의의 원수여 주의 바른 길을 굽게 하기를 그치지 아니하겠느냐 보라 이세 주의 손이 네 위에 있으니 네가 맹인이 되어 얼마 동안 해를 보지 못하리라 하니 즉시 안개와 어둠이 그를 덮어 인도할 사람을 두루 구하는지라"(9-11절)

총독이 이 기적의 사건을 보고 믿으며 주의 가르치심을 놀랍게 여겼습니다.

6) 우리는 구브로 사역에서 어떠한 교훈을 얻을 수 있습니까?

첫 번째 전도여행의 여정인 구브로 사역에서 이 사역이 바울에게 어떠한 의미가 있는지 이미 살펴보았습니다. 더불어 전도 전략의 한 방법이 위에서 아래로부터 전도의 방법이 있을 수 있음과 더불어 강력한 하나님의 기적을 통해서 이루어질 수 있음을 살펴볼 수 있습니다.

3. 비시디아 안디옥 사역을 살펴봅시다(13-52절).

1) 버가에서 있었던 한 사건을 살펴봅시다. 이 사건은 후에 어떠한 문제가 되고 있습니까?(13절)

이 사건은 밤빌리아에 있는 버가에서 요한이 그들에게서 떠나 예루살렘으로 돌아간 일로 이에 관하여는 제5과 바나바의 4가지 리더십 부분을 참고 바랍니다(④ 인내하는 리더십).

2) 복음을 제일 먼저 전한 곳은 어디입니까?(14절)

첫째는 유대인에게라는 원칙이 계속해서 지켜지고 있는 것을 살펴볼 수 있습니다. 구브로에 이어 비시디아 안디옥에서도 회당에서 먼저 복음을 전하였습니다.

3) 바울의 설교에 관해서 살펴봅시다. 바울 설교의 특징을 스데반의 설교와 비교해서 살펴봅시다(16-41절).

비시디아 안디옥에서의 기록이 긴 것은 사역의 기간이 길었기 때문이 아니라 바로 바울의 설교 때문입니다. 바울의 설교는 이 부분에서 스데반의 설교와 상호보완적으로 되어 있음을 살펴볼 수 있습니다. 먼저 족장 시대, 출애굽까지 바울은 간략하게 전하고 있는데 이미 스데반에게서 족장시대로부터 솔로몬 시대까지를 자세히 살펴보았기 때문이며 바울은 다윗으로부터 예수에게 이어짐을 강조하고 있습니다.

이스라엘 역사를 언급하며 바울은 이스라엘의 어떠함이 아니라 하나님께서 이스라엘 가운데 행하심을 밝힙니다.

1. 택하시고

하나님의 은혜의 근거는 하나님의 사랑과 은혜의 그 택하심으로 말미암은 것입니다. 인간의 안에 있는 어떠한 조건들이 아닌 바울이 처음부터 밝힌 바와 같이 하나님의 택하심에 있는 것입니다. 하나님의 은혜를 받는 자들은 자신을 향하여 자랑할 것이 아니라 하나님의 은혜에 대하여 감사하여야 할 것입니다.

2. 높여

하나님께서는 높이심은 애굽 땅에서 나그네 된 자들을 높이심입니다. 이스라엘 백성의 조상을 택하신 하나님께서는 저들의 나그네 됨을 통하여 내어 버려두지 않으시고 그들을 높이셨습니다. 하나님은 참으로 신실하신 하나님이십니다. 이제 저들의 높임에 대한 자랑은 오직 하나님의 은혜에 대한 감사뿐인 것입니다.

3. 인도하여 내사

우리는 계속적으로 하나님께서 이스라엘 가운데 행하신 일들을 바라

보게 됩니다. 이스라엘 역사는 한 마디로 하나님께서 그들 가운데 행하신 역사입니다.

4. 참으시고

우리는 하나님께서 광야에서 이스라엘 백성의 소행을 참으셨음을 기억하여야 할 것입니다. 하나님의 인내와 오래 참음이 아니고는 누구도 주 앞에서 온전하다 할 자가 없는 것입니다.

5. 멸하사

하나님께서는 이스라엘 백성들을 통해서 가나안 일곱 족속을 멸하셨습니다. 그러나 우리는 이 일을 하나님께서 행하셨음을 기억하여야 합니다. 우리의 고백 속에는 나라는 일인칭보다는 하나님이라는 3인칭이 더욱더 넘쳐야 할 것입니다.

6. 그 땅을 기업으로 주시고

우리는 우리가 누리는 것이 하나님께로 말미암음을 알아야 합니다. 하나님께서는 이스라엘 백성들에게 가나안 땅을 기업으로 주셨습니다. 이것은 이미 약속된 것이며 또한 성취된 것입니다.

7. 사사를 주셨더니

또한 하나님께서는 선지자 사무엘 때까지 사사를 주셔서 그들을 다스리게 하셨습니다. 모든 사역자들은 하나님께서 주신 사사의 의미와 같이 하나님께서 다스림을 알아야 할 것입니다. 인간의 권세라는 것은 결코 영원한 것이 아닙니다.

8. 폐하시고 세우시고

하나님께서는 또한 폐하시기도 하시고 또한 세우심을 역사의 증거로부터 기억하여야 할 것입니다. 이스라엘에게 사사를 주셨으나 그들이 왕을 구할 때에 하나님께서는 베냐민 지파 사람 기스의 아들 사울을 40년 간 주셨으나 그를 폐하시고 다윗을 왕으로 세우셨습니다. 이 다윗을 향하여 다른 그 어떠한 곳에서도 발견하지 못했던 구절을 비시디아 안디옥에서 행한 바울의 첫 번째 설교문에서 얻을 수 있습니다. 곧 다윗은 하나님 마음에 합한 사람이었습니다. 바울이 이러한 다윗을 소개할 때에 그 또한 다윗에 이러한 하나님 마음에 합함에 대한 사모함이 있었고 동일한 마음을 우리들에게도 전함을 알아야 할 것입니다. 하나님의 마음에 합한 사람을 통해서 하나님께서 행하시는 바는 무엇입니끼? 그것은 바로 하나님의 마음에 합한 그 사람을 통해서 하나님의 뜻을 이루게 하시는 것입니다.

그리고 하나님의 약속대로 이 사람의 씨에서, 곧 다윗의 씨에서 이스라엘을 위하여 구주를 세우신 것입니다. 모든 역사는 결국 예수 그리스도께 모아짐을 알아야 합니다. 마치 모든 물줄기가 바다로 흘러 들어감과 같이 모든 역사의 믿음의 줄기는 예수 그리스도께 모아지게 되는 것입니다.

바울의 비시디아 안디옥에서의 설교에는 구체적인 인물로 세 사람을 전합니다(세 인물: 사울, 다윗, 세례 요한).

첫째 인물은 사울입니다. 그는 짧게 언급되지만 모든 믿음의 사람들이 경계하여야 할 인물입니다. 그는 하나님께로 말미암은 사람이 아닌 사람들의 요구에 의하여 세워진 이스라엘의 첫 번째 왕입니다. 하나님께서는 이스라엘에게 사사를 주셨으며 이 사사들을 통해서 통치하심으로 여전히 하나님께서 그들을 다스리시는 왕으로서 계셨습니다. 그러나 이스라엘 백성들은 자신들의 환난을 자신들의 정치적인 체계에서 찾고 사사가 아닌 그들에게도 왕을 주실 것으로 하나님께 요구하였습니다.

우리는 사울을 과소평가해서는 안 될 것입니다. 또한 사울을 통해서 우리가 배울 수 있는 바를 알아야 할 것입니다. 사울은 당대에 하나님께서 보시기에 가장 아름다운 마음을 소유한 사람이었습니다. 그는 겸손한 사람이었습니다. 하나님께서 잠시나마 그를 이스라엘의 왕으로 삼으심은 그의 이러한 겸손한 마음을 잘 보여주시는 것입니다. 그럼에도 불구하고 우리는 하나님의 뜻이 아닌 사람들의 요구로 말미암는 일의 위험성을 우리는 다시 한번 이 사울의 예로부터 찾아볼 수 있습니다. 우리는 하나님께 요구하기 이전에 하나님의 뜻을 구할 수 있는 자들이 되어야 할 것입니다.

하나님께서는 이스라엘에게 베냐민 지파 사람 기스의 아들 사울을 40년간 왕으로 이스라엘 가운데 주셨으나 사울이 겸손하였을 때에는 높임을 받았으나 그의 교만함과 하나님의 말씀의 불순종함으로 말미암아 하나님께서 그를 폐하십니다. 우리는 이 사울로부터 하나님께로 말미암아 세우심을 받았다 할지라도 또한 폐하심을 입을 수 있음의 믿음의 경종함을 가져야 할 것입니다.

바울이 소개하는 두 번째 사람은 다윗입니다. 그는 사울의 뒤를 이은 이스라엘의 두 번째 왕입니다. 바울이 경종을 삼는 인물인 사울과 달리 다윗은 모든 믿음의 사람들의 본이 되는 인물입니다. 바울은 성경 어디에도 없었던 다윗을 향한 하나님의 마음에 관하여 이렇게 전합니다.

"내가 이새의 아들 다윗을 만나니 내 마음에 맞는 사람이라 내 뜻을 다 이루리라"

다윗은 한 마디로 하나님의 마음에 맞는 사람입니다. 하나님께서는 이 하나님의 마음에 맞는 사람을 통해서 하나님의 뜻을 이루시는 것입니다. 우리는 다윗과 같이 하나님의 마음에 합한 사람이 되어야 할 것입니다. 하나님의 손에 붙잡힘을 받아 그의 쓰임 받기에 합당한 자가 되어야 할 것입니다. 이제 우리는 보아야 할 것이 있습니다. 다윗이 하나님의 마음에 맞음으로 말미암아 그가 쓰임을 받았다는 것이 하나요 또 한 가지는 과연 하나님께서는 그로 통해서 이루신 일이 무엇인가 하는 것입니다. 우리는 잠시 후에 이 부분에 관하여 집중할 것입니다. 이 부분이 사실 가장 중요한 메시지가 되기 때문입니다.

세 번째 인물은 요한입니다. 요한은 오시는 이 앞에 먼저 회개의 세례를 이스라엘 모든 백성에게 전파하였습니다. 바울이 경종을 삼은 인물인 사울과 바울이 목적으로 삼은 인물인 다윗과 이제 바울이 자신의 목적을 향하는 과정 속에서 모델로 삼은 인물이 바로 세례요한임을 우리는 알게 됩니다.

"요한이 그 달려갈 길을 마칠 때에..."(25절)

바울은 이렇게 말한 바가 있습니다.

"나의 달려갈 길과 주 예수께 받은 사명 곧 하나님의 은혜의 복음 증거하는 일을 마치려 함에는 나의 생명을 조금도 귀한 것으로 여기지 아니하노라"(행 20:24)

요한은 자신의 길을 달려갔음을 바울에게 보였습니다. 그리고 바울은 요한의 달려간 그 길을 우리들에게 보여주시는 것입니다. 그리고 그의 마지막 한 일은 그가 자신의 달려간 길이 무엇인지를 보여주고 있습니다.

"요한이 그 달려갈 길을 마칠 때에 말하되 너희가 나를 누구로 생각하느냐 나는 그리스도가 아니라 내 뒤에 오시는 이가 있으니 나는 그 발의 신 풀기도 감당치 못하리라"(25절)

요한은 자신의 길을 달려갈 때에 끝까지 주 예수 그리스도의 길을 예비하는 자로 사명을 온전히 감당하였음을 우리는 이 한 구절로부터 읽을 수 있습니다.

이제 그가 우리들에게 경종의 모델로 삼은 인물인 사울과 우리의 목적으로 삼은 인물인 다윗과 우리에게 본을 보여주는 인물인 세례 요한으로 더불어 바울이 진정으로 우리들에게 보여주시는 분은 바로 예수 그리스도입니다. 또한 바울이 이 예수 그리스도가 우리들에게 갖는 의미가 무엇인지를 알게 하여 주시는 것입니다.

1. 그는 다윗을 통해서 나다내시는 '하나님의 뜻'이시며
2. 다윗의 씨에서 이스라엘 위하여 태어나신 '구주'이시며
3. 하나님께서 그의 앞서 세례 요한을 보내시어 회개의 세례를 전파케 하신 바 되었으며
4. 세례 요한이 그 발의 신 풀기도 감당치 못하신 분이십니다.
5. 이 사람을 힘입어 '죄 사함'을 얻으며
6. 이 사람을 힘입어 '의롭다' 하심을 얻습니다.

그러나 사람들은 어떻게 하였습니까? 예루살렘에 사는 자들과 저희

관원들이 예수와 및 안식일마다 외우는 바가 선지자들의 말을 알지 못하므로 예수를 정죄하여 선지자들의 말을 응하게 하였습니다. 죽일 죄를 하나도 찾지 못하였으나 빌라도에게 죽여 달라하였습니다. 그러나 이는 성경에 예수를 가리켜 기록한 말씀을 다 응하게 한 것입니다. 저들은 후에 나무에서 예수를 내려다가 무덤에 두었으나 하나님께서 죽은 자 가운데서 예수를 살리셨습니다. 그리고 갈릴리로부터 예루살렘에 함께 올라간 사람들에게 여러 날 보이셨습니다.

우리가 예수 그리스도에 관하여 알 것은 다음의 것들입니다.

예수 그리스도를 힘입어 죄 사함을 입습니다.
예수의 죽음과 부활이 왜 중요합니까? 예수는 우리를 향한 하나님의 뜻이 되십니다. 그 뜻은 예수를 힘입어 우리가 죄 사함을 얻게 하시기 위함입니다.

예수 그리스도를 힘입어 믿는 자마다 의롭다 하심을 얻습니다.
모세의 율법은 결코 우리를 의롭게 할 수 없습니다. 오히려 모세의 율법은 거울과 같아서 우리의 죄된 모습을 바라보게 함으로 정죄할 뿐입니다. 이제 모세의 율법으로 얻지 못하던 모든 일에도 예수 그리스도를 힘입어 믿는 자마다 의롭다 하심을 얻습니다. 참으로 믿음은 능력이 있습니다. 이 믿음은 하나님의 우리를 향하신 선하신 계획이시며 또한 뜻이신 것입니다.

그러나 바울은 마지막을 결코 모든 것을 낙관적으로 전하지 않습니다. 그의 설교는 결코 달콤하지 않습니다.

"그런즉 너희는 선지자들로 말씀하신 것이 너희에게 미칠까 삼가라 일렀으되 보라 멸시하는 사람들이 너희는 놀라고 망하라 내가 너희 때를 당하여 한 일을 행할 것이니 사람이 너희에게 이를지라도 도무지 믿지 못할 일이라"(40-41절)

이는 스데반 설교의 특징적인 면이며 또한 바울이 우리들에게 결단을 요구하시는 말씀이 되는 것입니다.

사울을 경계하며
다윗의 그 마음을 사모하며, 하나님의 쓰임 받기를 사모하며
요한의 그 열심과 그 삶의 태도를 본받고
예수 그리스도로 말미암아 죄 사함과 의롭다 하심을 입어 날마다 믿음 안에서 승리하여야 할 것입니다.

4) 사람들의 반응은 어떠했습니까?(43, 45, 48절)
유대인과 유대교에 입교한 경건한 사람들이 많이 바울과 바나바를 따랐으나(43절), 유대인들의 일부는 시기 가득하여 바울이 말한 것을 반박하고 비방하였으며(45절) 이방인들은 듣고 기뻐하여 하나님의 말씀을 찬송하며 영생을 주시기로 작정된 자는 다 믿었으나(48절) 유대인의

일부 무리는 경건한 귀부인들과 그 성내의 유력자들을 선동하여 바울과 바나바를 박해하였습니다(50절).

5) 비시디아 안디옥에서 전도의 전략은 무엇이었습니까?

구브로에서 위에서 아래로의 전도전략이 구체적으로 나타났다면 비시디아 안디옥에서는 핍박을 피하며 그들이 할 수 있는 곳에서 복음을 전하는 장면을 살펴볼 수 있습니다(51절). 복음의 전파에는 어떠한 기적이 동반됨 없이 핍박만이 따를 수 있으며 우리는 이러한 핍박에 굴하지 않고 우리가 전할 수 있는 그곳에서 복음을 전하는 것입니다.

6) 핍박에 대한 대응에 관해서 살펴봅시다(51절).

바울과 바나바는 핍박하는 무리들을 향하여 발의 티끌을 떨어 버리고 그들이 복음을 전할 수 있는 곳으로 향하였습니다.

7) 비시디아 안디옥에서 사역의 교훈에 관하여 살펴봅시다.

비시디아 안디옥에서 우리는 복음을 전하는 데에서 오는 핍박을 살펴볼 수 있습니다. 그리고 그러한 핍박에 대하여 발의 티끌을 떨어 버리고 주의 복음을 전할 만한 곳으로 이동하는 것을 살펴볼 수 있습니다. 그러므로 우리는 우리가 복음을 전함에 있어서 오는 여러 가지 핍박에 관하여 이상히 여길 것이 아니라 담대해야 할 것이며 당당해야 할 것이며 우리가 또한 복음을 전할 수 있는 곳으로 향하여야 할 것입니다. 우리는 우리들이 겪는 핍박의 어려움에 불구하고 영생을 주시기로 작정

한 자들이 있음을(48절) 마음에 확신하고 우리에게 맡기신 복음을 전파
를 위하여 더욱 힘써야 할 것입니다.

묵 상

01   안디옥 교회의 구성원과 그들의 섬김과 기도에 관하여 나누어 봅시다.

02   다양한 복음 전파의 전략을 살펴봅시다. 위에서 아래로, 이방인에게, 기적을 통해서... 그럼 나의 복음 전파의 전략은 무엇입니까?

03   비시디아 안디옥에서의 사역이 주는 교훈에 관하여 나누어 봅시다.

되새김

권위는 질서를 위한 것이며 더욱 큰 비전을 향한 부르심입니다. 자신의 권위를 굳게 하려는 어리석음보다는 나를 세워나가시는 하나님의 비전을 앞서 바라보아야 할 것입니다. 안디옥 교회를 세우시고 교회를 굳게 하심은 이방인 전도를 향한 하나님의 커다란 계획하심입니다. 나를 향한 하나님의 비전은 무엇입니까? 나를 세워 나가시는 하나님의 뜻은 어디에 있습니까?

PART

14

바울의 제1차 전도여행 2
14장1~28절

Key Point

이전 과의 제1차 전도여행의 두 여정지인 구브로와 비시디아 안디옥 사역에 이어 이번 과
에서는 이고니온, 루스드라, 더베 사역과 1차 전도여행의 복귀에 관하여 전합니다. 악의
적인 박해와 과도한 높임을 바라보며, 하나님의 기적의 경험과 돌에 맞아 죽을 위기를 바
라보며 어떠한 상황에서도 복음에 대한 자신의 위치를 지키며 오직 복음을 생명처럼 여
길 수 있어야 할 것입니다.

본문 이해

■ 사도행전 14장의 구조적 이해

    행 14:1-7: 이고니온 사역

    행 14:8-19: 루스드라 사역과 바울의 두 번째 설교

    행 14:20-21a: 더베 사역

    행 14:21b-26절: 1차 전도여행의 복귀여정

    행 14:27-28절: 1차 전도여행 사역보고

1. 이고니온 사역을 살펴봅시다(1-7절)

1) 복음을 제일 먼저 가지고 들어 간 곳은 어디입니까?(1절)

우리는 바울이 가지는 원칙을 끝까지 고수하고 있음을 살펴볼 수 있습니다. 곧 유대인들의 선동과 핍박에도 불구하고 바울은 먼저 유대인들에게 복음을 전하였습니다. 우리가 겪는 어려움을 인하여 마땅히 복음을 전해야 할 자에게 복음을 제외시키는 일이 없어야 할 것입니다.

2) 사역의 결과는 어떠했습니까?(1-4절)

유대와 헬라의 허다한 무리가 믿었다는 말씀은(1절) 유대인들에 대한 희망이 꺼지지 않았음을, 그리고 그들이 먼저 회당에 들어가서 복음을 전해야 했음의 이유를 잘 보여 줍니다. 그러나 순종하지 아니하는 유대인들이 이방인들의 마음을 선동하여 형제들에게 악감을 품게 하였

습니다. 결국 무리가 나뉘어 유대인을 따르는 자도 있고 두 사도를 따르는 자도 있었습니다.

3) 이고니온에서 행한 하나님의 역사는 무엇이었습니까?(3절)

하나님께서는 이고니온에서 그들의 손으로 표적과 기사를 행하게 하여 주셨습니다. 핍박이 큰 만큼 큰 은혜를 경험하게 되었습니다. 그러나 표적과 기사가 사람의 개인의 능력에 의한 것이 아니라 하나님께로부터 말미암으며 이 모든 전도 사역의 주체가 바로 하나님이신 것을 깨달아야 할 것입니다.

4) 이고니온에서는 어떠한 핍박이 있었습니까?(5절)

유대인뿐만 아니라 이방인에게까지 핍박을 받았습니다. 순종치 아니하는 유대인들은 이방인들의 마음을 선동하여 형제들에게 악감을 품게 하였습니다. 곧 그들은 한마음이 되어 그들의 관원까지 농원하여 두 사도를 모욕하며 돌로 치려고 달려들었습니다.

5) 핍박에 대하여 어떻게 대응하였습니까?(6절)

돌로 치려는 무리와 무의미하게 부딪치지 않고 바울과 바나바는 도망하였습니다. 우리는 복음 전파의 어려움 속에서 이러한 도망치는 것을 비겁한 행위로 볼 수 없습니다. 핍박 속에서도 하나님의 인도하심을 고백하며 그들은 핍박을 피해 또 다른 곳에서 계속 복음을 전하였습니다.

6) 이고니온 사역을 통한 교훈은 무엇입니까?

이고니온에서 바울과 바나바는 유대인들뿐만 아니라 이방인들과 관원들의 핍박까지 받게 됩니다. 그러므로 우리는 이러한 핍박을 이상히 여길 것이 아니라 더욱 복음 전파에 힘써야 할 것입니다. 하나님의 표적과 기사에 대한 도움이 우리와 함께 하심을 잊지 말아야 할 것이며 때때로 도망할 수밖에 없는 여건이라 할지라도 우리는 굳은 마음으로 우리가 있는 그곳에서 복음전파를 위하여 힘써야 할 것입니다.

2. 루스드라 사역을 살펴봅시다(8-19절).

1) 루스드라가 이전 복음 전파지와 다른 차이점은 무엇입니까?

루스드라에는 유대인의 회당이 없었습니다. 그러므로 바울과 바나바는 회당에서 유대인을 향하지 않고 바로 이방인을 향하여 복음을 전하였습니다.

2) 루스드라의 나면서 걷지 못하였던 자를 3장의 나면서 걷지 못하였던 자와 비교하며 살펴봅시다.

두 사람은 다 같이 나면서부터 걷지 못하였던 사람이었습니다. 그러나 두 병자에게는 몇 가지 차이점이 있었습니다. 3장의 병자는 성전 미문에서 구걸하던 자였지만 루스드라는 이방지역으로 회당조차 없었던 곳의 병자였습니다. 성전 미문의 병자는 단지 몇 푼의 돈을 구하였던 자였지만 루스드라의 병자는 이방지역임에도 불구하고 그에게는 구원을 받을 만한 믿음이 있었던 자였습니다. 성전 미문의 병자는 베드로와 요한에 의해서 일으킴을 받았으며 나사렛 예수의 이름이 명시되었지만 루스드라의 앉은뱅이에게서는 구체적인 예수의 이름이 나타나지 않았습니다. 이것은 그곳이 이방의 지역이었기에 강조되지 않았을 수도 있는 미묘한 부분이지만 분명히 바울은 예수의 이름으로 일으켰다는 것, 즉 말씀에 의지하며 하나님의 능력에 의탁하여 기적을 일으켰다는 데에 우리는 확신하여야 할 것입니다. 하나님께서 베드로와 요한을 통해서 일으키신 역사를 다시 한번 반복적으로 일으키심으로 하나님의 역사의 계속성과 함께 이들의 사역을 크게 쓰시고 있음을 살펴볼 수 있습니다.

3) 기적을 체험한 사람들의 반응은 어떠했습니까?(11-18절)

사람들은 바나바와 바울을 각각 제우스라, 헤르메스라 하여 그들을 신처럼 생각하며 제사를 지내려 하였습니다. 이에 바울은 그들을 말려 자기들에게 제사를 못하게 하였습니다. 바울은 이러한 상황 속에서도 하나님을 증언하였습니다. 바울은 이방지역으로 회당조차 없었던 그들에게, 하나님의 이적을 보고도 하나님을 알지 못하고 또 다른 신을 섬기고자 하는 그들에게 13장 비시디아 안디옥에서 행한 설교와 다른 차원의 설교를 전합니다. 이는 바울의 두 번째 설교입니다.

"여러분이여 어찌하여 이러한 일을 하느냐 우리도 여러분과 같은 성정을 가진 사람이라 여러분에게 복음을 전하는 것은 이런 헛된 일을 버리고 천지와 바다와 그 가운데 만물을 지으시고 살아 계신 하나님께로 돌아오게 함이라 하나님이 지나간 세대에는 모든 민족으로 자기들의 길들을 가게 방임하셨으나 그러나 자기를 증언하지 아니하신 것이 아니니 곧 여러분에게 하늘로부터 비를 내리시며 결실기를 주시는 선한 일을 하사 음식과 기쁨으로 여러분의 마음에 만족하게 하셨느니라"(15-17절)

4) 루스드라에서 행하신 하나님의 전도 전략의 특징은 무엇입니까?

구브로에서 심판의 기적이 행해졌다면 루스드라에서는 치유의 기적이 행해졌습니다. 전 사역지인 이고니온에서는 무기력하게 도망친 것 같지만 루스드라에서는 하나님의 능력을 나타냈습니다. 우리는 이와 같이 복음 전파에 대한 하나님의 다양한 전략과 역사를 살필 수 있습니다.

5) 루스드라에서 바울은 어떠한 어려움을 당하였습니까?(19절)

바울은 루스드라에서 비시디아 안디옥과 이고니온에서 온 유대인들이 충동한 무리들에 의하여 돌에 맞고 성 밖에 내 친 바 되었습니다.

6) 루스드라 복음전파의 교훈은 무엇입니까?

첫째, 이고니온에서 돌에 맞을 뻔한 핍박에서 이제 루스드라에서 하나님의 기적의 체험과 함께 신처럼 대우를 받을 뻔하였습니다. 사단은 돌로도 우리들을 박해하지만 우리들을 세우며 교만케 하여 박해함을 잊지 말아야 할 것입니다. 곧 루스드라의 교훈에서 우리는 끝까지 하나님의 종이요, 일꾼 됨을 잊지 말아야 할 것입니다. 둘째, 이방지역, 회당조차 없었던 곳에서 복음의 전파의 역사를 바라보며 우리는 어떠한 희망도 없는 곳에서 조차 함께 하시며 역사하시는 하나님을 신뢰함으로 우리에게 맡겨진 복음의 사역을 계속하여야 할 것입니다. 셋째, 우리는 하나님의 기적의 체험의 그곳에서 결국 핍박하던 무리들의 소원대로 돌에 맞고 죽을 위기에 처했던 바울을 살펴볼 수 있습니다. 그러나 나면서부터 못 걸었던 병자를 일으키셨듯이 죽을 위기에 있는 바울을 일으키신 하나님을 바라보며 어떠한 위험에도 불구하고 우리들에게 맡겨진 사명 감당하기에 힘써야 할 것입니다.

3. 더베 사역을 살펴봅시다(20-21a절).

바울은 자신의 몸을 보살펴야 할 그때에 계속하여 복음 전파에 힘썼습니다. 죽을 위기에 처했지만, 계속되는 죽음의 위기가 있었지만 바울은 담대해 복음 전파에 힘썼습니다.

4. 바울이 1차 전도여행에서 돌아오며 한 일은 무엇입니까?(21b-28절)

특별히 더베 뿐만 아니라 루스드라 사람들을 선동한 유대인들이 있었던 이고니온과 비시디아 안디옥으로 다시 행하여 제자들을 굳게 한 바울의 사역은 참으로 놀랍다 아니할 수 없습니다. 바울은 돌아오며 제자들을 더욱 굳게 하여 이 믿음에 머물러 있으라 권하고 또 우리가 하나님의 나라에 들어가려면 많은 환난을 겪어야 할 것이라 하고 각 교회에서 장로들을 택하고 금식 기도를 하며 그들이 믿는 주께 그들을 위탁하였습니다. 바울과 바나바는 돌아오는 길에서도 말씀을 전하였으며 안디옥에 돌아와서 하나님이 함께 행하신 모든 일과 이방인들에게 믿음의 문을 여신 것을 보고하였습니다.

5. 바울의 1차 전도여행 여정을 다시 한번 살펴봅시다.

01 이고니온 사역의 교훈에 관하여 나누어 봅시다.

02 루스드라 사역의 위기는 무엇입니까?

03 돌에 맞은 바울이 행한 복음의 열정에 관하여 나누어 봅시다.

되새김

바울이 돌에 맞아 죽은 줄 알았음에도 불구하고 그의 초인적인 헌신으로 다시 루스드라 더베, 더 나아가 이고니온과 비시디아 안디옥을 거치며 복음을 전하였던 바를 살펴보며 복음에 대한 바울의 열정이 어떠했는가를 살필 수 있습니다. 제1차 전도여행은 하나님의 기적을 통한 능력을 보여 주시며 또한 그 복음에 사로잡힌 자의 복음에 대한 사랑과 열정을 나타냅니다.

P A R T

15

예루살렘 공의회
15장1~35절

Key Point

예루살렘 공의회는 첫 번째 교회 회의라는 교회사적으로 중요한 공의회입니다. 이는 교회 안에 있는 불일치에 관해서 교회 안의 일치와 연합을 위해서 이루어진 모임입니다. 적극적으로 복음을 전하는 것이 중요하지만 교회 안에 불일치하는 것만큼 복음을 손상시키는 것은 없을 것입니다. 이제 첫 번째 교회 회의인 예루살렘 공의회를 살펴보며 하나님의 인도하심과 그 과정 속에서 드러난 원칙들에 관해서 살펴봅시다.

이 사건은 보편적으로 첫 번째 예루살렘 공의회로 불립니다. 어떤 사람들이 유대로부터 내려와서 형제들을 가르치되 너희가 모세의 법대로 할례를 받지 아니하면 능히 구원을 얻지 못하리라 하였습니다. 이들의 이러한 복음에 왜곡되고 위배된 가르침에 '바울과 바나바'와 그들 사이에 다툼과 변론이 일어나게 되었습니다. 만일 이 사건이 단순한 저들 사이의 다툼과 변론으로만 끝이 났다면 여전히 어떠한 진전도 없었을 것입니다.

이에 수리아 안디옥의 형제들은 이 문제에 대하여 바울과 바나바와 및 그중에 몇 사람을 예루살렘에 있는 사도와 장로들에게 보내기로 작성하게 됩니다. 이것이 바로 바울의 세 번째 예루살렘 방문이 됩니다. 회심 후 삼 년 후의 첫 번째 예루살렘 방문과 '수리아 길리기아'의 사역과 안디옥에서 1년간 바나바와 함께 가르친 후에 예루살렘 대기근에 대한 안디옥 교회의 부조를 전달하기 위한 두 번째 예루살렘의 방문(회심 후 14년) 후 세 번째 이방인 전도에 대한 문제로 인한 방문이 이루어지게 됩니다.

사실 이 공의회의 의미를 안다는 것은 마치 신약 전체의 열쇠를 푸는 것과 같은 중대한 의미를 가지고 있습니다. 이 공의회는 사도행전 28

장 가운데도 중심에 있지만 그 신학적인 의미에 있어서도 중심에 있는 사건입니다. 이는 여러 모로 기독교 역사의 새로운 획을 이루며 전환을 이루는 사건입니다.

■ 사도행전 15장의 구조적 이해

행 15:1-2: 유대로부터 내려온 자들의 가르침과 갈등

행 15:3-5: 안디옥 교회의 바울과 바나바의 예루살렘 교회에 파송

행 15:6-11: 베드로의 연설

행 15:12: 바울과 바나바의 선교 보고

행 15:13-21: 야고보의 연설

행 15:22-35: 예루살렘 공의회의 결정과 전달

1. 1차 전도여행 후에 안디옥 교회 안에 있던 문제를 살펴봅시다(1-5절).

1) 유대로부터 내려온 사람들의 주장은 무엇이었습니까?(1절)

이방인 전도에 대하여 유대로부터 내려온 사람들은 형제들을 가르치되 모세의 법대로 할례를 받지 아니하면 능히 구원을 얻지 못할 것이라 하였습니다.

2) 유대로부터 온 사람들과 바울과 바나바 사이에 적지 않은 다툼과 변론이 있었습니다. 바울과 바나바가 끝까지 그들이 믿고 있는 진리를 고수하려고 했던 이유들에 관해서 이야기해 봅시다(2절).

유대로부터 온 사람들의 주장을 따른다는 것은 하나님의 구원의 은

혜를 인간의 행위에 따른 것으로 보기에 복음의 진리를 훼손하는 것이기 때문입니다.

3) 안디옥 교회는 이 문제를 어떻게 대처했습니까?(2절)

안디옥 교회는 바울과 바나바와 및 몇 사람을 예루살렘에 있는 사도와 장로들에게 보내기로 작정하였습니다.

4) 바울과 바나바가 예루살렘 교회에 파송되어 보고함을 살펴봅시다 (3-5절).

바울과 바나바는 교회의 전송을 받고 베니게와 사마리아로 다니며 이방인들이 주께 돌아온 일을 말하여 형제들을 다 크게 기쁘게 하였습니다. 예루살렘에 이르러 교회와 사도와 장로들에게 영접을 받고 하나님이 자기들과 함께 계셔 행하신 모든 일을 말할 때에 바리새파 중에 어떤 믿는 사람들이 일어나 이방인에게 할례를 행하고 모세의 율법을 지키라 명하는 것이 마땅하다 하였습니다.

히브리 그리스도인들은 그리스도교를 바라보는 시각에 있어서 이 종교는 그들 조상 종교의 산물이며 연속이며 성취로서 생각하였습니다. 그러나 여기 헬라 그리스도인들은 이러한 전통과 아무런 관계없이 오직 그리스도에 대한 지식에서 신앙의 출발을 갖는 데에 문제가 있었습니다. 히브리 그리스도인들은 그리스도를 위한 길을 예비했던 모든 구약적인 사실들로부터 시작해서 모세의 율법과 의식에 따라야 한다고 주장한 것입니다.

2. 베드로의 연설을 살펴봅시다(6-11절).

1) 7-9절은 베드로의 어떠한 경험으로부터 말미암은 것입니까?
7-9절은 베드로의 고넬료 복음전파 사건을 기초한 말씀입니다.

2) 이방인이 구원을 얻는 유일한 조건은 무엇입니까?(9절)
믿음

3) 하나님을 시험하는 것은 무엇입니까?(10-11절)
베드로는 이방인들에게 율법의 멍에를 메게 하는 것은 결국 하나님을 시험하는 것이라 하였습니다. 하나님을 시험함은 무엇을 의미합니까? 이는 하나님의 일을 그르치도록 장애물을 설치하는 행위가 될 수 있으며 또한 하나님의 일에 사람이 간섭하는 불경건한 행위를 말할 수도 있는 것입니다. 이방인들에게 만일 율법의 멍에를 멘다는 것은 단지 그들에 대한 유대인들의 선민사상을 고수하는 의미만 있는 것이 아니라 결국에는 유대인 스스로도 율법의 멍에를 지지 못함으로 말미암아 스스로 멸망의 길로 나아가고 마는 결과가 되는 것입니다. 그러므로 베드로는 마지막으로 선포합니다. 이는 베드로의 연설의 결론입니다.

"우리는 그들이 우리와 동일하게 주 예수의 은혜로 구원받는 줄을 믿노라"(11절)

3. 바나바와 바울은 베드로의 연설을 어떻게 지지하였습니까?(12절)

베드로의 연설로 말미암아 7절의 많은 변론은 일시에 잠잠해졌습니다. 온 무리가 가만히 있을 때에 바나바와 바울은 하나님께서 자기들로 말미암아 이방인 중에서 행하신 표적과 기사를 고하였습니다.

4. 야고보의 연설의 요지와 해결책에 관하여 살펴봅시다(13-21절)

1) 야고보는 어떠한 사람입니까?

야고보는 사도 야고보가 아닙니다. 사도 야고보는 12장2절에 이미 헤롯의 손에 죽은 것으로 나오기 때문입니다. 여기의 야고보는 주의 동생 야고보로서 그는 예수님의 죽음 이전에는 불신자였으나(마 13:55, 요 7:5) 부활하신 예수님과의 만남(고전 15:7) 이후부터 교회 공동체 가운데 중요한 위치에 서게 됩니다. 전승에 따르면 야고보는 예루살렘 교회의 첫 감독이 되었다고 합니다.

2) 다윗의 무너진 장막을 다시 지어 일으키심은 누구를 향한 것입니까?(16-18절)

이 유대인들 중에 그 남은 사람들과 하나님의 이름으로 일컬음을 받는 모든 이방인들을 향한 것입니다.

3) 야고보가 제시한 해결책은 무엇입니까?(19-21절)

야고보는 자신의 연설을 통해서 두 가지 결론을 내립니다. 첫째, 이방인 중에서 하나님께로 돌아오는 자들을 괴롭게 말자는 것입니다. 율법의 멍에를 이방인들에게 씌우지 아니하기로 결정한 것입니다. 이는 복음이 유대주의를 넘는 놀라운 결단입니다. 이로써 우리는 복음이 우리들만의 복음이 되어서는 안 될 것입니다.

둘째, 야고보는 이방인이 금하여야 할 네 가지를 교훈에 관하여 전합니다. 이 네 가지는 우상의 더러운 것과 음행과 목매어 죽은 것과 또한 피를 멀리하는 것입니다.

사도칙령

이 네 가지 금기 사항을 '사도 칙령'이라고 부릅니다.

1. 우상의 더러운 것을 금함

희생 제물로 잡은 짐승의 고기 중 희생 제사에 사용되지 않은 부분으로서, 이교도들은 그것을 일상적인 음식으로 시장에서 판매했으나 유대인들은 우상에게 일단 바쳐진 것으로서 그것을 먹는 자는 우상 숭배죄를 범하는 것으로 간주하였습니다.

2. 음행을 금함

당시 이교도들은 그들의 신들을 축하하는 축제와 관련하여 문란한 성적 행위를 일삼았으니 이를 엄중히 금해야 했습니다.

3. 목매어 죽인 것을 금함

이는 일반적인 방법으로 죽인 것이 아니라 피를 빼지 아니하였으므로 유대인들에게는 목매어 죽인 것을 먹는 일들이 허용되지 않았습니다.

4. 피를 금함

이교도들은 축제 시 자주 피를 마셨고 평상시에도 음식에 섞어 먹었으나 유대인들에게 있어서 피는 생명을 상징하는 것이었으니 이를 먹는 것이 금지되어 있었습니다.

야고보가 이와 같은 해결책을 제시한 이유는 이방인들을 위할 뿐만 아니라 유대인들을 위한 배려를 이방인들이 해 줄 것을 요구하고 있는 것입니다.

5. 예루살렘 공의회가 이 모든 문제에 대한 해결로서 행한 처신들에 관해서 살펴봅시다(22-29절).

사도와 상보와 온 교회가 그중에서 사람을 택하여 바울과 바나바와 함께 안디옥으로 보내기를 가결하였습니다. 곧 형제 중에 인도자인 바사바라 하는 유다와 실라입니다.

이 유다와 실라는 예루살렘 교회의 인도자로서 교회의 지도자적인 사람들이었습니다. 유다가 바사바로 불림은 통해서 이 유다가 가룟 유다의 자리를 채운 바 있는 맛디아와 함께 사도 선출에서 언급된 바사바라 하기도 하고 별명은 유스도라 하는 요셉의 형제일 가능성이 있습니다. 성경은 그에 관해서는 그가 선지자(32절)라는 것까지만 우리들에게 전해 주시고 있습니다.

실라는 유대식 이름으로 성경에 바울서신에는 로마식 이름으로 '실루아노'(살전 1:1)로 언급되기도 합니다. 그는 로마의 시민권을 가진 유대인으로 생각되며

1. 바울의 제2차 여행에서 마가 요한 대신에 바울과 동행합니다(행 15:40).
2. 빌립보 감옥에서 바울과 함께 갇힌 바 되기도 하고(행 16:19-29)
3. 빌립보 사역에 이어 데살로니가와 베뢰아 사역을 함께 하였으며(행 17:4, 10)
4. 베뢰아 사역 후에 바울이 먼저 배를 타고 떠나고 베뢰아에 디모데와 함께 남겨져 사역을 계속하였으며(행 17:14)
5. 마게도냐로부터 내려와 고린도에서 사역하던 바울에게 교회의 헌금을 가지고 돌아와 그의 사역을 도왔습니다(행 18:5, 고후 1:19).

짐작되는 일로 베드로전서를 소아시아 교회에 전해준 것이 바로 실라일 가능성이 있습니다. 이처럼 바울의 제2차 여행에서 귀하고 귀하게 동행한 이가 바로 실라입니다. 우리는 앞으로 바울의 제2차 여행을 자세히 살피며 그들의 행적에 관하여 나누게 될 것입니다.

예루살렘 교회는 한 편으로 교회의 지도자급 되는 유다와 실라를 보

내고 문서로서 편지를 써서 사도와 장로 된 형제들은 안디옥과 수리아와 길리기아에 있는 이방인 형제들에게 문안하게 하였습니다.

6. 예루살렘 공의회의 결정을 접한 안디옥 교회 안에 있었던 여러 가지 일들을 살펴봅시다(30-35절).

예루살렘 공의회로부터 온 편지를 접한 안디옥 교회는 그 위로의 말로 크게 기뻐했을 뿐 아니라 유다와 실라는 여러 말로 안디옥의 형제를 권면하여 굳게 하였습니다. 더욱이 말씀 속에서 안디옥 교회에 관해서 전하는 말씀은 그곳에는 바울과 바나바 함께 주의 말씀을 가르치는 많은 사람이 있었다는 것입니다.

■ 아디아포라의 정의

아디아포라는 헬라어 '아디아폴론'의 복수형으로 '대수롭지 않은 것들'이란 뜻입니다. 즉 아디아포라는 하나님께서 명하시지도, 금히시지도 않은 행동들을 의미합니다. 아디아포라란 본질적으로 선악과 관련된 것은 아닌 것, 따라서 성경이 직접 금하거나 행하라고 밝히지 않은 것, 그러므로 성도 각 개인이 자신의 판단과 신앙 양심의 자유에 맡겨야 할 문제를 말하는 것입니다. 아디아포라의 대상이 되는 것은 결국 그 자체가 목적이나 윤리적 원칙이 아닌 상징적 의식의 이행 문제 또는 본질적으로 선악과는 관련 없는 주초 문제 등을 예로 들 수 있습니다.

묵상

01   교회 안에 있을 수 있는 여러 가지 불일치에 관해서 우리는 어떻게 처신하
여야 하겠습니까?

02   이방인들에 대한 교회의 결정을 다시 한번 살펴봅시다. 그리고 이로부터 우
리는 우리의 삶에 어떻게 적용할 수 있겠습니까?

03   새 신자들에 관해서, 믿음이 아직 유약한 사람들에 관해서 우리가 가져야
할 눈에 관해서 이야기해 봅시다.

되새김

교회의 불일치는 교회의 위기이지만 또한 교회를 더욱 굳건히 할 수 있는 기회
로 쓰임받을 수 있음을 기억해야 할 것입니다. 특별히 말씀을 통한 우리의 일치
는 이방인을 향한 것입니다. 우리는 이방인, 새로온 자들에 대한 어떠한 일치된
마음을 가지고 있습니까?

PART

16

바울의 제2차 전도여행 1
15장36~16장10절

Key Point

제2차 전도여행은 특별한 목적이 있는 전도여행이었습니다. 그러나 하나님께서는 이를
변경하심으로 그분의 특별한 일들을 계속 행하셨습니다. 우리는 이러한 과정을 살피며 세
계선교에 관한 하나님의 관심과 관여를 깊이 있게 깨달아야 할 것입니다.

본문 이해

 이번 과로부터 바울의 제2차 전도여행이 시작됩니다. 앞서 제1차 전도여행에서 해상으로 출발하여 구브로 섬을 지나 밤빌리아의 버가에 상륙하여 오른쪽 지역이 되는 갈라디아 지역에 복음을 전하였던 바울은 제2차 전도여행에서는 육로로 수리아 길리기아를 지나 제1차 전도여행지가 된 갈라디아 지역까지 복음을 전합니다. 이제 바울은 밤빌리아 버가의 왼쪽 지역이 되는 아시아에 복음을 전하고자 하는 것은 합리적이며 또한 순리적입니다. 그러나 성령께서는 바울의 제2차 전도여행의 여정지를 아시아도, 무시아도, 비두니아도 아닌 다시 한번 더 배를 타고 마게도냐와 아가야까지 이르게 하십니다.

■ 사도행전 15장36-16장10절의 구조적 이해
   행 15:36-41: 바울과 바나바의 다툼
   행 16:1-5: 디모데의 합류
   행 16:6-10: 드로아의 환상

1. 제2차 전도여행을 준비하며 떠나기 전의 일들을 살펴봅시다(15장36
   -41절).
   1) 바울은 제2차 전도여행을 계획합니다. 제2차 전도여행의 목적은 무엇이었습니까?(36절)

바울의 제2차 전도여행의 목적은 제1차 전도여행에서 주의 말씀을 전한 각 성으로 다시 가서 형제들을 방문하고 그들의 믿음을 굳게 하기 위함이었습니다.

"며칠 후에 바울이 바나바더러 말하되 우리가 주의 말씀을 전한 각 성으로 다시 가서 형제들이 어떠한가 방문하자 하고"(행 15:36)

바울의 두 번째 전도 여행의 목적에서 우리는 교회 사역의 한 축을 보게 됩니다. 곧 복음을 전하는 것만큼 또한 중요한 것은 복음을 받은 자를 굳게 하고 세워 나아가는 것입니다. 이러한 면에 있어서 복음 전파자는 영적인 '산파'와 '소아과 의사'의 역할을 동시에 할 수 있어야 할 것입니다.[7]

2) 그러나 제2차 전도여행은 그 시작부터 심상치 않았습니다. 바울과 바나바의 다툼에 관해서 살펴봅시다(37-41절).

바나바는 자신의 생질인 마가 요한을 데리고 가려하였으나 바울은 1차 전도여행 때에 밤빌리아 버가에서 자기들을 떠나 함께 일하러 가지 아니하고 예루살렘으로 돌아간 적이 있는 마가 요한을 데리고 가는 것이 옳지 않다 하여 심히 다투고 피차 갈라서게 되었습니다. 이에 바나바는 마가를 데리고 배 타고 구브로로 가고 바울은 마가 요한이 아닌 실

---

7) 그랜트 오스본, 『LAB 주석 시리즈: 사도행전』, 399쪽.

라를 택한 후에 형제들에게 주의 은혜에 부탁함을 받고 떠나 수리아와 길리기아로 다니며 교회들을 견고하게 하였습니다.

3) 바울의 리더십과 바나바의 리더십에 관해서 살펴봅시다.

바울과 바나바의 다툼은 앞선 예루살렘 공의회가 열린 복음의 진리에 관한 다툼이 아닌 하나님의 일을 함에 있어 그 원칙과 방식에 대한 다툼이었습니다. 우리는 이에 관해서 자세히 살펴보고 하나님께서 이 일들을 어떻게 진행시켜 나가시는지를 살펴봄이 유익할 것입니다. 먼저 바울이 마가 요한을 데리고 가는 것이 옳지 않다 함은 마가 요한을 한 사람의 믿음의 성도로서 그를 용납하는 것은 가능한 일이지만 한 그룹의 리더로서 마치 이전의 일이 아무것도 아닌 양 묻어두고 함께 동행하는 것이 옳지 않다 함에서였습니다. 좀 매정하게 보이는 바울의 태도는 보다 유순했던 바나바와 대립될 수밖에 없었지만 우리는 이후의 교회는 바울의 편에 서 있음을 통해 바울의 태도와 결정이 냉정하고 매정하다고만 볼 수 없는 것입니다.

바울과 바나바의 다툼과 결별에도 불구하고 이후에 바울과 바나바(고전 9:6), 바울과 마가 요한은 서로 화해하게 됩니다(골 4:10). 그러므로 때때로 겪게 되는 불일치에도 불구하고 선하게 인도하시는 하나님의 인도하심의 때를 기다릴 수 있어야 할 것입니다. 역사를 거슬러 상상할 수는 없겠지만 바나바까지 마가 요한을 버렸다면 우리는 마가 요한에 의해서 기록된 '마가복음'을 가지지 못하였을 것이며 신학적으로 마태복음과 누가복음에 준 마가복음의 영향력을 생각할 때에 마가를 품은 바나바의 선택 또한 하나님의 섭리와 역사 가운데 있었다고 말하지 않을 수 없는 것입니다.

2. 갈라디아 남부 지역에 대한 바울의 사역을 살펴봅시다(16장1-5절).

1) 마가로 인해서 바나바와 결별하게 된 바울은 디모데라는 새 인물을 얻게 됩니다. 디모데는 어떠한 사람이었습니까?(1-2절, 딤후 1장5절)

디모데는 루스드라 출신으로 그 모친은 믿는 유대 여자이며 부친은 헬라인이었습니다. 디모데는 루스드라와 이고니온에 있는 형제들에게 칭찬을 받는 자였습니다. 디모데의 부친은 헬라인이었지만 그는 외조모 로이스와 어머니 유니게로부터 어려서부터 신앙의 훈련을 받은 사람이었습니다(딤후 1:5).

스데반이 돌을 맞고 순교할 때에 그곳에 있었던 사울을 하나님께서 쓰셨습니다. 그는 오늘날 바울이라 불림을 받는 자로 그 또한 제1차 전도여행에서 루스드라에서 돌에 맞아 죽음의 문턱에까지 이르게 됩니다(행 14:19). 바울은 다시 얻게 된 생명에도 불구하고 다시 루스드라에 들어가 복음을 전하였으며(행 14:21), 이제 다시 루스드라에 들어가 그곳에 세운 제자들의 믿음을 굳게 하는 것입니다. 그리고 하나님께서는 바로 그 루스드라에서 디모데를 쓰시기 시작하십니다. 스데반을 통해 바울의 쓰심과 같이 바울을 통해 디모데를 쓰시는 것입니다. 복음을 위한 환난은 도리어 귀한 열매를 맺게 되는 것입니다.

2) 바울이 디모데에게 할례를 행한 것은 외관상 15장의 예루살렘 공의회의 결정과 다른 태도를 보여줍니다. 이와 같이 했던 이유와 이로부터 우리가 얻을 수 있는 교훈은 무엇입니까?(3절)

바울은 이미 진리에 관해서, 그리고 중요한 믿음의 원칙에 관해서는 어떠한 융통성도 없이 싸워왔던 사람이었다는 것을 보여 주고 있습니다. 따라서 그가 유독 디모데에게 할례를 행한 것은 타협을 위한 것이 아니라 바울이 얼마나 평화와 교회의 일치를 위하여 힘썼는가를 보여 주는 것이라 할 수 있는 것입니다. 우리는 이미 앞서 보았던 마가 요한에 대한 냉정함에서 그의 칼 같은 날카로움을 확인할 수 있었습니다. 그러나 그는 또 다른 제자 디모데를 얻는 데에는 마치 무디고 이빨 빠진 칼을 대하는 것 같습니다. 따라서 이러한 양면성은 변덕스러운 그의 성품에서 나오는 것이 아니라 한 인격 안에 어울려진, 그리고 일관된 보다 큰 원칙에서 비롯된 두 가지 양면성으로 이해할 수 있는 것입니다.

3) 바울이 여러 교회를 방문하며 했던 일과 그 결과를 살펴봅시다(4-5절).

바울은 여러 성으로 다녀갈 때에 예루살렘 있는 사도와 장로들의 작정한 규례, 곧 예루살렘 공의회에서 정한 4가지 규례를 저희에게 주어 지키게 하였습니다. 그리고 그 결과 여러 교회가 믿음이 더 굳어지고 수가 날마다 늘어나게 되었습니다.

오순절 성령 강림 이후: "그 말을 받은 사람들은 세례를 받으매 이 날에 신도의 수가 삼천이나 더하더라"(행 2:41)

성전 미문의 앉은뱅이 치유 사건 이후: "말씀을 들은 사람 중에 믿는 자가 많으니 남자의 수가 약 오천이나 되었더라"(행 4:4)

아나니아와 삽비라의 심판의 결과: "믿고 주께로 나아오는 자가 더 많으니 남녀의 큰 무리더라"(행 5:14)

두 번째 산헤드린의 공회 이후: "그때에 제자가 더 많아졌는데"(행 6:1)

일곱 집사의 임명 이후: "하나님의 말씀이 점점 왕성하여 예루살렘에 있는 제자의 수가 더 심히 많아지고 허다한 제사장의 무리도 이 도에 복종하니라"(행 6:7)

사울의 회심과 그의 첫 번째 예루살렘 방문 이후. "그리하여 온 유대와 갈릴리와 사마리아 교회가 평안하여 든든히 서 가고 주를 경외함과 성령의 위로로 진행하여 수가 더 많아지니라"(행 9:31)

안디옥 교회의 세워짐: "주의 손이 그들과 함께 하시매 수많은 사람들이 믿고 주께 돌아오더라"(행 11:21)

우리는 다시 하나님께서 그의 몸 된 교회를 굳게 세우심과 부흥케 하심의 말씀을 들을 수 있습니다.

"이에 여러 교회가 믿음이 더 굳건해지고 수가 날마다 늘어가니라"(행 16:5)

3. 교회를 돌아보며 굳게 했던 바울의 사역에 성령께서는 새로운 전환을 계획하셨습니다(6-10절).

 1) 16장6절 이하에서 우리는 독특한 사건을 발견하게 됩니다. 어떠한 사건입니까?

 성령께서는 아시아에서 말씀을 전하지 못하게 하셨습니다. 바울의 일행은 브루기아와 갈라디아 땅으로 다녀가 무시아 앞에 이르러 비두니아로 가고자 애썼습니다. 그러나 예수의 영이 허락지 아니하셨습니다.

 2) 우리는 이로부터 어떠한 교훈을 얻을 수 있습니까?

 첫째, 하나님의 막으심에는 하나님의 사랑과 배려가 있습니다. 하나님께서는 출애굽 한 이스라엘을 이끄시되 그들로 블레셋 사람의 땅은 가까울지라도 그 길로 인도하시지 않으셨습니다(출 13:17). 애굽에서 가나안으로 이르는 길은 가사를 통한 지중해 해안길이 있었습니다. 이 길로 행할 때에 애굽에서 가나안까지는 고작 4일밖에 걸리지 않는 짧은 거리입니다. 하나님께서는 우리를 우리보다 더 잘 아시는 분이십니다. 하나님께서 이스라엘 백성들이 전쟁을 보면 돌이켜 애굽으로 돌아갈 것을 알고 계셨습니다. 당시에 강력한 철기 문화를 가지고 있었던 블레셋과의 전쟁을 본다면 체계적으로 정비되지 않았던 이스라엘은 분명히 애굽으로 돌아갈 것을 하나님께서는 알고 계셨습니다. 그러므로 하나님께서는 가까운 블레셋 길이 아닌 홍해의 광야길로 돌려 백성을 인도하셨습니다. 이와 같이 하나님의 막으심에는 하나님의 사랑과 배려가 있는 것입니다.

둘째, 하나님의 막으심에는 또 다른 하나님의 섭리와 계획과 목적이 있습니다. 하나님께서는 이스라엘을 시내 광야의 시내 산으로 이끄시고 그곳에서 11개월20일 동안 머물며 성막을 만들게 하셨습니다. 하나님께서는 이스라엘을 빨리 가나안 땅으로 이끄심에 목적이 있지 않았습니다. 하나님께서는 이스라엘 백성들로 하여금 만 2달 반 만에 시내산으로 이끄셨으며 그곳에서 11개월20일을 머무르며 성막을 만들고 하나님의 백성으로 삼으셨습니다. 어떠한 하나님의 백성입니까? 성막을 통해서 예배하는 하나님의 백성으로 삼으신 것입니다. 하나님의 목적은 빨리 저 가나안 땅에 들어가게 하시는 것이 아니라 예배자가 되게 하심에 있었던 것입니다. 이와 같이 하나님의 인도하심에는 하나님의 또 다른 섭리가 있으며 하나님의 계획이 있으며 또한 목적이 있는 것입니다.

셋째, 하나님의 막으심에는 우리가 예상치 못한 놀라운 축복이 예비되어 있는 것입니다. 우리는 하나님의 계획과 목적과 섭리를 알 때 하나님의 놀라운 축복을 경험하게 됩니다.

그러므로 우리는 하나님의 막으심의 인도하심을 기억하여야 합니다. 이는 우리로 당황치 않게 하며 하나님의 막으심에 태연하게 하며 여전히 하나님에게 향한 기대를 가지게 하며 하나님을 향한 우리의 신뢰가 깨어지지 않게 합니다.

3) 드로아에서 있었던 환상은 무엇이었습니까?(9)

무시아를 지나 바울이 드로아에 있을 때에 밤에 환상이 바울에게 보여 마게도냐 사람 하나가 서서 그에게 청하여 마게도냐로 건너와서 우리를 도우라 하였습니다.

4) 바울은 드로아에서의 환상 이후에 어떠한 결론을 내리게 됩니까? 그것은 어떠한 전환을 의미합니까?(10절)

바울은 드로아에서의 환상을 본 후 하나님이 마게도냐 사람들에게 복음을 전하라고 자신들을 부르셨다고 고백하게 됩니다. 이것은 2차 전도여행의 목적이 이미 주의 말씀을 전한 각 성을 돌아다니며 그 형제들을 굳게 하는 전도여행의 목적에서 성령님의 이끄심 가운데 새로운 사역지로의 부르심을 의미하는 것입니다.

5) 바울이 마게도냐 사람의 환상을 본 후에 그의 일행의 태도를 살펴봅시다. 이 모든 일의 진행 과정에서 우리는 어떠한 교훈을 얻을 수 있습니까?(10절)

바울의 일행은 더 이상 성령님의 막으심 가운데 머뭇거림 없이 부르심을 따라 힘썼습니다. 우리는 이 모든 과정에서 복음의 전파는 우리들의 애씀으로 말미암는 것이 아니라 하나님의 계획과 섭리와 부르심을 따라 이루어진다는 것입니다. 따라서 우리는 성령님의 인도하심에 더욱 민감하여야 합니다.

묵상

01 바울이 마가 요한을 용납하지 않았던 이유는 리더십의 중요성에 있습니다. 나는 하나님의 복음을 맡은 자로서 어떠한 책임감 속에 있습니까?

02 바울은 마가 요한을 잠시 잃었으나 귀한 제자 디모데를 얻게 되었습니다. 내게 주시는 하나님의 사람은 누구입니까?

03 성령께서 바울의 전도여정을 막으심은 새로운 하나님의 계획으로 말미암은 것입니다. 하나님의 막으심과 인도하심에 관하여 나누어 봅시다.

되새김

제2차 전도여행은 제자들을 굳게 하려는 목적이 있었으나 성령님께서는 그들을 새로운 복음 사역지로 보내셨습니다. 제2차 전도여행의 여정의 수정을 살피며 나의 삶에 대한 하나님의 계획하심을 따라 나의 삶을 수정하여 봅시다.

PART

17

바울의 제2차 전도여행 2
16장11~40절

Key Point

드로아에서의 환상은 바울의 일행을 빌립보로 인도하셨습니다. 제2차 전도여행의 하나님의 뜻은 복음이 유럽으로 더욱 확장하게 됨에 있었습니다. 제2차 전도여행에 대한 바울의 계획이 있었으나 이 모든 일에 대한 섭리와 역사는 하나님께 있었던 것입니다. 이번 과에서는 유럽의 첫 번째 여정지인 빌립보에서의 사역에 관하여 전합니다.

바울의 사역은 이제 마게도냐로 확장하게 됩니다. 드로아에서의 환상은 바울의 마음에 확신을 심어 주었고 바울의 일행으로 일심이 되게 하였습니다. 복음 사역에 대한 사모함과 열정을 심어 주었습니다. 이제 이들은 지체 없이 드로아에서 마게도냐로 떠나기를 힘쓰고 배로 사모드라게로 직행하여 이튿날 네압볼리로 가고 거기서 빌립보에 이르렀습니다.

드로아에서 빌립보까지의 여정이 소개되고 있는데 사도행전의 저자인 누가가 직접 동행하였기에 그 여정과 소요 시간을 비교적 정확하게 기록하고 있습니다. 사도행전 20장6절에는 제3차 전도여행의 여정 중 빌립보에서 역으로 드로아까지 소요 시간이 기록되었습니다. 3차 전도여행 중 빌립보에서 드로아까지는 닷새 만에 도착하였을 반해 하나님께서는 제2차 전도여행에서 드로아에서 환상을 보고 빌립보의 외항인 네압볼리에 이르는 데에는 단지 이틀밖에 걸리지 않게 하셨습니다. 이는 참으로 순풍에 돛 단 항해라 아니할 수 없는 것입니다. 우리는 우리의 사역 가운데 때때로 하나님께서 순풍을 허락하신다는 것을 감사하여야 할 것입니다. 하나님의 인도하심에 순풍의 바람까지 사용하심은 그들의 가는 길에 대한 확신을 심어 주고 또한 이 일을 하나님께서 얼마나 기쁘시게 여기시는가를 알게 하시는 것입니다.

하나님께서 이와 같은 순풍을 허락하심은 그간 있었던 하나님의 막으심에 대한 위로이며 그 막으심이 하나님의 본 뜻이 아님을 알게 하시는 것입니다. 얼마나 우리 하나님은 인격적인 분이십니까? 우리 하나님은 우리들을 참된 인격으로 세심하게 대하시는 것입니다.

■ 사도행전 16장11-40절의 구조적 이해

행 16:11-15: 루디아의 개종
행 16:16-18: 귀신 들린 여종의 치유
행 16:19-24: 바울과 실라의 빌립보 감옥의 투옥
행 16:25-34: 빌립보 간수의 회심
행 16:35-40: 바울과 실라의 석방

1. 빌립보는 어떠한 도시입니까?(12절)

빌립보는 로마의 식민지이며 마게노냐 시경의 첫 성입니다.

2. 빌립보에 이른 바울과 그의 일행의 마음에 관해서 살펴봅시다.

빌립보에 이른 바울과 그의 일행은 이 모든 과정이 주의 성령으로 말미암았기에 새로운 지역 빌립보를 향할 때에 매우 설렘 가운데 있었습니다. 그들은 주의 복음 사역을 위하여 주께서 예비하신 바와 자신들의 사역을 통해서 일구실 열매들에게 대하여 기대하는 마음이 컸습니다.

3. 빌립보에서 처음 수일 동안 저들의 사역의 성과와 그들의 마음에 관해서 다시 한번 살펴봅시다.

빌립보에서 처음 수일 동안의 사역의 열매에 관해서 침묵하고 있음은 매우 비관적일 수밖에 없습니다. 따라서 설렘과 기대가 많았던 저들의 마음은 실망과 함께 깊은 상심의 마음이 들기 시작하였을 것입니다. 그러나 말씀은 저들이 상심하였다는 것을 증거하지 않은 바 저들은 이러한 실망이 자신들을 지배하지 못하게 하였습니다. 그들은 그러한 어려움에도 불구하고 계속적인 기대하는 마음으로 사역에 임하였음을 볼 수 있는 것입니다.

4. 하나님의 침묵 끝에 하나님께서 한 사람의 문을 여시는 일을 행하시기 시작하셨습니다. 루디아에 관해서 살펴봅시다(13-15절).

기다림 끝에 복음의 역사는 뜻하지 않은 한 여인으로부터 말미암습니다. 이는 분명한 성령님의 역사로서 하나님께서는 복음의 전파를 위하여 두아디라 시의 자주장사로서 하나님을 공경하는 루디아라 하는 한 여자의 마음을 여셔서 바울의 말을 따르게 하셨습니다. 루디아와 그의 집이 다 세례를 받고 바울 일행에게 청하여 만일 나를 주 믿는 자로 알거든 내 집에 들어와 유하라하고 강권하여 그들을 머물게 하였습니다. 이후에 로마의 브리스길라와 아굴라가 고린도에 이르게 된 일이나 두아디라 시의 자색 옷감 장사 루디아가 빌립보에 이른 일은 하나님의 계획과 섭리 속에 있는 일이라 아니할 수 없는 것입니다. 빌립보 교회는 이후에 예루살렘에서 안디옥으로 이어지는 선교의 역사에서 유럽 선교의 전초 기지가 되었다는 데에 큰 의의를 가집니다.

5. 루디아를 통한 복음의 시작은 잠시 후에 방해받기 시작합니다. 귀신 들린 여종이 행했던 일과 바울이 괴로워했던 이유에 관해서 살펴봅시다 (16-18절).

귀신 들린 여종의 고백은 사람들을 돌아오게 하는 고백이 아니라 오히려 복음을 우습게 만들며 가치 없게 만드는 사단의 또 다른 전략입니다. 따라서 바울은 이러한 귀신들의 여종의 끝없는 관여함을 괴로워했음에 틀림없습니다. 그러나 즉각 바울이 이 귀신 들린 여종을 온전케 할 수 없었음은 사역의 능력은 그로부터 말미암은 것이 아니라 주께로 말미암은 바 하나님의 말씀이 그에게 임하시기 전까지 그는 아무것도 할 수 없었던 것입니다.

6. 바울이 귀신 들린 여종을 온전케 했을 때 종의 주인이 헷딘 고소로부디 우리는 어떠한 교훈을 얻을 수 있습니까?(19-21절)

첫째, 하나님의 역사를 경험하고도 그 굳은 마음을 제어하지 못하고 오히려 고소하는 무리들로부터 우리는 구원이 하나님의 은혜임을 다시 한번 확인하게 됩니다. 둘째, 저들의 유일한 기쁨과 소망은 오직 돈이었습니다. 셋째, 저들의 근본적인 불만에도 불구하고 외적으로 드러난 것의 덧없음을 살피며 우리는 모든 일에 있어 세상의 본심에 대한 분별력을 갖도록 하여야 할 것입니다.

바울과 실라는 많이 맞은 후에 옥에 가두어졌습니다. 로마의 감옥에는 세 가지 종류가 있었습니다. 햇빛을 쬐고 공기를 들이마실 수 있는 보통 감옥과 견고한 빗장을 치고 잠그는 내옥과 사형수들을 수감하는 지하옥입니다. 이중에 바울과 실라는 견고한 빗장을 치고 잠그는 내옥에 그 발에 차꼬까지 든든히 채워졌습니다. 자신을 방어할 아무런 도구도 없으며 해를 끼친 일이 없는 의로운 자들을 아무런 재판 과정도, 변호도 없이 일방적으로 행하여진 이 일은 참으로 큰 의분을 가질 수밖에 없었을 것입니다. 그러나 하나님께서는 이러한 절대적인 불의의 자리에서 오히려 하나님의 의가 나타나게 하시며 하나님의 능력과 더 나아가 구원의 은총까지 허락하신 것입니다.

8. 바울과 실라에게 감옥에서 이루어진 일에 관해서 살펴봅시다(25-34절).

바울과 실라에 관해서

바울과 실라는 기도하고 하나님을 찬미하였습니다. 이에 홀연히 큰 지진이 나서 옥터가 움직이고 문이 곧 다 열리게 되었습니다.

죄수들에 관해서

죄수들은 바울과 실라의 기도와 찬미를 들었으며 큰 지진과 함께 옥터가 움직이고 문이 곧 다 열리며 모든 사람의 매인 것이 다 벗겨지는 체험을 하게 됩니다. 그러나 죄수들은 도망하지 않았습니다. 그들은 바울과 실라의 신앙과 그에 대한 기적을 경험하며 두려움 가운데 있었습니다.

간수에 관해서

간수는 이전에 베드로를 지키던 자들이 죽임 당함과 같이 자신도 죽임 당할 것이라 생각하고 검을 빼어 자결하려 하였습니다. 그러나 모든 사람들이 도망하지 않았다는 바울의 만류로 말미암아 죽임에서 건짐 바 된 간수는 구원에 대한 관심을 가지게 됩니다. 그래서 간수는 그뿐만 아니라 그의 온 집이 하나님을 믿게 되었습니다.

9. 갑작스러운 상황의 전환의 이유는 무엇입니까?(35-36절)

상관들은 일의 전후를 살피며 이것이 사람을 가둘만한 것이 안됨을 알게 됩니다. 따라서 그들은 마치 이전에 아무 일도 없었던 양 바울과 실라를 놓으려고 하였습니다.

10. 37절 바울의 말로부터 왜 그는 이러한 권리를 일찍 사용하지 않았나 하는 의문을 갖습니다. 바울이 이러한 자기주장을 나중에 했던 이유와 그 유익에 관해서 살펴봅시다(37절).

바울이 자기 권리를 사용하지 않았던 것은 그가 잡히고 매질을 당하고 옥에 갇히는 과정이 어떠한 변명도 허락되지 않았던 상황일 가능성과 이러한 과정을 통한 성령님의 인도하심이 있었다는 가능성이 존재합니다. 이후에 마치 쓸데없을 듯한 주장을 함은 바울 자신을 위한 것이라기보다는 믿음의 공동체를 보호하려는 강한 의지가 담긴 것입니다.

11. 빌립보의 상관들은 어떠한 청을 하였습니까?(38-39절)

빌립보의 상관들은 바울과 실라 일행이 속히 성에서 떠나기를 청하였습니다. 더 이상 이들로 인하여 성이 소란케 되기를 원치 않았습니다.

12. 바울과 실라는 성을 떠나기 전에 어떠한 일을 하였습니까?(40절)

바울과 실라는 성을 떠나기 전에 옥에서 나가 루디아의 집에 들어가서 형제들을 만나보고 그들을 위로하고 성을 떠났습니다.

묵상

01 바울의 루디아와의 만남이 주는 교훈에 관하여 나누어 봅시다.

02 바울과 실라는 빌립보 감옥에서 어떻게 보내었습니까?

03 빌립보에서 바울과 실라의 잠시의 고난은 오히려 놀라운 복음 전파의 기회
가 되었습니다. 나의 고난에 대한 깊은 하나님의 섭리와 이끄심은 무엇입
니까?

되새김

빌립보에서 바울은 루디아를 바로 만나지 않았으며, 귀신 들린 여종에게 바로 축
귀 하지 않았으며, 빌립보 감옥에서 바로 이적이 나타나지 않았으며, 자신의 로
마 시민 됨을 바로 말하지 않았습니다. 모든 것은 하나님의 때와 섭리 속에서 이
루어지는 것입니다.

PART

18

바울의 제2차 전도여행 3
17장1~15절

Key Point

제2차 전도여행은 특별한 목적이 있는 전도여행이었습니다. 그러나 하나님께서는 이를 변경하심으로 그분의 특별한 일들을 계속 행하셨습니다. 우리는 이러한 과정을 살피며 세계선교에 관한 하나님의 관심과 관여를 깊이 있게 깨달아야 할 것입니다.

본문 이해

바울은 빌립보에 누가를 남겨두고 떠나게 됩니다. 비록 빌립보에서 환난이 그로 하여금 떠날 수밖에 없는 상황을 만들었지만 이는 또 다른 곳에 복음을 전하게 하시기 위한 하나님의 섭리요 인도함이라 아니할 수 없는 것입니다.

빌립보를 떠난 바울은 빌립보에서 50km 떨어진 암비볼리와 다시 40km 떨어진 아볼로니아를 거쳐 데살로니가로 향하였습니다. 바울은 이 중요한 도시를 발칸 반도를 복음화하는 전략적인 요충지로 삼았습니다. 바울은 빌립보를 떠나 두 도시인 암비볼리와 아볼로니아를 거쳤으나 이들이 여기에서 복음을 전하였다는 확인은 되지 않고 있으며 바울 일행은 이곳을 단지 거쳤을 뿐으로 알려지고 있습니다. 그러나 지금도 암비볼리에는 바울의 흔적을 기리는 바울 교회가 서 있고 아볼로니아에도 바울이 복음을 전했다는 장소를 소중히 간직하고 있습니다. 역사의 유적으로서의 가치가 있어서인지 아니면 신앙적인 유산인지 아무튼 이러한 바울의 흔적을 살피며 우리는 예수의 흔적을 가진 자로서의 자부심과 우리의 사명감을 다시금 새롭게 해야 할 것입니다.

빌립보가 마게도냐의 첫 성이라면 데살로니가는 마게도냐 지방의 수도입니다. 마게도냐의 영웅 알렉산더 대왕이 33세의 나이로 죽었을 때에 휘하 부하 장군들 사이에 치열한 권력 쟁탈전이 있었습니다. 그리고 이 각축전에서 승자는 카산더 장군이었습니다. 알렉산더의 이복 누이동생 데살로니가와 결혼했던 카산더는 왕위에 오르자 자신에게 반기를 들었던 알렉산더의 어머니 올림피아 대비를 서슴지 않고 죽여버렸습니다. 뿐만 아니라 후환을 없애기 위하여 알렉산더의 부인 록사나 왕비와 그의 아들까지 모두 죽이는 잔인한 일을 저질렀습니다. 민심이 그로부터 멀어지자 카산더는 수습책의 하나로 새로운 도시를 건설하였는데, 마게도냐 지방에서 에게해로 진출하는 가장 큰 항구도시를 건설하고 새 도시의 이름을 부인의 이름을 따라 데살로니가라고 지었습니다. 데살로니가는 로마 제국시대에는 마게도냐 지역의 정치적 중심도시였고, 그 후 비잔틴 시대에는 콘스탄티노플에 버금가는 도시로 명성을 떨치게 됩니다.

■ 사도행전 17장1-15절의 구조적 이해
　　행 17:1-9: 데살로니가 사역
　　행 17:10-15: 베뢰아 사역

1. 데살로니가 사역에 관하여 살펴봅시다(1-9절).
　1) 데살로니가에서의 바울의 사역은 어디로부터 시작하였습니까?(1-2절)
　바울은 이전 원칙대로 유대인들의 회당에서 하나님의 복음을 전하였습니다. 우리가 루가오니아의 루스드라 더베 이전에 그 땅의 수도인 이고니온에 관하여 살펴보았습니다. 곧 이고니온까지 회당이 있었으나 루가오니아 지역의 루스드라와 더베에는 회당이 없었습니다. 곧 회당이 없이 기도처만 있었던 빌립보와 달리 마게도냐의 수도인 데살로니가에는 회당이 있었습니다.

2) 데살로니가에서의 바울의 사역의 기간에 관하여 살펴봅시다(2절). "세 안식일에…" 이 짧은 구절로 말미암아 정확하게 바울의 데살로니가 사역이 단지 3주간이라고 단정하기는 힘이 든다 하여도 데살로니가 사역이 다른 지역에 비해 짧은 기간의 사역이었음을 잘 보여줍니다. 비록 짧은 기간에 복음을 전하였지만 중요한 것은 그 기간이 아니었습니다. 복음의 씨앗은 옥토에 뿌려졌고 갖은 핍박에도 불구하고 데살로니가 교회는 예수의 재림을 열망하는 교회로서 자라갔던 것입니다.

데살로니가 교회를 생각할 때에 우리는 언제나 부끄러운 마음을 가져야 할 것입니다. 곧 이 교회가 짧은 기간 밖에는 복음을 듣지 못하였음에도 불구하고 귀한 복음의 열매와 열심을 가지고 있었다면 오랜 세월 복음에 관하여 들음에도 불구하고 변화되지 못하고 성숙해 나아가지 못하는 우리들의 신앙은 책망받아 마땅한 것입니다.

3) 바울의 메시지의 두 가지 핵심은 무엇입니까?(3절)
바울은 유대인들의 회당에서 뜻을 풀어 그리스도가 해를 받고 죽은 자 가운데서 다시 살아야 할 것을 증명하고 자신이 전하는 예수가 곧 그리스도이심을 전하였습니다.

우리는 바울의 데살로니가 사역에서 주목해야 할 것은 그가 복음을 전할 때에는 언제든지 성경을 가지고 강론하였으며 결코 성경을 떠나지 않았다는 것입니다. 이것은 우리의 사역에 있어서 매우 중요한 것입니다. 하나님의 말씀을 앞세우지 않은 계시와 예언은 하나님의 말씀의 권위를 떨어뜨리는 결과를 초래하게 됩니다. 계시는 어떻게 보면 절대적인 권위를 가지고 있습니다. 하나님께서 그렇게 말씀하셨다는 것은 어떠한 타협의 여지를 남기지 않는 것입니다. 그러나 이러한 검증되지 않는 주관적인 경험에 의한 것이 복음의 기초가 될 수는 없는 것입니다. 믿음의 사람들은 오직 하나님의 감동으로 된 성경을 중심으로 해서 복음의 사역을 해야 합니다.

더욱이 우리는 바울이 가진 성경은 구약 성경임을 기억하여야 합니다. 구약의 성경을 가지고 그가 이토록 놀라운 말씀을 전파하였다면 오늘날 우리는 구약뿐만 아니라 신약을 가지고 더욱더 확연히 복음을 전파할 수 있어야 합니다.

4) 바울의 사역의 결과는 어떠했습니까?(4-5절)
그중에 어떤 사람 곧 경건한 헬라인의 큰 무리와 적지 않은 귀부인도 권함을 받고 바울과 실라를 따랐으나 유대인들은 시기하여 저자의 어떤 불량한 사람들을 데리고 떼를 지어 성을 소동케 하여 야손의 집에 달려들어 저희를 백성에게 끌어내려고 찾았으나 발견치 못하였습니다. 얼마나 모든 일이 긴박하게 이루어졌는가를 자세히 살필 수 있는 것입니다. 야손은 데살로니가의 사람으로서 그의 집에 바울을 영접한 사람이며 또한 이러한 긴박함 속에서 바울을 숨겨 바울을 보낸 사람이며 또한 바울을 대신하여 큰 핍박을 받은 사람입니다. 비록 그는 여러 가지 어려움을 당하였지만 이것이 마지막 날에는 그의 상급이 될 것입니다.

성경에 야손은 두 사람이 등장합니다. 첫 번째 사람은 데살로니가에서 바울을 영접하였던 사람이며 두 번째 사람은 로마서 16장21절에 나오는 바울의 친척 야손입니다. 이 두 야손이 같은 사람일지에 관하여는 분명치 않습니다. 어찌 되었건 바울의 마게도냐 사역에서 빌립보에 루디아가 있었다면 데살로니가에는 야손이 있었습니다. 우리는 루디아와 야손과 같이 복음의 사역에 더욱더 적극적인 우리들의 삶이 되어야 할 것입니다.

5) 소란을 피운 무리들이 고소한 두 가지 죄목은 무엇입니까?(6-7절)
1. 천하를 어지럽게 함 2. 가이사의 명을 거역함.
유대인들은 결국 바울을 찾지 못하고 야손과 및 형제를 끌고 읍장들 앞에 가서 소릴 질러 고소하기를 "천하를 어지럽게 하던 이 사람들이 여기도 이르매 야손이 그들을 맞아들였도다. 이 사람들이 다 가이사의 명을 거역하여 말하되 다른 임금 곧 예수라 하는 이가 있다 하더이다" 라고 하였습니다.

6) 사건의 매듭 됨을 살펴봅시다(8-9절).

무리와 읍장들이 이 말을 듣고 소동하였습니다. 그러나 큰 소란에도 불구하고 일은 조용하게 마무리가 되었습니다. 이들은 야손과 그 나머지 사람들에게 보석금을 받고 놓아주었습니다. 이 또한 하나님의 은혜라 아니할 수 없는 것입니다. 걷잡을 수 없을 것 같은 불길이 쉬 사라짐과 같은 것입니다.

2. 베뢰아 사역에 관하여 살펴봅시다(10-15절).

바울의 데살로니가 사역을 통해서 복음 전파자의 사역에 관하여 살펴보았습니다. 바울의 사역은 첫째, 자기 규례대로 사역하였으며 둘째, 짧은 기간인 세 안식일의 사역이었으며 셋째, 성경을 가지고 강론하였으며 넷째, 성경의 뜻을 풀어 사역하였으며 다섯째, 그리스도가 해를 받고 죽은 자 가운데서 다시 살아야 할 것을 증명(복음의 내용)하였으며 여섯째, 말씀의 전파의 열매로 경건한 헬라인의 큰 무리와 적지 않은 귀부인도 권함을 받고 바울과 실라를 좇았으며 마지막 일곱째, 복음 전파의 열매와 승리 다음에는 또한 핍박에 관하여 전하고 있습니다.

이것은 철저하게 복음 전파자를 중심으로 한 모습입니다. 이제 바울의 베뢰아 사역을 살펴보며 성경이 우리들에게 보여주시는 것은 말씀을 전하는 자가 아닌, 말씀을 받는 자들이 어떠해야 함을 보여주시는 말씀입니다. 데살로니가 사역과 베뢰아 사역을 비교할 때에 데살로니가 사역은 복은 전파자의 올바른 모습에 관하여 보여 주며 베뢰아 사역을 통해서는 복음을 받는 자의 올바른 태도에 관하여 보여주십니다.

1) 밤에 형제들이 바울과 실라를 베뢰아로 보냄을 살펴봅시다(10절).
"밤에 형제들이 곧 바울과 실라를 베뢰아로 보내니 저희가 이르러 유대인 회당에 들어가니라"

데살로니가에서의 피신이 밤에 이루어졌다는 것은 이 피신이 매우 은밀하게 이루어졌음과 또한 핍박이 얼마나 거세었는지를 보여줍니다. 바울은 하나님의 은혜 가운데 무사히 데살로니가로부터 빠져나왔습니다. 그리고 바울과 실라는 베뢰아에 이르러 다시 유대인 회당에 들어갔습니다. 이는 17장2절에서 살필 수 있는 바와 같이 바울이 계속적으로 자기 규례대로 사역하였음과 핍박으로 인해 자신의 사역을 굽히지 않았음을 잘 보여주십니다. 우리는 어떠한 어려움이 있다고 할지라도 복음의 사역을 잘 감당할 수 있어야 할 것입니다.

2) 베뢰아 사람들이 하나님의 말씀을 받음에 관하여 살펴봅시다(11절).
1. 간절한 마음
먼저 베뢰아 사람들은 복음에 대하여, 하나님의 말씀에 대하여 간절한 마음을 가지고 있습니다. 그 안에 사모하는 마음이 있었던 것입니다. 이는 복음을 듣고, 말씀을 듣는 우리들이 먼저 품어야 할 마음입니다. 은혜를 받기를 원한다면 먼저 은혜를 사모하는 마음을 가져야 합니다. 아무리 큰 은혜가 임한다 할지라도 은혜를 사모하지 않는 자에게 그 은혜가 감사함이 될 수 없는 것입니다. 먼저 우리는 말씀을 대할 때에 간절한 마음으로 사모하는 마음의 회복이 있어야 할 것입니다.

2. 말씀을 받고-말씀을 받는 자세

말씀을 들었다고 표현할 수도 있었을 것이나 성령은 베뢰아 사람들이 어떻게 말씀을 들었는가를 알게 하시기 위하여 이들은 말씀을 들은 것이 아니라 말씀을 받고라고 말씀하심을 우리는 보아야 합니다. 말씀을 받았던 이들은 얼마나 말씀을 귀히 여겼는가를 살필 수 있는 것입니다. 무엇으로 우리의 영혼을 깨끗게 하며 이 땅의 무엇이 우리들의 영혼을 구원에 이르게 합니까? 그것은 바로 말씀인 것입니다. 우리는 말씀에 대한 사모함과 더불어 말씀을 귀히 여김이 있어야 할 것입니다. 비록 사람인 목사로 말미암아 주의 말씀을 듣는다 할지라도 오늘 듣는 이 말씀을 하나님의 말씀으로 받아야 할 것입니다. 이것이 바로 믿음의 자세인 것입니다.

3. 날마다-말씀의 훈련

이들은 날마다 주의 말씀을 받았습니다. 우리는 하나님의 말씀을 날마다 보아야 합니다. 이것은 거룩한 습관입니다. 베뢰아 사람들의 믿음은 참으로 칭찬받을 만한 믿음입니다.

4. 성경을 상고하므로-말씀의 연구

'이것이 그러한가 하여... 성경을 상고하므로' 이들은 단지 말씀을 읽는 것으로 멈추는 것이 아니라 하나님의 말씀을 깊이 있게 연구해 나아갔습니다. 하나님의 말씀은 학자라도 다다를 수 없는 깊음이 있으며 어린 아이라도 복음을 이해할 수 있는 오묘한 말씀입니다. 우리는 하나님의 말씀을 깊이 있게 읽을 수 있어야 할 것입니다.

3) 베뢰아에서 사역의 결과를 살펴봅시다(12절).

데살로니가 사람들 가운데는 '믿었다'라는 표현을 쓰지 않았습니다. 그들은 '권함을 받고 바울과 실라를 따랐다'라고까지 이야기하였습니다. 그러나 베뢰아 사람들에 관하여서는 그들이 '믿었다'라는 보다 깊이 있는 말씀을 전해주고 있습니다. 물론 데살로니가 사람들이 믿지 않은 것은 아니라 성경은 이러한 어휘의 차이에 있어서도 베뢰아 사람들의 믿음을 칭찬하시고 있는 것입니다.

4) 베뢰아에서의 핍박을 살펴봅시다(13절).

데살로니가에서 베뢰아까지 약 80km의 민 거리를 유대인들은 쫓아와 바울과 그 사역을 박해하였습니다. 이는 마치 이전에 바울이 비시디아 안디옥과 이고니온에서 핍박을 받았고 그 무리들이 약 70km 떨어진 루스드라까지 와서 바울을 돌에 쳐서 성 밖에 내침과 같은 사실을 재현하는 말씀입니다. 그러나 더 이전에 바울 자신이 행하였던 예루살렘에서 다메섹까지의 거리는 약 240km 정도 되는 거리였습니다. 당연히 그 열심이라 하면 비시디아 안디옥과 이고니온에서 루스드라까지 쫓아온 유대인들의 무리들이나 데살로니가에서 베뢰아까지 쫓아온 유대인들의 무리들과 비교도 되지 않는 열심이 바울에게 있었고 그 또한 이전에 핍박자였음을 기억할 때에 이는 역사의 아이러니라 아니할 수 없는 것입니다. 핍박자가 순교자의 삶으로 살아가며 그가 이전에 행하였던 헛된 열심의 열매를 지금 그의 삶을 통해서 거두나 이 또한 하나님께서는 아름다운 결실을 맺게 하시는 놀라운 하나님의 기이한 역사를 발견하게 되는 것입니다. 바울은 이후에도 계속적으로 핍박을 받게 됩니다. 곧 대제사장 아나니아는 예루살렘에서 120km나 떨어진 가이사랴까지 와서 바울을 핍박하기에 이릅니다. 이처럼 복음은 훼방자요 핍박자요 살인자요 폭행자의 삶을 순교자의 삶으로 바꾸시고 오히려 복음의 열매를 거두시는 것입니다.

5) 바울이 실라와 디모데를 베뢰아에 남김을 살펴봅시다(14-15절).
바울은 마게도냐의 첫 성인 빌립보에 '누가'를 남겨두어 그곳을 섬기게 하였으며 데살로니가를 거쳐 베뢰아에 '실라와 디모데'를 잠시 남겨두었습니다. 바울의 관심은 얼마나 좋은 인재들이 자신과 함께 있는가에 있지 않고 각 교회들을 바로 세움에 있었습니다.

형제들이 바울을 보내며 인도하는 사람들이 바울을 데리고 아덴까지 이르게 하였습니다. 이들은 바울에게서 실라와 디모데를 자기에게로 속히 오게 하라는 명을 받고 떠났습니다. 성경을 통해서 '실라와 디모데'가 베뢰아에 남겨져 구체적으로 어떠한 일을 했는지는 자세히 알 수 없습니다. 바울은 아덴에서 실라와 디모데를 다시 만났으며(살전 3:1) 디모데를 데살로니가로 파송하고(살전 3:2) 실라는 마게도냐로 파송하고 바울은 아덴 사역을 마치고 고린도에 이르러 그곳에서 일정한 기간 후에 다시 실라와 디모데를 만나게 됩니다.

묵 상

01   데살로니가 교회를 통해서 주시는 교훈을 나누어 봅시다.

02   베뢰아 사람들의 성경 사랑에 관하여 나누어 봅시다.

03   복음에 전함에 대한 바울의 환난이 주는 교훈에 관하여 나누어 봅시다.

되새김

상대적으로 짧은 기간 복음이 전하여졌음에도 불구하고 놀라운 변화와 성숙을 이루어나갔던 데살로니가와 날마다 성경을 상고하였던 베뢰아는 모두 성경에 대한 사랑을 교훈합니다. 우리가 함께 섬기는 교회는 말씀으로 말미암은 변화와 성숙으로 세워져 가는 교회가 되어야 할 것입니다.

PART

19

바울의 제2차 전도여행 4
17장16~34절

Key Point

누가를 빌립보에, 실라와 디모데를 베뢰아에 남겨 둔 바울은 아덴에 이르게 됩니다. 물론 그곳에도 회당이 있었지만 아덴에서의 복음 전파는 세속적인 사회에서 이루어지게 됩니다. 아레오바고 설교는 바로 이러한 세속적 문명과 사회에 던지는 복음의 메시지가 됩니다.

본문 이해

빌립보, 데살로니가, 베뢰아의 마게도냐 전도에 이어 바울은 아가야의 아덴에서 복음을 전하였습니다. 바울의 유명한 아레오바고 설교는 바로 종교적이며 철학적인 이방인들을 위한 설교였습니다.

■ 사도행전 17장16-34절의 구조적 이해

　行 17:16-34: 아덴 사역

1. 아덴에 관하여 연구하여 봅시다.

아덴은 고대 헬라 문화의 중심을 이루는 도시국가입니다. 아테네는 그리스 문명의 산실이며 또한 요람입니다. 아테네는 헬레니즘의 발원지로서 예루살렘이 서구 정신사의 원류가 된다면 아테네는 서구 지성사의 원류가 됩니다. 비록 정치적으로는 그리스의 아테네 또한 로마의 속국이 되어 버렸지만 그 문화의 찬란함은 오히려 로마를 정복하고 말았습니다. 예루살렘이 신 중심의 가치관을 사람들에게 심었다면 아테네는 인간 중심의 가치관을 심었고 서구 역사는 이와 같은 신 중심과 인간 중심이 부딪치며 갈등한 역사라 할 수 있습니다.

2. 아덴에서 바울이 본 것과 그의 마음에 관해서 말해봅시다(16절).

바울은 아덴에서 온 성에 우상이 가득한 것을 보고 마음에 격분하였습니다. 인간의 최고 학문인 철학이 발달된 도시는 아이러니하게도 어리석은 우상이 가장 가득한 곳이었습니다. 이제 그러한 것들을 바라보는 바울의 마음에는 안타까움과 분노가 있었습니다.

3. 바울이 아덴에서 전도의 장소로 삼은 곳은 어디입니까?(17-19절)

첫째, 바울은 이전의 원칙을 따라 역시 회당에서 복음을 전하였으며 둘째, 장터에서 날마다 만나는 사람들과 변론하였습니다. 셋째, 사람들은 그를 붙들어 아레오바고에 세워 그곳에서 전하게 하였습니다. 아레오바고는 과거 아덴 정부의 재판권과 사법권까지 가지고 있었던 의회나 법정 기관이었으나 당시에는 종교와 교육 분야로 축소되었습니다.

4. 바울이 전도에 관해서 에피쿠로스 학파와 스토아 학파의 철학자들의 반응은 어떠했습니까?(18절)

새로운 것에 대한 갈망이 있었던 철학자들은 바울의 복음에 관하여 호기심을 가지고 바울과 쟁론하였습니다. 어떠한 사람은 이 말쟁이가 무슨 말을 하고자 하느냐 하며 어떠한 사람은 바울이 예수와 또 부활을 전하므로 이방 신들을 전하는 사람인가 보다 하였습니다.

에피쿠로스 철학: 에피쿠로스 철학자들은 최고의 선이 쾌락이라고 주장하는 자들이었습니다. 그러나 이 철학이 주장하는 쾌락은 육체적 고통과 정신적 불안에서 해방된 상태이며 이는 단순하고 검소하며 꾸밈없는 삶을 영위함으로 이룰 수 있다고 하였습니다. 그러나 이러한 철학

은 왜곡되어 육욕적인 쾌락으로 타락해 있었습니다.

스토아 철학: 스토아 철학에서는 최고의 선이 덕이라고 주장하였습니다. 그러나 이 또한 실천이 없는 이론뿐이었습니다.

5. 아덴 사람들은 어떠한 사람들이었습니까?(21절)

아덴 사람들에 관해서는 21절 말씀에서 잘 나타나는 바 아덴 사람들뿐만 아니라 거기서 나그네 된 외국인들은 가장 새로 되는 것을 말하고 듣는 이외에 달리 시간을 쓰지 않았던 사람들이었습니다.

아덴 사람들의 그 성향은 오늘날 현대인의 성향과 흡사합니다. 오늘날 사람들은 최신형을 좋아합니다. 빠르게 진보하는 문화 속에서 최첨단을 선호하며 살아갑니다. 아덴은 문화와 예술의 도시임에도 불구하고 복음의 척박한 땅이 되고 말았습니다. 오늘날 사람들이 선호하는 도시들이 때로는 복음의 척박한 땅임을 보게 되는 것입니다.

6. 아레오바고의 바울의 세 번째 설교에 관하여 살펴봅시다(22-31절).

바울은 이전에 하나님을 알던 사람들에게 복음을 전하던 방법과는 달리 저들의 일반적인 종교심에 근거하여 복음을 전하고 있습니다.

아덴 사람들의 긍정적인 면과 부정적인 면(22-23절)

바울의 아레오바고 설교는 먼저 아덴 사람들에 관하여 긍정적인 평가와 부정적인 평가의 대구를 이루며 전개됩니다. 긍정적인 평가는 종교심이 많다는 것이며 부정적인 평가는 저들의 종교성이 알지 못하는 신을 위한다는 것입니다. 곧 저들의 긍정적인 면이 있음에도 불구하고 부정적인 면이 더욱 강조되는 가운데 바울의 설교에 집중케 합니다.

바울은 이방 지역에 이방인들에게, 그것도 세속적 지식의 사회 한가운데 세워졌습니다. 그는 이제 유대적인 안목에서 아닌 새로운 안목에서 그의 청중에게 복음을 제시하여야 합니다. 바울은 아덴 사람들을 단적으로 표현하고 있는데 그것은 그들 중에 범사에 종교성이 많다는 것이었습니다. 이는 바울적인 표현으로 '하나님을 알 만한 지식'(롬 1:18)과 칼빈의 '종교적 씨앗'을 의미합니다. 비록 확연하지는 않지만 이미 희미하나마 종교성이 있다는 사실에서 저들이 복음의 빛에서 아주 외면되지 않았음을 깨닫게 합니다.

■ 아레오바고 설교의 구조
　　22-23절: 바울의 아레오바고 설교 서두
　　　22절: 아덴 사람들에 대한 긍정적인 평가
　　　23절: 아덴 사람들의 부족한 점 제시
　　24-27절: 아레오바고 바울 설교의 신론
　　　24절a: 창조주이신 하나님
　　　24절b: 주님이신 하나님
　　　24절c: 사람의 손으로 지은 전에 계시지 아니함

바울의 신론(24-27절)

이 구절들은 바울의 신론을 구성합니다. 곧 전 절에서 언급한 알지 못하는 신에 대한 설명입니다.

바울의 신론은 첫째, 하나님은 창조주이십니다(24절). 그는 우주와 그 가운데 모든 것을 만드신 분이십니다.

둘째, 그분은 주님이십니다(24절). 모든 것을 그분이 지으셨으므로 그분은 모든 것의 주님이십니다. 창조주로서의 하나님과 주님으로서의 하나님은 사람의 손으로 지은 곳에 거하지 아니하시며 또한 부족한 것처럼 사람의 손으로 섬김을 받으실 필요가 없으십니다. 특별히 바울의 설교에서 하나님은 사람의 손으로 지은 곳에 계시지 않음을 확인합니다. 바울의 이러한 설교는 얼마나 그의 설교가 스데반의 설교에 의해 영향을 받았는지를 단적으로 보여줍니다(행 7:48).

셋째, 하나님은 만물의 공급자가 되십니다(25절). 창조주시며 주님이신 이러한 신론은 좋은 대구를 이루는 가운데 신론의 세 번째로 이어집니다. 곧 하나님은 만물의 공급자가 되십니다.

넷째, 하나님은 한 인류의 아버지가 되십니다. 아직 구체적으로 아버지이심을 드러내지 않았지만 이러한 사실은 28절에서 확인됩니다. 바울의 아레오바고 설교에서 우리는 이방인들에 하나님의 말씀이 선포되며 밝히 드러내는 지식은 인류는 한 혈통의 하나라는 사실로서 교회는 만인의 교회라는 사실을 부각합니다. 우리는 모두가 신의 소생이며 하나님의 복음에 의하여 차별 없이 부르심을 받은 존재들입니다. 혈육에 의한 이스라엘이 참 이스라엘이 아니라 믿음 가운데 있는 이스라엘이 참된 이스라엘입니다.

다섯째, 하나님은 인류의 섭리자가 되십니다. 그분은 인류의 공간과 시간을 정하시고 섭리하시는 분이십니다(26절).

마지막으로 여섯째, 하나님은 가까이 계십니다. 바울은 알지 못하는 신에 대한 서두로부터 신론에 대한 다양한 서술을 한 뒤 그러한 하나님이 마치 먼 곳에 있는 것처럼 느껴지기를 원치 않았습니다. 곧 하나님은 가까이 계신 분이십니다(27절).

바울의 인간론(28절)

바울의 인간론은 두 가지로 나뉩니다. 첫째, 인간은 하나님 안에서의 존재라는 것입니다. 곧 인간은 하나님과 동떨어질 수 없는 그 안에 있고 그 안에서 움직이고 존재하는 자로서의 인간입니다. 둘째, 인간은 더욱 구체적으로 하나님의 소생입니다.

신론과 인간론의 결론(29-31절)

바울의 신론과 인간론은 신적인 결론과 인간적인 결론을 내립니다. 먼저 인간적인 결론으로서 인간은 하나님을 사람의 손으로 새긴 금이나 은이나 돌과 같이 여겨서는 안 될 것입니다(29절).

신적인 결론은 다시 두 부분으로 나뉩니다. 신적인 결론과 보다 구체적인 근거를 제시합니다. 신적인 결론은 이제 하나님은 알지 못하던 시대가 아니기에 모든 사람에게 회개할 것을 명하십니다. 알지 못하던 신에 대한 대구적 표현이 알지 못하던 시대와 쌍을 이루며 이제는 신을 알지 못하는 것도, 알지 못하는 시대도 옛적의 것으로 선포합니다. 다음으로 신적인 결론의 근거로 예수와 그의 부활을 전합니다. 그러나 이 또한 직접적인 예수라는 표현보다는 '하나님의 정하신 자'라는 간접적이며 완곡한 표현을 사용하고 있습니다.

7. 바울의 아덴 사역에 관한 사람들의 반응과 그 결과는 어떠했습니까?(32-34절)

그들이 죽은 자의 부활을 듣고 어떤 사람은 조롱도 하고 어떤 사람은 이 일에 대하여 네 말을 다시 듣겠다 하였습니다. 그럼에도 불구하고 몇 사람에게 복음이 전하여졌는데 그중에 아레오바고 관리 디오누시오와 다마리라 하는 여자와 또 다른 사람들도 있었습니다.

아덴 사람들이 복음을 받아들이는 데 있어서 방해가 된 것은 그들이 가진 지식이었습니다. 바울이 아덴에서 떠난 이유는 더 이상 쓸데없는 변론을 멈추고 계속되는 복음의 전파 사역에 충실하기 위해서였습니다. 아덴 사람들은 새로운 것을 듣기를 좋아할 뿐 그들이 가진 지식 때문에 복음 전파에 어떠한 결실도 맺기 힘들었던 것입니다. 우리는 이 아덴에서 복음의 씨앗이 결실을 맺기 위해서는 얼마나 좋은 밭이 준비되어져야 하는가를 다시 한번 살피게 됩니다.

묵 상

01 아덴을 바라본 바울의 마음에 관하여 나누어 봅시다.

02 아레오바고 설교에 대하여 나누어 봅시다.

03 아덴에서 전도하는 전도법의 차이는 전도법의 다양성의 이유를 설명해 줍니다. 내가 전도하는 사람에게는 어떠한 전도법이 필요하겠습니까?

되새김

베뢰아 사람들이 말씀에 대한 간절함이 있었던 반면에 아덴 사람들은 복음에 무지하고 다만 새로운 것에 대한 갈급함만이 있었습니다. 복음의 진리를 붙들지 못하고 다만 새로운 것만을 추구하는 저들 가운데 있는 것은 다만 우상의 가득함뿐입니다.

PART

20

바울의 제2차 전도여행 5
18장1~22절

Key Point

잠시 에베소에 머물기는 하지만 바울의 두 번째 전도여행은 마지막 주된 여정지는 고린도
입니다. 바울은 오랜 시간 고린도에 머물며 복음을 전하였습니다. 특별히 고린도에서 만
난 브리스길라와 아굴라는 또 다른 복음의 사역을 위한 준비가 되었습니다.

본문 이해

■ 사도행전 18장1-22절의 구조적 이해

　　행 18:1-4: 브리스길라와 아굴라와의 만남

　　행 18:5-11: 고린도 사역

　　행 18:12-17: 고린도에서의 유대인의 핍박

　　행 18:18-22: 안디옥으로의 복귀

1. 고린도 도시의 특징적인 면들을 알아봅시다.

　헬라의 중심 도시인 고린도는 부유한 상업 도시로서 쾌락적이며 부도덕함으로 잘 알려진 도시였습니다.

　1. 잡다한 인종과 민족의 집합 장소인 코스모폴리탄적 도시였습니다. 곧 세계적, 국제적 도시였습니다. 계급적으로도 여러 계층이 있었는데, 특히 주의할 것은 약 20만의 자유민에 대해 40만 이상의 노예가 고린도의 인구를 구성하고 있었습니다.

　2. 고린도는 상업도시였습니다. 따라서 이윤에 대한 사상이 발달하여 이기적 정신이 왕성하였습니다. 고대 희랍인의 자랑이었던 깊은 예술적 교양과 같은 것은 거의 그 자취를 찾아볼 수 없게 되고, 다만 헛되이 수사의 기교를 부리는 천박한 이기주의로 타락해 버렸던 것입니다.

247

3. 고린도는 향락의 도시였습니다. 그것은 올림픽 게임에 대항하여 행해진 이스트미안 게임(Isthmian Games)의 개최지이며 희랍의 도시 중 최초로 로마의 검사(劍士) 경기를 수입한 도시였습니다. 고린도를 지나가는 선객과 선원들은 경박하게 수치를 버리고 무책임하게 행동하였습니다. 아프로디테 신전에는 수많은 매춘부가 있었으므로 많은 사람이 이 때문에 고린도에 모였습니다. 이리하여 고린도는 음란한 도시로 널리 알려지게 되었습니다. 바울이 로마서 1장21-32절에서 부도덕, 불경건에 대해 신랄하게 비난한 것은, 그가 고린도 체류시에 쓴 것인데 아마 고린도 사회를 묘사한 것으로 보입니다. 고린도에서는 "이 세상의 음행하는 자들이나… 도무지 사귀지 말라 하는 것이 아니니 만일 그리 하려면 세상 밖으로 나가야 할 것이라"(고전 5:9,10)할 정도로 사회가 타락했던 것입니다.

2. 고린도에서 만나게 된 브리스길라와 아굴라에 관해서 실펴봅시다(2-4절).

브리스길라와 아굴라는 본래 로마에 살던 유대인이었습니다. 말씀은 당시의 로마로부터 유대인 추방에 관한 이야기를 전합니다. 글라우디오는 로마의 제4대 황제로서 그의 재위 9년 서기 약 49년경에 로마에서 유대인 추방령을 내렸습니다. 수에토니우스라는 역사가에 의하면 로마의 유대인 사회 내에서 '크레스투스'(Chrestus)라는 사람의 선동으로 유대인들이 계속해서 폭동을 일으켰기 때문이라고 전합니다.

마치 아구스도의 호적을 하라는 명령에 의해서 갈릴리 나사렛의 요셉과 마리아가 베들레헴에 이르러 아이를 낳은 바와 같이 하나님의 섭리와 역사 가운데 로마에 있었던 브리스길라와 아굴라는 고린도에 이르러 바울을 만나고 그의 사역을 돕게 되었습니다. 이는 참으로 하나님의 놀라운 은혜의 역사라 아니할 수 없으며 이는 단지 저 바울과 브리스길라와 아굴라 가정에 대한 말씀뿐만 아니라 오늘날 우리들의 만남 또한 하나님의 이 귀한 역사 가운데 있음을 우리는 한시도 잊지 말아야 할 것이며 하나님께서 우리의 만남을 통해서 행하시고자 하는 놀라운 섭리와 역사를 함께 이루어나갈 수 있는 우리들의 삶이 되어야 할 것입니다.

브리스길라와 아굴라가 로마로부터 추방되어 고린도에 왔을 때에 그들은 삶의 기반을 잃어버린 자들이었습니다. 그들은 고린도에서 새롭게 시작하여야 했습니다. 그러나 하나님께서는 이들로 바울을 만나게 하시고 바울에 의해서 약 1년 6개월간 신앙의 교육을 받으며 가장 소중하고 가치 있는 가정이 될 수 있었습니다. 뒤돌아 생각할 때에 이들이 로마로부터 추방을 받은 것은 참으로 하나님의 은혜라 아니할 수 없는 것이며 또한 하나님의 축복이 되는 것입니다.

브리스길라와 아굴라는 바울과 함께 고린도를 떠나 에베소에 이르렀으며 바울이 가이사랴와 안디옥으로 이르러 제2차 전도여행을 마칠 때에 브리스길라와 아굴라는 계속해서 에베소 사역을 감당하였습니다. 이것이 바로 브리스길라와 아굴라의 사명이기도 하였습니다. 바울은 제3차 전도여행 중 에베소에서 고린도전서를 고린도 교회에 보내었습니다. 이때에 브리스길라와 아굴라가 함께 있었음을 보여주고 있습니다.

"아시아의 교회들이 너희에게 문안하고 아굴라와 브리스가와 그 집에 있는 교회가 주 안에서 너희에게 간절히 문안하고"(고전 16:19)

아굴라와 브리스길라는 바울과 함께 고린도 사역을 했던 이들로서 고린도에 대한 각별한 사랑과 애정이 있었을 것입니다. 그러나 이제는 에베소에 이르러 에베소 교회를 세우는 사역을 감당하였습니다.

브리스길라와 아굴라가 바울과 함께 가이사랴와 안디옥에 이르지 않고 에베소에 계속 머문 것은 브리스길라와 아굴라가 위대한 성경교사인 알렉산드리아의 아볼로와의 만남의 이야기를 통해서 알 수 있습니다(행 18:26).

"너희는 그리스도 예수 안에서 나의 동역자들인 브리스가와 아굴라에게 문안하라"(롬 16:3)

브리스길라와 아굴라의 다음 행적은 로마서 16장 3절로 보아 잠시 로마에 거주하였다가 이후 다시 에베소로 돌아온 것으로 보입니다.

"브리스가와 아굴라와 및 오네시보로의 집에 문안하라"(딤후 4:19)

곧 이들은 로마를 떠나 고린도와 에베소로, 다시 로마로 갔다가 에베소로 돌아오게 되었습니다.

3. 실라와 디모데가 고린도에 있는 바울에게 합류하기 이전의 바울의 사역과 이후의 사역을 비교해서 살펴봅시다(5절).

디모데와 실라가 오기 전에 바울은 그의 생계를 위하여 파트타임으로 복음을 전하였습니다. 곧 그는 평일에는 장막 만드는 일을 했으며 안식일에는 하나님의 복음을 전하는 사역을 하였습니다. 그러나 실라와 디모데가 합류함으로 그는 온전히 하나님의 말씀에 붙잡혀 유대인들에게 예수는 그리스도라 밝히 증거하는 일에 매진하였습니다.

4. 고린도 사역에 대한 유대인들의 반응과 바울의 태도에 관해서 살펴봅시다(6절).

유대인들은 바울의 전도를 대적하며 훼방하였습니다. 이에 바울은 옷을 떨어 너희 피가 너희 머리로 돌아갈 것이요 나는 깨끗하니라 이후에는 이방인에게로 가리라 하였습니다.

5. 바울이 옮겨 유했던 곳과 그곳에서의 사역, 그 결과들에 관하여 살펴봅시다(7-8절).

바울은 유대인들의 대적과 훼방을 피해 하나님을 공경하는 회당 옆에 있는 디도 유스도라는 사람의 집에 거하였습니다. 회당장 그리스보가 온 집으로 더불어 주를 믿었으며 수다한 고린도 사람도 바울이 전한 복음을 듣고 믿어 세례를 받았습니다.

6. 유대인들의 대적 이후에 하나님께서 바울에게 보이신 환상은 어떠한 의미가 있습니까?(9-10절)

밤에 주께서 환상 가운데 바울에게 말씀하셨습니다.

"두려워하지 말며 침묵하지 말고 말하라 내가 너와 함께 있으매 어떤 사람도 너를 대적하여 해롭게 할 자가 없을 것이니 이는 이 성중에 내 백성이 많음이라"(9~10절)

이는 대적과 훼방으로 인해 두려워하며 또는 또 다른 곳에서 오히려 복음을 전하기 원하는 복음 전파자에게 담대할 것과 우리의 사역 이전에 하나님의 예비하심이 있음을 보여주시는 것입니다. 더욱이 복음 전파자는 복음 선파의 열정 이전에 이 땅의 사람들에 대한 아버지의 마음을 품어야 하겠습니다.

7. 바울은 고린도에서 얼마 동안 복음을 전하였습니까?(11절)

바울은 고린도에서 일 년 육 개월을 유하며 그들 가운데서 하나님의 말씀을 가르쳤습니다.

8. 갈리오가 아가야 총독되었을 때에 유대인들이 바울을 대적하던 죄목은 무엇이었습니까?(12-13절)

그들은 말하기를 바울이 율법을 어기면서 하나님을 경외하라고 사람들을 권하였다고 하였습니다.

9. 총독 갈리오는 이 사건에 대하여 어떠한 입장에 서게 됩니까?(14-16절)

갈리오는 부정한 일, 불량한 행동들에 대한 것이 아니라 종교적인 문제의 언어와 명칭에 관한 유대 종교법에 관한 것이면 스스로 처리하라고 방관적인 태도를 취하였습니다.

10. 갈리오의 바울 사건에 대한 태도와 소스데네 사건에 대한 태도로부터 우리는 어떠한 교훈을 얻을 수 있습니까?(14-17)

갈리오의 바울 사건에 대한 태도는 정당하며 공정한 듯 하지만 그러한 공정성에 대한 자신의 의지의 일관됨은 소스데네 사건을 대하는 그의 태도 속에서 거짓임이 드러나게 됩니다. 그는 분명하게 부정한 일이나 불량한 행동들에 대하여는 상관하겠다는 자기 결단을 보였으나 여기 무죄한 소스데네가 바로 재판 자리 앞에서 맞는 것을 보고 상관치 않음은 유대 종교에 대한 멸시와 그의 공직에 대한 태만이 함께 어울려진 혼돈이라 하겠습니다. 우리는 무죄한 자에 대한 정죄와 저들의 분노뿐만 아니라 여기에 무관심하며 방관하는 이 땅의 심판자까지도 마지막 날에 하나님의 심판대 앞에 함께 서 있게 됨을 보게 될 것입니다.

11. 바울이 제2차 전도여행을 마치며 안디옥으로 돌아오는 여정을 살펴봅시다(18-22절).

1) 겐그레아에서 바울은 어떠한 일을 했습니까?(18절)

바울은 일찍 서원함이 있었으므로 겐그레아에서 머리를 깎았습니다.

2) 에베소에서 바울의 사역을 살펴봅시다(19-22절).

바울은 에베소의 회당에서 복음을 전하였고 이에 대해 여러 사람이 더 오래 있기를 청하였으나 바울은 허락지 아니하였고 하나님의 뜻이면 너희에게 다시 돌아올 것을 약속하고 에베소를 떠나게 됩니다. 이는 앞으로 있을 에베소 사역에 대한 복선적 역할을 하는 가운데 여운을 남기고 있습니다. 바울은 에베소를 떠나 가이사랴에 상륙하여 올라가 교회의 안부를 물은 후에 안디옥에 내려갑니다. 이로써 기나긴 바울의 두 번째 전도여행을 마칩니다.

묵 상

01 바울과 브리스길라와 아굴라의 만남에 관하여 나누어 봅시다.

02 실라와 디모데가 고린도에서 합류함으로 바울이 얻은 유익은 무엇입니까?

03 고린도를 향한 하나님의 말씀에 관하여 나누어 봅시다.

되새김

아덴에 이어 고린도에서의 사역의 어려움에서 전도자의 상심한 마음을 봅니다. 그러나 우리는 단순히 하나님의 말씀을 전하는 자로서가 아니라 하나님의 마음을 품은 자로서의 전도자가 되어야 할 것입니다. 나는 어떠한 전도자입니까?

P A R T

21

바울의 제3차 전도여행 1
18장23~19장41절

Key Point

바울의 에베소 사역에는 성령에 대한 관심을 재확인시키며 예수의 능력을 빙자함에 관하여 그리고 마지막으로 경제적인 손실로 인한 소동의 이야기로 이루어져 있습니다. 이는 우리의 믿음이 어디에 근거되어야 하는가를 명백히 보여주는 일들이라 할 수 있습니다.

본문 이해

제2차 전도여행을 마친 후 바울은 잠시 후에 세 번째 전도 여행을 떠나게 됩니다. 곧 바울은 얼마 있다가 떠나 갈라디아와 브루기아 땅을 차례로 다니며 모든 제자를 굳건하게 하였습니다. 바울의 제2차 전도여행에는 여러 여정지에 대한 일화가 많았음에 비해 바울의 제3차 전도여행에는 에베소 사역을 중심으로 전합니다.

■ 사도행전 18장23-19장41절의 구조적 이해

　　행 18:23: 제3차 전도여행의 출발

　　행 18:24-28: 아볼로의 사역

　　행 19:1-7: 바울과 에베소의 12명의 제자

　　행 19:8-10: 두란노 서원

　　행 19:11-20: 스게와의 일곱 아들

　　행 19:21-41: 데메드리오 소동

1. 아볼로의 사역을 살펴봅시다(23-28절).

　1) 바울의 제3차 전도여행의 목적은 무엇이었습니까?(23절)

바울은 2차 전도여행의 목적과 마찬가지로 이미 전도한 갈라디아와 브루기아 땅을 차례로 다니며 모든 제자를 굳게 하기 위하여 세 번째 전도여행을 떠났습니다.

2) 아볼로에 관해서 살펴봅시다. 아볼로에게 부족했던 점은 무엇이었습니까?(25)

알렉산드리아[8]에서 난 아볼로는 학문이 많고 성경에 능한 자입니다. 그는 일찍 주의 도를 배워 열심히 예수에 관한 것을 자세히 말하며 가르치나 요한의 세례만 알 따름이었습니다. 곧 그는 성령세례에 관해서는 알지 못하였습니다.

아볼로의 출생지 알렉산드리아가 오늘날 우리들에게까지 의미 있는 것은 주전 250년경에 구약성경을 희랍어로 번역한 70인역이 알렉산드리아에서 이루어졌기 때문입니다. 아볼로의 출신 자체가 그를 대변하기도 합니다. 루스드라에서 난 디모데와 견줄 수 있는 바가 아닙니다. 고린도 출신과 알렉산드리아 출신은 벌써 격이 다른 것입니다. 바로 아볼로는 이와 같이 알렉산드리아 출신입니다.

---

8) 알렉산드리아는 로마 아테네와 함께 당대 3대 도시로 손꼽히는 곳입니다. 알렉산더 대왕이 20세에 마게도니아의 왕위에 오르고 24세에(주전 332년) 이집트를 정복하고 지중해 해안에 거대한 항구도시를 건설하고 자기 이름을 따서 알렉산드리아라고 부릅니다. 알렉산더 대왕 이후에 이집트의 통치자가 된 알렉산더 대왕의 휘하 장군인 토레미는 알렉산드리아를 이집트의 수도로 삼았고 약 950년간 이집트의 중심 도시이자 이집트와 유럽 세계를 이어주는 국제 도시가 되었습니다. 자세한 역사의 이야기는 모르더라도 우리가 알 만한 이름이 되는 클레오파트라가 바로 토레미부터 시작되는 톨레마이 왕조의 마지막 여왕입니다. 클레오파트라가 율리우스 카이사르를 유혹하고 카이사르가 암살당한 후 마르쿠스 안토니우스 장군과 염분을 뿌리는데 이 모든 것이 알렉산드리아에서 이루어졌습니다. 클레오파트라에게 정신을 빼앗긴 안토니우스 장군이 로마의 초대 황제가 되는 옥타비아누스 장군에게 패배하고 자결하고 클레오파트라가 스스로 목숨을 끊음으로 비극적으로 톨레마이 왕조는 막을 내리나 로마 제국 아래에서도 알렉산드리아는 로마에 이어 제2의 도시로서 명성을 이어가게 됩니다. 알렉산드리아의 쇠퇴는 620년 이슬람교도인 아랍인들이 이집트를 정복한 후 이집트의 중심무대는 카이로로 옮겨가게 됩니다.

아볼로는 후에 고린도로 넘어가 그곳에서 엄청난 영향력을 행사하였음을 고린도 교회의 분파 속에서도 살펴볼 수 있습니다. 고린도 교회에 바울파와 아볼로파와 게바파 그리스도파가 나뉘어 분쟁하였다는 것은 한편으로 아볼로의 영향력을 가이 짐작할 수 있는 것입니다.

3) 본문에 나오는 아볼로와 브리스길라, 아굴라의 성품으로부터 우리는 무엇을 배울 수 있습니까?(26절)

아볼로:

그는 겸손하여 많은 지식이 있음에도 불구하고 자신에게 부족한 점이 있음을 인정하고 더욱 배우려고 하였습니다.

브리스길라, 아굴라:

그들은 아볼로의 부족한 점에 관해서 바라볼 수 있는 눈이 있었으며 또한 아볼로가 더 많은 지식이 있었으므로 그에게 가르친다는 것은 적지 않은 부담감임에도 불구하고 담대하게 그들이 아는 하나님의 도를 자세히 풀어 설명해 주었습니다.

4) 아가야에서의 아볼로의 사역은 어떠했습니까?(27-28절)

에베소의 형제들은 아가야의 제자들에게 편지하여 아볼로를 영접하라 장려하였고 아볼로로 말미암아 믿은 자들에게 많은 유익을 주었습니다. 그는 성경으로써 예수는 그리스도라고 증거하여 공중 앞에서 유력하게 유대인의 말을 이기었습니다.

2. 바울의 에베소 사역에 관해서 살펴봅시다(19장1-22절).

에베소는 소아시아의 문턱에 자리한 소아시아 최대의 상업도시였습니다. 이 도시는 로마에서 동방에 이르는 주요 통로 상에 세워져 있었기 때문에 아시아 지방의 수도로서의 면모를 가진 도시였습니다. 마게도니아에서 소아시아 사이의 대양이 에게해입니다. 에게해에서 에베소 항구에 도착하면 대리석으로 포장된 대로가 웅장하게 펼쳐집니다. 폭이 21m 길이가 550m가 되는 길 양편에는 고린도 양식의 돌기둥이 줄지어 서 있습니다. 오늘날 가로등과는 비교도 되지 않는 것입니다. 그에 비하면 오늘날 가로등은 얼마나 초라합니까? 밤에는 가로의 횃불이 휘황하여 대낮 같습니다. 이 길은 야외 원형극장으로 이어집니다. 2만명 이상의 관객을 수용하는 반원형 로마식 야외극장입니다. 극장의 오른편에는 동서남북의 길이가 각각 100m 이상 되는 정방형 석조 구조물로 된 시장지역입니다. 국제적인 상업 도시의 면모를 잘 보여주는 것입니다.

1) 바울이 에베소에서 만난 12명의 제자들에게 부족했던 점은 무엇이었습니까?(19장1-7절)

바울이 에베소에 당도했을 때 어느 일단의 제자들과 만나게 되었습니다. 여기서 제자들이라고 한 사람들은 '예수의 그리스도이심을 믿는 자들'이었습니다. 이들은 예수 그리스도를 믿음에도 불구하고 아직 올바른 신앙을 가진 것이 아니었고 교리적으로도 많이 부족한 면이 있었습니다.

바울은 그들을 만나 '너희가 믿을 때에 성령을 받았으냐'고 물었습니다. 이 물음에 대한 그들의 대답은 놀랄 만한 말이 아닐 수 없었습니다. 왜냐하면 '우리는 성령이 있음도 듣지 못하였노라'고 말했기 때문입니다.

어떤 제자들이라고 불린 이들은 아마도 세례 요한의 제자들이었을 가능성이 큽니다. '너희가 무슨 세례를 받았느냐'는 물음에 '요한의 세례로라'라고 한 답변에서 알 수 있습니다. 요한의 제자들은 자기 선생을 순교하는 그 순간까지도 따랐습니다(요 1:35-42).

이들 중 몇몇 제자들은 예루살렘을 떠난 사람들도 있었을 것이기 때문에 그들은 예루살렘에서 예수가 당하신 고난이나 부활이나 오순절 사건과 같은 결정적인 복음의 핵심적인 사건들을 경험할 수 없었기 때문에 예수가 메시야이심을 증거할 수는 있었지만 더 자세한 구원의 도리에 대해서는 모르고 있었던 것입니다. 그들은 성령의 체험이 전혀 없었고 성령의 사역도 깨닫지 못하고 있었습니다. 성령에 관한 사건과 지식은 오순절을 통해서 나타났으며 예루살렘 교회를 통해서 불같이 일어난 것입니다. 그러므로 그들은 성령의 있음도 듣지 못한 것입니다. 바울이 제자들에게 안수하였을 때 성령이 그들에게 임하시므로 방언도 하고 예언도 하였습니다.

2) 바울이 에베소 회당에서 3개월 동안 강론한 사역에 대한 사람들의

반응은 어떠했습니까?(8-9절)

어떤 사람들은 마음이 굳어 순종치 않고 무리 앞에서 이 도를 비방하였습니다.

3) 바울의 두란노 서원에서 사역한 방법과 그 결과는 어떠했습니까?(9-10절)

바울은 비방하는 무리들을 떠나 제자들을 따로 세우고 두란노 서원에서 날마다 강론하였습니다. 이같이 두 해 동안 아시아에 사는 자는 유대인이나 헬라인이나 다 주의 말씀을 듣게 되었습니다.

4) 바울의 놀라운 능력에 대해 사람들이 빠지기 쉬운 오류는 무엇입니까?(11-16절)

이는 마치 하나님의 능력이 마치 사람의 손에 있는 것인 양 생각하기 쉽습니다. 하나님께서 사람을 통해서 일하심에도 불구하고 사람에게 그러한 능력이 있음을 오해할 수 있는 것입니다. 이에 돌아다니며 마술하는 어떤 유대인들은 시험적으로 악귀 들린 자들에게 주 예수의 이름을 불러 마치 예수의 이름이 주문이나 되는 양 사용하려 하였습니다. 유대의 한 제사장 스게와의 일곱 아들도 이러한 일을 행할 때에 악귀가 대답하여 '내가 예수도 알고 바울도 알거니와 너희는 누구냐'하며 악귀 들린 사람이 그들에게 뛰어올라 눌러 이겨 그들이 상하여 벗은 몸으로 그 집으로 도망하는 일이 일어나기도 하였습니다.

5) 스게와의 일곱 아들들의 사건은 어떠한 결과를 가지고 왔습니까?(17-20절)

유대인과 헬라인들(17절):
두려워하며 주 예수의 이름을 높였습니다.

믿은 사람들(18절):
자복하여 행한 일을 고하였습니다.

마술을 행하는 많은 사람들(19절):
그 책을 모아 가지고 와서 모든 사람 앞에서 불사르니 그 책 값을 계산하니 은 오만이나 되었습니다. 이와 같이 주의 말씀이 힘이 있어 흥왕하여 세력을 얻었습니다.

6) 이후에 바울의 계획에 관해서 살펴봅시다(21-22절).
바울은 마게도냐와 아가야로 거쳐 예루살렘에 가기로 작정하고 후에는 로마도 보려 하였습니다. 바울은 자기를 돕는 사람 중에서 디모데와 에라스도 두 사람을 마게도냐로 보내고 자기는 아시아에 얼마 동안 더 있었습니다.

3. 데메드리오의 소동에 관하여 살펴봅시다(23-41절).
1) 데메드리오의 소동의 원인은 무엇입니까?(24-26절)

은으로 아데미의 신상 모형을 만드는 은장색 데메드리오는 바울의 전도로 말미암아 입게 된 경제적인 손실로 말미암아 그 직공들과 이러한 영업에 종사하는 자들을 선동하였습니다.

2) 데메드리오가 무리들을 선동함을 살펴봅시다(27-31절).

데메드리오는 직공들과 그러한 영업하는 자들에게 바울로 말미암아 그들의 영업이 천하여질 위험이 있을 뿐 아니라 큰 여신 아데미의 신전도 무시당하게 되고 온 아시아와 천하가 위하는 그의 위엄도 떨어질까 하노라며 그들을 선동하였습니다. 이 소동에 그들은 바울과 같이 다니는 '마게도냐 사람 가이오'9)와 '아리스다고'10)를 붙들어 일제히 연극장

---

9) 당시의 행정구역으로 마게도냐는 성경의 빌립보, 데살로니가, 베뢰아 지역을 의미하며, 아가야는 고린도, 아덴 지역입니다. 그러므로 우리가 고린도의 가이오는 보다 자세한 언급임에 반해, 마게도냐의 가이오는 보다 넓은 의미에서 전해진다는 것을 알 수 있습니다. 여기에 가이오는 고린노의 가이오, 마게도냐의 가이오, 더베의 가이오 중 두 번째 가이오, 마게도냐의 가이오로 성경에서 이 마게도냐의 가이오에 관련된 구절은 바울의 제3차 여행 에베소 사역에서 데메드리오의 소동과 관련되어 전합니다.

10) 아리스다고는 데살로니가의 마게도냐 사람이며, 유대교로부터의 회심자입니다. 그가 데살로니가 사람이라 함은 바울의 제2차 전도여행, 데살로니가에서 그와 동행한 것으로 보이기 때문입니다. 바울과 같이 에베소에 가서 거기서 데메드리오의 소동을 만나 체포되었습니다(행 19:29). 그는 바울의 제3차 전도여행의 마지막에 드로아에서 다시 그의 동행자가 되었습니다(행 20:4). 바울이 아구사도대라는 경찰군에 호송되어 배로 로마로 갈 때도 동승(同乘)했으며(행 27:2), 골로새서 4장 10절에서 바울은 자기와 함께 갇혔다고 했고, 또 빌레몬서 1장 23절에는 아리스다고와 에바브라가 예수 안에서 함께 갇힌 자가 되었다고 했습니다. 어떤 학자는 이 표현법을 정신적 유수(幽囚)를 말하는 것이 아니고, 사도행전 19:29에 기록되어 있는 소요 때문에 단기간 투옥되었던가, 혹은 아리스다고와 에바브로가 자진하여 바울과 같이 옥중생활을 했다는 것을 가리킬 것이라고 하며, 또 어떤 학자는 아리스다고가 바울이 로마 옥에 있을 동안 내내 그를 수종 들었다고 하며, 누가와 그가 죄수로 로마에 가는 바울과 동행했으므로 바울의 받은 위로가 컸을 것이라고도 말합니다.

으로 달려 들어가 그곳에서 집회를 열었습니다.

바울은 이에 자신이 직접 그곳으로 들어가고자 하였으나 바울 주변에 있는 지혜로운 사람들이 그를 잘 보좌하였습니다. 곧 제자들이 바울을 말리고 아시아 관리 중에 바울의 친구 된 어떤 이들이 통지하여 연극장에 들어가지 말라 권하였습니다.

3) 데메드리오의 선동으로 인한 소동으로 모인 온 성의 무리들은 어떠한 특징이 있습니까?(32절)

온 성의 무리는 통제되지 않는 분노 속에 있었으며 그들은 일치하지 못하였고 왜 모였는지 스스로 알지 못하였습니다.

4) 유대인들이 알렉산더를 세운 이유는 무엇입니까? 그리고 그 결과는 어떠했습니까?(33-34절)

유대인들은 이 소동에 대하여 자신들과는 상관이 없음을 알렉산더를 통해 변호받기를 원했습니다. 그러나 유대인들도 그들의 여신에 관하여 인정치 아니했기에 반유대적 감정이 군중의 심리를 더욱 격분케 하였습니다. 군중들은 반기독교적이며 또한 반유대적이었습니다.

5) 서기장은 사람들을 어떻게 진정시키고 흩어지게 하였습니까?(35-41절)

서기장은 무리를 진정시키고 이르기를 에베소 사람들아 에베소 시가 큰 아데미와 제우스에게서 내려온 우상의 신전지기가 된 줄을 누가 알지 못하겠느냐 이 일이 그렇지 않다 할 수 없으니 무엇이든지 경솔히 아니하여야 하리라고 하였습니다. 사람들을 안심시킨 서기장은 그들이 신전의 물건을 도둑질하지도 아니하였고 자신들의 여신을 비방하지도 아니하였음을 상기시켰습니다. 따라서 만일 데메드리오와 그와 함께 있는 직공들이 누구에게 고발할 것이 있으면 합법적인 절차를 밟아야 할 것임을, 그렇지 않는다면 그들의 집회는 폭동으로 인해 로마 정부로부터 제재당하게 될 것을 말하였습니다.

일촉즉발의 위기의 순간임에도 불구하고 이전의 데살로니가 소동이 잘 마무리가 되었듯이 데메드리오 소동 또한 그러함을 알 수 있습니다. 이는 참으로 하나님의 크신 은혜라 아니할 수 없는 것입니다. 하나님께서는 때로는 이처럼 세상 법정의 도움을 통해서 그의 믿음의 사람들을 보호하여 주시나 우리는 이 또한 하나님의 은혜임을 직시하여야 할 것입니다.

6) 데메드리오 사건에서 보이는 이방 종교에 대한 선교의 어려움에 대해서 이야기해 봅시다.
복음의 전파에 있어 이방 종교에 대한 직접적인 공격과 부딪침은 문제를 일으킬 소지가 많이 있습니다. 그러므로 이방 종교에 있어서는 복음을 전하되 간접적인 방법으로 복음을 전하는 지혜로움이 있어야 하겠습니다.

묵 상

01 아볼로와 브리스길라와 아굴라의 만남이 주는 교훈에 관하여 나누어 봅시다.

02 두란노 서원이 주는 교훈에 관하여 나누어 봅시다.

03 데메드리오 사건이 주는 교훈에 관하여 나누어 봅시다.

되새김

성령으로 말미암지 않고 지식으로, 이름뿐만, 허울로, 어떠한 경제적 가치에 대한 손실 없이 신앙 생활함은 얼마나 우리의 신앙생활이 참된 믿음에서 벗어났는가를 살필 수 있는 것입니다. 나의 신앙생활을 정직하게 점검하여 봅시다. 신앙에도 정기적인 점검이 필요한 것입니다.

PART

22

바울의 제3차 전도여행 2
20장1~21장16절

Key Point

바울의 제3차 전도여행의 대부분의 시간은 아시아의 에베소에서 이루어지며 이후로는 2
차 전도여행지를 다시 한번 돌아보는 여정이었습니다. 이번 과에서는 에베소를 떠난 바
울의 마게도냐와 헬라, 드로아, 밀레도, 두로, 가이사랴를 거쳐 예루살렘까지의 긴 여정
을 전합니다.

본문 이해

바울은 오순절 때까지 아시아에 더 머물러 있고자 하였습니다. 그러한 그의 의도는 이번에도 다시 변경되었습니다. 데메드리오 소동은 바울로 하여금 이제 에베소를 떠날 시점이 되었음을 가르쳐 주었으며 그는 제자들을 불러 그의 사역을 마무리하였습니다. 제3차 전도여행은 에베소 사역을 중심으로 하며 이후의 여정은 잠시 마게도냐와 헬라를 거쳐 복귀하는 여정을 전합니다. 바울의 주된 복귀 여정은 드로아-밀레도-두로-가이사랴-예루살렘으로 이어집니다.

■ 사도행전 20장1-21장16절의 구조적 이해

　　행 20:1-6: 마게도냐와 헬라 사역

　　행 20:7-12: 드로아 사역

　　행 20:13-16: 드로아에서 밀레도의 여정

　　행 20:17-38: 밀레도에서 바울의 고별 설교

　　행 21:1-6: 두로 사역

　　행 21:7-14: 가이사랴 사역

　　행 21:15-16: 예루살렘으로 올라감

1. 바울의 마게도냐와 헬라 사역에 관하여 살펴봅시다(1-5절).

　1) 바울이 에베소를 떠남은 무슨 이유에서였습니까?(1절)

우리는 문제를 일으키는 자를 무조건적으로 비방해서는 안될 것이며 오히려 진리에 대한 바른 판결 능력을 가져야 하겠습니다. 바울은 소요를 겪은 후 자신의 존재가 에베소에서 개인적인 위협과 교회적인 위협을 판단하고 마게도냐로 떠나게 됩니다. 그는 자신에 대한 위협보다는 교회적인 위협을 먼저 두고 합리적으로 행하였습니다.

2) 바울은 마게도냐를 거쳐 헬라에 이르러 얼마 동안 머물렀습니까?(3절)

바울은 마게도냐 그 지방을 다녀가며 여러 말로 제자들에게 권하고 헬라에 이르러 거기 석 달 동안 있었습니다.

3) 바울이 배 타고 헬라에서 수리아로 가고자 하나 마게도냐를 돌아가기로 작정한 이유는 무엇입니까?(3절)

유대인들의 바울을 해하려는 공모가 있었으므로

4) 바울의 일행에 대해서 살펴봅시다(4절).

아시아까지 함께 가는 자는

베뢰아 사람 부로의 아들 소바너[11]

---

11) 베뢰아의 한 사람이 소개됨은 얼마나 감사합니까? 그는 베뢰아 사람일 뿐만 아니라 베뢰아를 대표해서 우리들에게 소개되는 사람입니다. 데살로니가보다 더 신사적이었던 베뢰아, 주의 말씀을 들을 때에 정말 그러한가 상고하였던 베뢰아 사람을 우리는 기억하여야 하며 베뢰아와 함께 베뢰아 사람 부로의 아들 소바더를 기억합니다. 그는 로마서 16장 21절의 소시바더와 동일 인물로 여겨집니다. 곧 누기

데살로니가 사람 아리스다고와 세군도
더베 사람 가이오[12]와 및 디모데
아시아 사람 두기고[13]와 드로비모[14]입니다.

우리는 이들이 여러 문화 속에 있었던 다양한 사람들이라는 것을 볼
수 있습니다. 바클레이는 그의 주석에서 4절에 기록된 사람들은 예루
살렘을 위하여 각 교회들로부터 연보를 거두는 책임을 맡은 여러 교회
들의 대표자들임을 언급합니다. 우리는 바울이 그의 일에서 조직력이
뛰어난 사람이며 지도자들을 알아보고, 인정하고 훈련시키는데 유능하

오, 야손과 더불어 바울의 친척 신자 중의 한 사람이 됩니다.

12) 더베의 가이오는 바울의 마지막 선교 여행, 제3차 전도여행에서 그리스로부터 마게도냐를 지나 드
로아까지 동행하였습니다. 4세기 경의 사도적 관행(Apostolical Constitutions, vii. 46.9)에 보면 이
세 번째 가이오가 나중에 요한 사도에 의해서 버가모의 첫 감독으로 임명된 것으로 보아 이 가이오가 요
한 삼서의 수신자인 것으로 보입니다.

13) 바울은 두기고를 주님의 충성스러운 일꾼으로 생각하고, 에베소나 골로새 사람에게 편지를 전하게
했습니다. 곧 에베소서와 골로새서는 이 두기고를 통해서 전달된 것입니다(엡 6:41, 골 4:7). 그리고 그
로 하여금 바울의 옥중 사정을 이들과 제자들에게 전하게 하였습니다. 바울은 두기고를 개인적으로 사
랑하는 믿음의 형제요, 직무상으로는 바울의 충실한 동역자로, 전도의 일을 돕고, 그리스도에 대해서는
바울과 함께 종인 점을 들어 높이 평가하고 있습니다. 바울은 또 그레데에 있는 디도에게도 두기고를 사
자로 보내려고 했습니다(엡 6:21,골 4:7,딤후 4:12, 딛 3:12).

14) 그는 두기고와 더불어 아시아 지방 여러 교회를 대표하여 예루살렘 교회에 이방인들이 보내는 헌
물을 가지고 왔습니다. 그가 이방인이었다는 것은, 바울이 그를 성전 안에 데리고 들어왔다는 혐의 때
문에 소동을 일으켰던 것으로 분명히 증명됩니다(행 21:29). 당시 이방인이 성전에 들어가는 것은 사
형으로써 금하고 있었습니다. 드로비모가 병들어 밀레도에 남겨 두었다는 것이 그에 대한 마지막 기사
입니다(딤후 4:20).

였음을 알 수 있습니다. 바울이 빌립보에 도착하였을 때에는 '우리'라고 말씀하고 바울이 빌립보를 떠날 때에는 '그들이'라고 말씀하였으나 (행 17:1) 다시 '우리'라는 말씀이 등장합니다. '우리'는 곧 바울과 누가 자신을 의미하는 말입니다. 바울은 빌립보에서 누가를 택했고 그들은 무교절 후에 그곳을 떠나 닷새 만에 드로아에 이르러 이레를 머물렀습니다.

바울의 일행은 무교절 후에 빌립보에서 배로 떠나 닷새 만에 드로아에 도착하여 앞선 제자들과 합류하게 됩니다. 왜 성령님께서는 이전에는 이틀밖에 걸리지 않았던 거리를 이때는 닷새가 걸리게 하셨을까요? 그것은 성령님께서 우리들을 다루시는 다양한 방법 중의 하나입니다. 더 나아가 우리들에게 교훈하시는 것은 이 일상의 항해를 통해서 앞선 항해가 얼마나 하나님의 큰 은혜였는가를 깨닫게 하시는 것입니다. 때로는 거친 항해를 통해서 앞선 항해가 얼마나 큰 은혜였는가를 알게 하십니다. 우리는 일상의 삶 가운데 얼마나 큰 하나님의 은혜를 입고 있습니까? 우리는 이러한 하나님의 은혜를 삶 속에 망각하고 살아가는 것입니다.

바울의 계획 변경
바울은 제2차 전도여행에 아시아에 복음을 전하고자 하나 성령의 막음으로 무시아까지 이름.

바울은 무시아에서 비두니아로 가고자 하나 성령이 막아 드로아까지 이름.

드로아에서 바울은 성령의 인도하심을 따라 마게도냐로 향하게 됨.

바울은 제3차 전도여행 중 에베소에서 오순절까지 머물고자 하나 데메드리오 소동 후에 에베소를 떠나게 됨.

바울은 제3차 전도여행 중 헬라에서 석 달 후에 배 타고 수리아 안디옥으로 떠나고자 하나 유대인들이 바울을 죽이고자 하는 공모로 인하여 마게도냐를 거쳐 돌아가기로 작정함.

우리는 우리가 하고자 하는 일들이 잘되지 않는다고 하여서 크게 낙망할 필요가 없습니다. 오히려 우리들의 계획대로 잘 진행되지 않는 것은 나의 삶의 주인이 내가 아닌 주님이신 것을 잘 나타내는 것입니다. 다만 우리는 주님의 뜻을 구하며 그분을 위한 삶을 살아가고 있는지 우리 자신을 정직하게 끊임없이 살필 수 있다면 그것으로 아름다운 것이 되는 것입니다.

2. 드로아에서의 사역에 관하여 살펴봅시다(7-12절).

1) 초대교회의 사람들이 모인 날은 언제입니까? 그 이유는 무엇입니까?(7절)

안식 후 첫날에 주님의 부활을 기념하기 위해서 모였으며 이날은 초대교회 이후의 예배의 날이 되었습니다.

2) 드로아에서 유두고에 관한 사건을 살펴보고 그 일로 통한 유익은 무엇인지 말하여 봅시다(7-12절)

드로아에서 바울의 사역은 밤늦게까지 계속되었습니다. 그들은 윗다락에 많은 등불을 켜고 밤늦도록 바울의 강의를 들었습니다. 이때 유두고라 하는 청년이 많은 무리들로 인하여 창에 걸터앉았다가 깊이 졸다가 바울이 강론하기를 더 오래 하니 졸음을 이기지 못하여 삼층누에서 떨어져 죽게 되었습니다. 먼저 말씀 속에서 유두고를 책망하지 않음은 섣부른 정죄에 대하서 믿음의 사람들로 경계케 합니다. 다음으로 죽은 유두고에 대한 적지 않은 소란이 분명히 있었음에도 불구하고 바울이 내려가 그 위에 엎드려 그 몸을 안고 말하기를 떠들지 말라 하며 생명이 저에게 있다 하였습니다. 그에 대한 권위에 관하여 하나님의 사람에 대한 믿음으로 말미암아 저들의 소란은 누그러질 수 있었지만 한 생명에 대한 관심과 염려는 그들의 마음속에 여전히 자리 잡았습니다. 바울은 올라가 떡을 떼어먹고 다시 오래 동안 곧 날이 새기까지 이야기하고 떠났습니다. 이 이야기의 마지막은 사람들이 살아난 아이를 데리고 와서 위로를 적지 않게 받았다고 하며 끝이 나고 있습니다. 곧 유두고의 다시 삶은 한 생명의 단순한 회복의 의미를 넘어 저들이 가진 믿음을 굳게 하는 증표가 되었습니다.

3. 밀레도 사역에 관하여 살펴봅시다(13-38절).

1) 바울은 드로아에서 앗소까지 약 32km를 도보로 이동합니까? 바울이 홀로 이러한 시간을 가진 이유에 관해서 생각해 봅시다(13절).

이에 관해서는 몇 가지 추측이 가능합니다. 첫째, 노중에 인근 교우들을 심방하기 위함입니다. 둘째, 배 타는 것에 대한 괴로움 때문입니다. 더욱 구체적으로 바울은 하나님과 개인적인 시간을 갖기 원했다. 셋째, 홀로 여행하고 싶어서입니다. 넷째, 유대인의 음모 때문입니다. 이러한 여러 가지 견해 중에 우리는 바울이 많은 사역에도 불구하고 하나님과 개인적인 시간을 갖고자 하는 노력들에 대하여 깊이 있게 묵상하여야 하겠습니다.

2) 바울이 오순절 안에 예루살렘에 도착하고자 했던 이유를 생각해 봅시다(16절).

바울이 오순절 안에 예루살렘에 도착하고자 했던 것은 단순히 절기를 지키기 위함이 아니라 오순절에 많은 사람들이 예루살렘에 모이므로 이를 전도의 기회로 삼기 위함이었습니다.

3) 밀레도에서 에베소 장로들을 부른 바울이 장로들에게 행한 말을 자세히 살펴봅시다(17-35절).

사도행전 본문 중 특별히 긴 본문의 내용 가운데 한 말씀이 바로 바울의 고별 설교입니다. 만일 사도행전의 분량을 짧게 하려 했으면 단순히 바울이 밀레도에서 장로들과 작별하였다고만 처리하여도 될 것을 그 세부적인 내용을 이렇게 자세히 전함은 더욱더 이 본문에 주목하게 하는 것이며 다른 이야기들이 많음에도 불구하고 이 이야기를 선별하여 우리들에게 전함은 또한 우리들로 하여금 주목하게 하는 것입니다.

바울의 고별 설교는 크게 세 부분으로 나누어집니다. 17-21절은 에베소에서의 바울의 사역을 전하며, 22-24절은 예루살렘으로 가고자 하는 바울의 계획을 전하며, 25-35절은 미래 교회에 대한 권면과 경각심을 전하고 있습니다.

바울이 에베소에서 행한 수고에 관하여:
18-21절 참고

바울 자신의 상황에 관하여:
22-25절 참고

에베소 교회에 대한 책임에 관하여:
26-28절 참고

교회 앞에 닥칠 환난들에 관하여:
29-30절 참고

에베소 교회에 대한 위탁에 관하여:

31-35절 참고

4) 바울과 장로들이 이별을 앞두고 기도하는 장면을 우리들의 마음에 그려봅시다(36-38절).

4. 두로 사역에 관하여 살펴봅시다(21장1-6절).

1) 두로에서 제자들이 성령의 감동 안에서 바울에게 예루살렘에 가지 말라는 말은 성령의 감동과 인도하심에 관해서 무엇을 보여 줍니까?(4절)

성령님께서 바울이 결박과 환난을 당한다는 이야기는 제자들 이전에 이미 바울에게 증거하신 바입니다(행 20:23). 그리고 이제 제자들에게 성령의 감동 아래 다시 말씀하심은 이 증거가 확실함을 이야기하며 더욱 그 마음을 굳게 하기 위함입니다. 그러나 제자들은 이러한 깊은 성령님의 의도보다는 바울이 예루살렘으로 가는 것을 제지하고 있습니다. 따라서 우리는 성령의 깊은 인도하심을 미리 바라볼 수 있어야 할 뿐만 아니라 그 깊은 의도에 관해서 분별하고 이를 잘 견디어 내고 해낼 수 있도록 용기를 달라고 기도하여야 할 것입니다.

2) 바울과 제자들의 이별을 앞두고 바닷가에서 무릎을 꿇고 기도하는 장면을 우리 마음에 그려 봅시다(5-6절).

5-6절 참고

5. 가이사랴 사역에 관하여 살펴봅시다(7-16절).

　1) 빌립의 가정에 관하여 이야기해 봅시다(8-9절).

　빌립은 초대교회 일곱 집사 중의 한 사람으로 이미 살펴본 바와 같이 사마리아에서와 에디오피아 내시에게 복음을 전한 바 있는 성령이 충만한 사람이었으며 빌립의 네 딸들은 모두 처녀로 예언하는 자들로서 이 가정은 특별한 믿음의 가정이었습니다.

　2) 아가보를 통해 다시 한번 바울의 결박에 관한 예언에 대하여 바울의 일행과 빌립의 가족들이 권했던 것은 무엇입니까?(10-12절)

　아가보의 예언으로 예루살렘에서의 결박이 더욱 확실해진 가운데 바울의 일행과 빌립의 가족들은 다시 한번 바울에게 예루살렘으로 올라가지 말라 권하였습니다.

　3) 바울의 결단에 관해서 살펴봅시다(13절).

　바울은 예루살렘에서의 결박에 대한 성령님의 인도하심에 관하여 20장 24절에서 밝히 말하기를 "나의 달려갈 길과 주 예수께 받은 사명 곧 하나님의 은혜의 복음을 증거하는 일을 마치려 함에는 나의 생명을 조금도 귀한 것으로 여기지 아니하노라"라고 말하였으며 이제 다시 한번 21장13절에서 예루살렘에서 죽을 각오도 하였다고 고백하고 있습니다.

　4) 바울의 일행이 예루살렘으로 올라감에 관하여 살펴봅시다(15-16절).

여러 날 후에 여장을 꾸려 예루살렘으로 올라갈 때 가이사랴의 몇 제자가 함께 가며, 한 오랜 제자 구브로 사람 나손을 데리고 가니 이는 그의 집에 머물기 위함이었습니다.

묵상

01 바울이 마게도냐와 헬라까지의 여정을 계획한 이유는 무엇입니까? 바울의
   계획이 변경된 예들과 그 교훈에 관하여 나누어 봅시다.

02 드로아에서 밤샌 사역 이후에 피곤한 몸에도 불구하고 바울이 갖고자 했던
   것은 무엇이었습니까?

03 밀레도에서 에베소 장로들과 나누었던 대화를 살피며 나의 사역과 나의 동
   역자에 관하여 생각하여 봅시다.

되새김

바울의 만족은 사역에 있지 않았습니다. 그의 만족은 사역 이후에 있었던 하나
님과의 동행함에 있었습니다. 그는 자신의 환난에 대한 일들에도 불구하고 하나
님의 은혜의 복음 증거하는 일을 마치려 함에는 자신의 생명을 조금도 귀한 것
으로 여기지 않았습니다. 나의 만족, 나의 두려움, 나의 삶의 참된 의미는 어디
에 있습니까?

PART

23

예루살렘에서의 결박
21장17~22장29절

Key Point

세 번째 전도여행을 마친 바울은 마침내 예루살렘에 이르렀습니다. 바울은 예언된 말씀을 따라 예루살렘에서 결박되게 됩니다. 그러나 이러한 환난에는 특별한 뜻과 섭리가 있음을 알게 될 것입니다.

본문 이해

21장17-18절 이후 27장까지는 '우리'라는 단어가 더 이상 나오지 않습니다. 누가는 종종 그가 같이 있었을 때 일어난 사건들에 대해 좀 더 역사적으로 상세히 기록하였습니다.

■ 사도행전 21장17-22장29절의 구조적 이해

행 21:17-26: 바울의 예루살렘 방문과 전도여행 성과보고

행 21:27-39: 바울의 체포

행 21:40-22:29: 유대인 앞에서 바울의 변증

1. 바울은 예루살렘에 방문하여 전도여행의 성과를 보고하였습니다(17-26절).

1) 바울이 예루살렘에서 야고보와 장로들에게 문안하고 이방에서 있었던 일들을 보고하는 것을 통해 우리는 무엇을 살필 수 있습니까?(17-19절)

예루살렘 교회 지도자들의 권위에 대한 바울의 존경심을 볼 수 있습니다. 더불어 초대교회 복음 사역의 일치됨을 엿볼 수 있습니다.

2) 교회 안에 있었던 유대인 그리스도인들과 이방 그리스도인들과의 갈등에 관해서 예루살렘 교회 지도자들은 어떻게 처신하였습니

까?(20-26절)

　이방 그리스도인들을 위하여서는 그들에게 우상의 제물과 피와 목매어 죽인 것과 음행을 피할 것만을 결의하여 저들로 율법의 무거운 것을 짊어지지 않게 하였듯이 이제 유대인 그리스도인들을 위하여 바울에 대한 소문 곧 바울이 이방에 있는 유대인들에게 모세를 배반하고 아들들에게 할례를 하지 말고 또 규모를 지키지 말라 한다 하였다는 헛된 소문이 거짓임을 보이기 위해 유대인 그리스도인들을 위하여 서원한 네 사람을 데리고 함께 결례를 행하고 저희를 위하여 비용을 내어 머리를 깎게 하였습니다. 이에 바울은 예루살렘 지도자들의 염려와 제안을 따름으로써 그들에 대한 존중을 확증하고 있습니다.

　3) 바울이 결례를 행한 이유는 무엇입니까?

　바울은 복음의 진리를 훼손하지 않는 한 유대인과 불필요한 대립을 원치 않았습니다. 따라서 그가 결례를 행한 이유는 유대인들과 화목하기 위함이지 율법주의와 타협한 것이라고는 볼 수 없습니다. 우리는 이러한 예로서 이미 디모데에게 행한 바울의 실례를 살펴볼 수 있습니다.

2. 바울로 인한 예루살렘 성의 소동에 관하여 살펴봅시다(27-39절).

　1) 소동의 원인은 무엇이었습니까?(29절)

　바울이 헬라인 드로비모를 데리고 성전에 들어가 거룩한 성전을 더럽게 하였다고 오해함이 있었기 때문입니다.

2) 바울이 체포되는 상황 가운데서 바울은 어떠한 생각을 하였겠습니까?

바울은 자신의 체포되는 과정을 통해 성령 가운데 예언된 바가 성취되는 것을 깨달을 수 있었을 것입니다.

3) 바울은 유대인들로 인한 죽음의 현장에서 어떻게 보호를 받습니까? 우리는 이로부터 무엇을 생각할 수 있습니까?(30-33절)

바울이 다섯 번째 예루살렘에 도착하였을 때는 오순절 때였습니다. 이때에 약 200만 명 이상의 유대인들이 예루살렘과 그 주변에 모여있었다는 사실은 로마의 군대가 얼마나 긴장 가운데 있었는가를 잘 보여줍니다. 이러한 때에 유대 민족이 로마의 압제에 가장 예민한 반응을 하였다는 것을 우리는 염두하여야 할 것이며 반대로 로마의 군대는 가장 극도의 긴장감을 유지하고 있었던 때였습니다. 바울은 죽음의 순간에 천부장의 개입으로 인하여 보호를 빕습니다. 우리는 이로부터 바울이 철저하게 사람의 손이 아닌 하나님의 손에 의해서 보호받고 있음을 알 수 있습니다. 하나님께서는 놀랍게도 이방인의 손에 의해서 바울을 보호하셨습니다.

4) 천부장은 바울을 어디로 데려가라 하였습니까?(34-36절)

천부장은 바울을 영내로 데려가라 명령하였습니다. 이 영문은 안토니아 요새로서, 성전 지역을 방어하기 위해 헤롯 대왕이 세운 것입니다. 성전의 북서쪽에 있었으며, 이방인의 뜰까지 계단으로 연결되어 있었습니다. 그곳에는 약 천여 명의 병사들이 주둔하고 있었습니다.

5) 천부장은 바울을 어떻게 이해하였습니까?(38절)
천부장은 바울을 이전에 난을 일으켰던 애굽인으로 생각하였습니다.

6) 천부장이 바울에게 연설을 허락한 이유는 무엇입니까?(37-40절)
천부장은 바울에 관해서 자세히 알지 못했을 뿐만 아니라 이 소동의
원인을 잘 알지 못했습니다. 따라서 그는 바울에게 연설을 허락함으로
써 사건의 진상을 소상히 파악하기를 원했던 것입니다.

3. 바울의 연설을 자세히 살펴봅시다(21장40-22장29절).

1) 바울은 그를 죽이려고 했던 유대인들에게 어떠한 태도로 연설하
였습니까?(22장1절)
바울은 흥분하지 않고 조용했으며 정중하며 존경스러운 태도로 유대
인들을 대하였습니다. 이것은 복음을 전하는 자의 한결같은 태도로써
본을 보여준다 할 수 있습니다.

2) 바울은 이전의 자신에 관해서 어떻게 설명하고 있습니까?
22장3-5절 참고

3) 바울이 유대인들에게 연설함에 있어서 바울의 개인적 체험을 이야
기한 이유는 무엇입니까?

바울의 청중들인 유대인들은 하나님의 개입과 체험에 대한 이해가 있는 사람들이었으므로 바울은 자신의 체험으로 말미암아 이것이 사람으로부터 말미암는 것이 아니라 하나님께로부터 말미암았음을 받아들이게 하려 하였습니다.

4) 바울의 회심을 근거할 수 있는 이유들을 나열해 봅시다.
바울의 이전의 삶에 관하여(3-5절):

다메섹 동산에서의 체험에 관하여(6-11절):

아나니아를 통한 증거를 통하여(12-16절):

계시를 통한 소명에 관하여(17-21절):

5) 바울의 소명은 어떻게 확인되고 있습니까?(14-15절)
바울의 소명은 먼저 아나니아의 입을 통해서 증거되고 있습니다. 이는 바울을 위한 것이기도 하지만 다른 유대인들을 위함이기도 합니다. 그러나 바울은 다메섹에서의 체험 이후 예루살렘에서 주님의 직접적인 계시로 말미암아 자신의 소명에 대해서 알게 됩니다.

6) 유대인들의 반응은 어떠했습니까?(22절)
그들은 이방인에 대한 소명을 말하는 부분에 이르러 더 이상 듣지 못하고 소리 질러 이러한 자는 세상에서 없애 버리자 살려 둘 자가 아니라 하여 떠들며 옷을 벗어던지고 티끌을 공중에 날렸습니다.

7) 천부장의 심문과 바울이 어려운 상황에서 벗어남을 살펴봅시다 (24-29절).

바울은 유대인들에게 히브리 방언으로 말하였기에 천부장은 한 말도 이해할 수 없었습니다. 따라서 그는 사건의 진상을 파악하는데 어려움을 겪었습니다. 따라서 천부장은 그들이 무슨 일로 그에 대하여 떠드는 지 알고자 하여 채찍질하여 심문하라 하였습니다. 이에 가죽 줄로 바울을 맬 때에 바울이 곁에 있는 백부장에게 너희가 로마 시민 된 자를 죄도 정하지 아니하고 채찍질할 수 있느냐 하며 자신이 로마 시민임을 밝혔습니다. 천부장은 많은 돈을 들여 시민권을 샀으나 바울은 나면서부터 로마 시민 된 자였습니다. 이에 심문하려던 사람들이 그에게서 물러가고 천부장 또한 그가 로마 시민인 줄 알고 또 그 결박한 것 때문에 두려워하였습니다.

묵상

01 바울이 유대인 그리스도인들을 위하여 행한 일들을 살피며 우리가 복음을
위하여 염두해야 할 것은 무엇인지 나누어 봅시다.

02 바울이 죽음으로부터 건짐을 받음을 살펴보며 우리를 향한 하나님의 세밀
한 보호하심에 관하여 고백하여 봅시다.

03 내게 세상적으로 주어진 능력은 무엇인지 살피며 그것이 복음 전파를 위하
여 어떻게 유용한지 생각하여 봅시다.

되새김

예루살렘에서 바울을 향한 예언이 성취되어 결박당함을 봅니다. 그러나 그것은
결박이 아니라 보호였음을 살펴봅시다. 하나님께서는 바울을 결박케 하셔서 보
호하심 가운데 복음을 전하게 하셨던 것입니다. 나를 향한 하나님의 결박은 무엇
입니까? 그것은 어떠한 의미에서 하나님의 보호하심입니까?

PART

24

공회 앞에 선 바울
22장30~23장30절

Key Point

세속적인 사회 속에서 더 공정하고 의로워야 할 산헤드린 공회는 도리어 더 불의함으로 하나님께서는 세속적인 공권력을 통해서 바울을 보호하십니다. 바울의 공회에서의 증언은 공회에 대한 정죄하심이며 유대인들의 계략에도 불구하고 하나님께서는 바울을 보호하십니다.

본문 이해

■ 사도행전 22장30-23장30절의 구조적 이해

　　행 22:30-23:11: 공회 앞에 선 바울

　　행 23:12-22: 유대인의 바울 살해 음모

　　행 23:23-30: 천부장의 바울 이송 준비

1. 바울은 산헤드린 공회 앞에서 신문을 받게 되었습니다(22장30-23장11절).

　1) 천부장이 바울을 공회 앞에 서게 한 이유는 무엇입니까?(30절)

　천부장은 유대인들이 바울을 송사한 이유를 알지 못했으므로 그 실상을 알기 위하여 바울을 공회 앞에 서게 하였습니다.

　2) 바울은 자신의 변론의 시작에서 무엇에 관해서 이야기하고 있습니까?(23장1절)

　바울은 이제까지 범사에 양심을 따라 하나님을 섬겼다고 이야기하였습니다.

　3) 이에 대한 대제사장의 반응은 어떠했습니까?(2절)

　대제사장 아나니아는 바울의 입을 치라 명하였습니다. 대제사장 아나니아는 네데배우스의 아들 아나니아로 48년에서 58년까지 대제사장으로 군림했으며 잔인함과 탐욕으로 유명했습니다. 요세푸스에 의하면 그는 분반 제사장들로부터 십 분의 일 세를 몰수하여 재산을 축적했고 로마 고관들에게는 아낌없이 뇌물을 바쳤다고 합니다. 이렇듯 아나니아는 탐욕적이고 술수에 능한 자였으며 그의 친로마 정책으로 인하여 유대인 국수주의자들로부터 미움을 받았습니다. 66년에 로마와의 전쟁이 시작되었을 때 아나니아의 집은 국수주의자들에 의해 방화되었으며 아나니아는 헤롯 대왕의 궁전으로 피신하여 궁전 뜰에 있는 도수관 속에 숨어 있다가 그의 형 히스기아와 함께 죽임을 당했습니다(Jos, War II, 426).

4) 대제사장에게 바울이 분노한 이유는 무엇이었습니까?(3절)

유대법에 의하면 사람이 유죄로 판단되기까지는 그 사람을 보호하여야 하였습니다. 그러나 대제사장 아나니아는 이러한 율법을 어기고 율법대로 판단코자 함을 보고 분노하고 있는 것입니다.

5) 바울이 대제사장 아나니아를 다시금 존중한 이유는 무엇입니까?(4-5절)

바울이 아나니아에게 사과하고 존중한 것은 그의 인격적인 면에 있어서의 존중이 아니라 그의 직분 됨에 대한 순종의 차원에서였습니다. 모든 권세는 하나님께로 말미암는다는 믿음 안에서의 순종이었습니다.

6) 공회를 분열케 한 바울의 지혜에 관해서 살펴봅시다(6-10절).

사두개인에 관하여:

사두개파는 '사독'에서 유래된 말로써 비사독가문이면서 스스로 정통을 주장하고 친헬라정책을 지지하였습니다. 이들은 하스모니안 왕조에 동조하였으며 정치적으로는 자유주의를 종교적으로는 온건한 경향을 띄었으며 현실타협으로 고위직을 차지하고 있었습니다. 사두개인들은 세속직 도시인이며 부유한 지주로 구전율을 부인하였으며 묵시사상은 인정하나 부활은 부인하였습니다. 이 외에 바리새인들은 신의 예정과 자유의지를 믿었지만 사두개인들은 오직 인간의 자유의지만을 믿었습니다.

바리새인에 관하여:

바리새파는 '분리된 자들'이라는 뜻으로 반헬라문화와 마카비 가문의 집권 반대를 위해 생겼습니다. 율법에 충실하고 헬라화에 반대하는 중류층 유대인으로 묵시사상이 있고 구전율을 지키려 하였습니다. 천사와 부활, 그리고 영혼불멸을 믿었으며 구제와 기도 금식 능 경건한 생활에 힘을 썼다. 이들은 사두개파에 비해 보다 대중적이었고 많은 사람들의 존경을 받았습니다.

바울의 지혜에 관하여:

바울은 이미 천부장의 매질에 관하여 시민권을 내세워 벗어날 수 있었으며 아나니아의 침에 관해서도 율법의 보호하심에 의해서 벗어날 수 있었습니다. 이제 바울은 앞에서 본 바 사두개인과 바리새인들의 차이를 이용하여 자신을 죽이기 위하여 하나 된 저들을 분열케 함으로 저들의 손에서 벗어나게 되었습니다.

※ 초대 교회 4대 종파에 대한 추가적 이해

엣세네파:

엣세네파는 '여호와를 경외하는 무리'의 뜻으로 예루살렘 성전제도의 부패에 불만을 품었고 대제사장의 불법성(하스모니아 가문의 대제사장)에 반발하여 쿰란 마을에서 수도원적 삶으로 거룩을 유지하였습니다. 1947년 사해 문서들이 발견됨으로 이들에 대한 많은 연구가 이루어졌는데 이들은 왕적이고 제사장적인 메시야의 도래를 준비하며 엄격한 종교적 훈련을 행했으며 매일 종교적 의미의 목욕을 하고 결혼을 하지 않고 기도와 노동, 성서 연구에 몰두하였습니다.

열심당:

예수님의 열두 제자 중에 '셀롯인 시몬'이 젤롯당으로 이들은 로마에 대해 유대를 독립시키려는 자들 무력적인 수단을 사용하였습니다. 따라서 여호와의 율법에 대한 열심을 가지고 무기를 품고 다니다가 친로마주의자들을 암살하기도 하였습니다. 기원 후 70년 예루살렘 멸망 후에도 마사다에서 유대복원 운동을 벌이며 로마군과 치열한 대항을 하였습니다.

7) 큰 분쟁이 있었던 그날 밤에 바울에게 있었던 일을 살펴봅시다(11절). 그날 밤에 주께서 바울 곁에 서서 이르시되 담대하라 네가 예루살렘

에서 나의 일을 증언한 것 같이 로마에서도 증언하여야 하리라고 하셨습니다.

2. 유대인들의 음모에 관하여 살펴봅시다(12-30절).

1) 유대인들은 어떠한 음모를 꾸몄습니까?(12-15절)

날이 새매 유대인들이 당을 지어 맹세하되 바울을 죽이기 전에는 먹지도 아니하고 마시지도 아니하겠다는 동맹한 사람들이 40여 명이나 되었습니다. 주님께서 밤에 바울의 곁에 서실 때에 그들은 바울을 죽일 모의를 하였을 것입니다. 그들은 대제사장들과 장로들에게 자신들의 계획과 모략을 이야기하였습니다. 바울을 공회에 다시 한번 청할 때에 자신들은 매복하여 바울을 죽이겠다는 모략이었습니다. 어떠한 법적인 절차도 필요치 않았습니다.

우리는 이늘이 산헤드린 공회까지 움직이는 사람들이었다는 것을 알 수 있습니다. 그러나 믿음의 사람들은 하나님의 마음을 움직일 수 있는 사람들임을 잊지 말아야 할 것입니다. 세상의 작은 권세를 쥐고 움직일 수 있는 사람들을 두려워할 것이 아닙니다. 믿음의 사람들의 기도가 하나님의 마음을 움직입니다. 심지어 믿음의 사람들의 연약함까지도 하나님의 마음을 움직이는 것입니다. 믿음의 사람들은 그 강함과 약함 속에서 어떠한 경우라도 여전히 세상과 견줄 수 없는 참된 권세와 능력이 있음을 잊지 말아야 할 것입니다.

2) 바울이 이 음모로부터 벗어나게 되는 과정을 살펴봅시다(16-21절).

그러나 이 일에 준비된 사람이 있었습니다. 곧 바울의 생질은 어떠한 루트로 이 일을 들었는지는 알 수 없으나 그들이 매복하여 있다 함을 듣고 영내에 들어가 바울에게 알렸습니다. 이에 바울은 그를 백부장을 통하여 천부장에게 인도하게 합니다.

3) 유대인의 공모를 알게 된 천부장은 어떻게 처신하였습니까?(22-25절).

천부장은 청년의 말을 듣고 백부장 둘을 불러 밤 9시에(유대식 제3시)에 가이사랴까지 갈 보병 200명과 기병 70명과 창병 200명을 준비하게 합니다. 유대인의 결사대가 40인임에 반해 하나님께서는 천부장을 통해서 바울을 보호하고 호송하는 데 보병과 기병과 창병을 합쳐서 470명을 준비하였습니다. 그 수는 유대인들의 10배가 넘는 수이며 그 수는 오합지졸이 아니라 잘 훈련된 군사들이며 또한 이들은 보병과 기병과 창병으로 이루어진 전략적인 부대였던 것입니다. 얼마나 놀랍습니까?

그러나 이 모든 일에는 천부장의 배려와 뜻으로 말미암은 것이 아니었습니다. 천부장은 자신에게 맡겨진 일을 가이사랴 벨릭스 총독에게 보내어 이 일에 회피하려 하는 것입니다. 그러면 참되게 이 일은 도대체 누구로 말미암은 일입니까? 이 일은 하나님께로 말미암은 것입니다. 이는 참으로 강력한 하나님의 손길이라 아니할 수 없는 것입니다.

4) 천부장 글라우디오 루시아가 총독 벨릭스에게 보낸 서신에서는 어떠한 진실과 왜곡이 있습니까?(26-30절)

천부장은 자신이 로마시민을 태형 하려고 했던 자신의 과오에 대한 진실은 묻어두었습니다. 곧 이 서신의 내용이 한 편으로는 거짓된 것은 천부장은 바울의 로마시민임을 알지 못하였습니다. 그럼에도 불구하고 천부장은 사건의 진의에 대해서 공정하였으며 그가 할 수 있는 최선의 도리를 하려 하였습니다.

묵상

01 공회 앞에 서 바울의 지혜에 관하여 나누어 봅시다.

02 공회 앞에서 증언한 후 그 밤에 주께서 바울에게 말씀하신 바에 관하여 나누어 봅시다.

03 바울을 죽이기 위한 유대인들의 계략과 함께 하나님의 도우심에 관하여 나누어 봅시다.

되새김

예수님과 바울을 세속적인 재판석 이전에 종교 재판석에 세움은 믿음의 사람들의 거짓된 삶이 얼마나 더 정죄받아 마땅한가를 보여줍니다. 더불어 바울이 오히려 공권력에 의해 보호받음은 이 땅에 종교적인 가치가 얼마나 왜곡되었는지를 보여주는 것입니다. 하나님께서는 오히려 바울을 세속적인 공권력으로 보호하셨습니다.

25

총독 앞에 선 바울
23장31~25장12절

Key Point

바울은 이제 종교적인 사람들의 손에서 세속적인 사람들의 손으로 넘겨졌습니다. 하나님께서 믿음의 사람을 세속적인 사람들의 손에 넘기심은 세속적 사람들을 향한 하나님의 어떠한 뜻이 있는지 살펴야 할 것입니다.

본문 이해

■ 사도행전 23장31-25장12절의 구조적 이해

행 23:31-35: 가이사랴 이송과 총독 벨릭스 앞에 선 바울
행 24:1-9: 더둘로의 송사
행 24:10-21: 바울의 항변
행 24:22-27: 바울의 가이사랴 구금
행 25:1-12: 총독 베스도 앞에 선 바울

1. 바울은 먼저 총독 벨릭스 앞에 서게 되었습니다(23장31-24장27절).

1) 바울이 총독 벨릭스 앞으로 이송됨을 살펴봅시다(31-35절).

보병은 그 명을 받은 대로 그 밤에 바울을 데리고 안디바드리에 이르러 이튿날 바울은 기병의 호송으로 영내로 들어가 총독을 대면하게 됩니다. 총독은 바울에게 어느 영지 사람인지 묻고 그가 길리기아 사람인 줄 알고 그를 고발하는 사람들이 오거든 네 말을 들으리라 하고 헤롯 궁에서 바울을 지키게 하였습니다.

2) 벨릭스 앞에서 바울을 고소한 사람은 누구입니까?(24장1절)

닷새 후에 대제사장 아나니아는 어떤 장로들과 변호사 더둘로와 함께 총독 앞에서 바울을 고발합니다. 대제사장 아나니아는 다른 어떠한 일보다도 이 일을 중요시하였을 것이며 이 법정의 싸움에서 이길 수 있는 최적의 사

람을 선별하였을 것입니다. 그가 바로 더둘로였습니다. 우리는 이 더둘로
에 대한 많은 지식을 가지지는 못하지만 그는 전 유대인들을 대표하여 그
들의 송사를 성사시키기 위하여 선별받은 사람이었습니다. 그는 법정의 싸
움에 익숙하고 또한 능숙한 사람이었음에 틀림이 없는 것입니다.

3) 더둘로가 바울을 고소한 세 가지 내용은 무엇이었습니까?(2-9절)

그는 먼저 아첨에 가까운 말로 총독의 환심을 사려 하였습니다(3-4
절). 다음으로 그는 세 가지 내용으로 바울을 고발하였습니다. 첫째, 바
울은 천하에 퍼진 유대인을 다 소요케 한 염병이며 둘째, 바울은 나사렛
이단의 괴수이며 셋째, 바울은 성전을 더럽게 하려 하였다는 것입니다.

4) 바울은 더둘로의 고소에 관하여 어떻게 변명하고 있습니까?(10-21절)

진리 가운데 서 있는 바울은 사람에게 아첨의 말로 시작해야 할 어떠
한 이유도 없는 것입니다. 그러므로 우리는 더둘로의 말의 시작과 바울
의 말의 시작을 대조하며 진리 가운데 서지 못한 자와 진리 가운데 선
자의 그 시작에 관하여 자세히 살필 수 있습니다.

"당신이 여러 해 전부터 이 민족의 재판장 된 것을 내가 알고 내 사건
에 대하여 기꺼이 변명하나이다"(행 24:10)

어떠한 굴욕적인 표현도 없었으며 바울은 자신의 변명을 담대하며 당
당하게 말하였습니다. 바울은 이들의 치명적인 약점을 알고 있었습니

다. 그들은 송사하기 위하여 마땅히 증거와 증명할 수 있는 바가 있어야 하였습니다. 법정에서 부정적인 이미지를 늘어놓을 수는 있어도 명확한 증거와 증명된 바가 없이 부정적인 이미지와 판단을 가지고는 죄를 논할 수 없는 것입니다.

첫째, 바울은 예루살렘에 머문 지 겨우 12일로써 짧은 기간 유하였으며 그들은 바울이 성전에서 아무와 변론하거나 회당과 또는 시중에서 무리를 소동케 하는 것을 보지 못하였으므로 저들의 주장은 헛된 것이며 둘째, 바울은 종교적 이단이라는 정죄에 관하여 자신의 신앙이 저들과 다를 바가 없음을 증거하고 있습니다. 셋째, 성전을 더럽혔다는 저들의 주장에 관하여 자신은 성전 결례를 범치 않았음을 증거하고 있습니다.

곧 더둘로의 감정적인 송사는 이성적인 법정에서 무너지고 마는 것입니다.

5) 벨릭스는 그리스도교에 대하여 얼마나 지식을 가지고 있었습니까?(22절)
벨릭스는 그리스도교에 대해서 자세히 알고 있었습니다.

6) 벨릭스는 바울을 어떻게 대하였습니까?(23절)
벨릭스는 백부장을 명하여 바울을 지키되 자유를 주며 친구 중 아무나 수종하는 것을 금하지 말라 명하였습니다.

7) 바울이 벨릭스와 그의 아내 드루실라에게 전한 하나님의 말씀은 무엇이었습니까?(24-25절)

바울은 의와 절제와 심판에 관하여 강론하였습니다.

※ 벨릭스의 아내 드루실라에 관하여

드루실라는 12장에서 언급된 주의 제자 야고보를 죽이고 베드로를 옥에 가두고 결국 교만됨으로 말미암아 충에 의해 비참하게 죽은 헤롯 아그립바 1세의 셋째 딸이자 헤롯 아그립바 2세의 누이입니다. 그녀는 본래 안디옥 왕의 아들 에피파네스와 약혼한 사이였으나 유대 의식을 따를 것을 지키지 않음으로 아버지 헤롯 아그립바 1세 죽음 이후 헤롯 아그립바 2세의 중매로 15세에 에메센의 왕 아지주스와 결혼합니다. 그러나 18세에 그녀의 미모에 사로잡힌 벨릭스의 유혹으로 결국 파혼하고 벨릭스의 세 번째 아내가 됩니다. 그녀는 79년 베스비우스 화산 폭발 때 아들 아그립바와 함께 죽었다고 전해지고 있습니다.

8) 벨릭스는 하나님의 말씀을 들었을 때의 두 가지 마음에 관하여 살펴봅시다(25-26절).

벨릭스는 하나님의 말씀을 들었을 때 한편으로는 두려운 마음이 있었으나 다른 한편으로는 바울에게서 돈을 받을까 하여 더 자주 불러 같이 이야기하였습니다. 두려움이 있었음에도 불구하고 회개치 못함은 두려운 마음을 주신 하나님께서 사람으로 하여금 회개케 하시는 것이 은혜임을 다시 한번 깨닫게 합니다. 벨릭스는 하나님의 말씀으로 말미암아 두려운 마음을 가질 수 있었으나 돈을 사랑하는 마음이 더 컸으므로 결국 헛된 욕망만을 마지막까지 품게 된 것입니다.

2. 벨릭스의 후임으로 베스도가 취임하고 바울은 이제 베스도 앞에서 서게 되었습니다(25장1-12절).

   1) 베스도의 예루살렘 방문을 살펴봅시다(25장1절).

   벨릭스의 후임으로 베스도가 취임하였습니다. 베스도는 신임 총독으로 그가 가장 원했던 것은 무엇보다도 그가 다스려야 하는 사람들, 유대인들의 환심을 사는 것이었습니다. 베스도는 부임한 지 삼일 후에 가이사랴에서 예루살렘으로 올라갔습니다. 이러한 신속한 움직임은 예루살렘의 중요성을 잘 보여줌과 동시에 그가 얼마나 열심이 있는 사람인가를 동시에 보여주는 것입니다. 예루살렘으로 올라온 베스도에게 대제사장들과 유대인 중에 높은 사람들이 바울을 고소하였습니다. 시간적으로 이태가 지났음에도 불구하고 유대인들의 바울에 대한 적개심은 여전하였던 것입니다.

   2) 유대인들의 음모는 무엇이었으며 바울은 어떠한 위험 가운데 있었습니까?(1-5절)

   유대인들은 바울을 가이사랴에서 예루살렘으로 이송할 것을 청하였는데 이는 길에 매복하였다가 바울을 죽이려 하였기 때문입니다. 더욱이 새로운 총독 베스도는 취임 후에 유대인들의 마음을 얻고자 하였습니다. 이들의 계획은 무엇이었습니까? 바울을 공회로 청하여 길에서 매복하여 없이하고자 하는 것이 이들의 이년 전의 계획이었습니다. 이제 다시 바울을 예루살렘으로 옮기기를 구함은 그 계획대로 길에서 매복하여 그를 없이하고자 함이었습니다.

3) 가이사랴로 돌아온 베스도가 바울에 관한 재판을 열음을 살펴봅시다(6-8절).

베스도가 예루살렘에서 가이사랴로 돌아와서 이튿날 재판을 열었다는 것은 바울의 사건이 여러 사건들 중의 단순한 한 사건이 아님을 보여줍니다. 바울이 재판 자리에 섰을 때에 예루살렘에서 내려온 유대인들이 둘러서서 여러 가지 중대한 사건으로 고발하였습니다. 이들은 수적으로 바울을 압박했습니다. 그리고 많은 고발의 내용을 가지고 있었습니다. 그러나 이들의 많은 고발에도 불구하고 바울을 정죄할 어떠한 증거를 대지 못하였습니다.

4) 바울은 위기를 어떻게 모면하고 있습니까?(6-11절)

베스도는 유대인의 마음을 얻고자 하여 바울더러 네가 예루살렘에 올라가서 이 사건에 대하여 내 앞에서 심문을 받으려 하느냐고 물었습니다. 그러나 바울은 예루살렘에서 심문받을 것이 아니라 로마 시민으로서 가이사 앞에서 재판받을 것을 요구하였습니다.

묵 상

01   더둘로의 고소와 바울의 변명을 비교하여 봅시다.

02   총독 벨릭스를 통해서 주시는 교훈을 나누어 봅시다.

03   신임 총독 베스도의 부임이 가지고 온 위기와 기회에 관하여 나누어 봅시다.

되새김

총독들은 산헤드린 종교재판자들과 달리 세속적이며 세속적인 것에 관심이 있었던 사람들이었으나 바울은 그러한 저들에게서 더 안전하였습니다. 하지만 그들은 하나님의 복음과 가까이 있었음에도 불구하고 깨닫지 못하고 복음을 받아들이지 못하였습니다.

PART

26

아그립바 앞에 선 바울
25장13~26장32절

Key Point

복음의 지식을 가지고 있으면서도 그 영혼이 구원에 이르지 못한 사람들이 있습니다. 이러한 자들은 단지 그 마음에 호기심만 있을 뿐 자신의 영혼을 돌보지 못하는 것입니다. 그러나 이러한 모습은 바로 끊임없는 은혜의 메시지가 선포됨에도 불구하고 냉랭한 우리 가슴속에서 찾을 수 있는 것입니다.

본문 이해

하나님께서는 바울을 유대의 군중 앞에 세우시고(22장), 산헤드린 공회에 세우시고(23장), 벨릭스 총독 앞에 세우시고(24장), 베스도 총독 앞에 세우시고(25장) 이제 아그립바 왕 앞에 세우셨습니다(26장).

분명 아그립바는 베스도의 선임이 되는 벨릭스보다 더 많은 지식을 가지고 있었습니다. 이 지식은 단순한 세속적인 사람들이 갖는 학문적인 지식이 아니라 종교적인 지식이었습니다. 그러나 그러한 지식에도 불구하고 그는 하나님을 만나지 못한 사람입니다. 우리의 지식은 학문적인 지식에서, 종교적인 지식에서 더 깊이 나아가 나의 삶의 변화를 일으키고 하나님을 만나는 영적인 지식을 갖아야 할 것입니다.

아브립바: 겉으로는 왕이나 실상은 노예인 사람
바울: 겉으로는 죄인이나 실상은 왕 같은 사람

우리는 하나님께서 이 두 사람을 어떻게 보시는가를 살펴야 할 것입니다. 우리의 눈으로 보이는 세계로 살아가는 것이 아니라 하나님께서 우리 각 사람에게 주신 그 믿음의 눈으로 이 세계를 바라보아야 할 것입니다.

　　행 25:13-22: 아그립바 왕과 버니게의 베스도 방문

　　행 25:23-27: 아그립바 왕 앞에 선 바울

　　행 26:1-23: 아그립바 왕 앞에서 바울의 간증

　　행 26:24-29: 아그립바 왕을 전도하는 바울

　　행 26:30-32: 바울에 대한 아그립바 왕의 무죄 판단

1. 아그립바 왕과 버니게의 방문에 베스도는 바울의 일을 논의함을 살펴봅 시다(13-27절).

　　베스도는 바울의 사건을 오직 유대 종교에 관한 일과 예수라 하는 이의 죽은 것을 살았다고 바울이 주장하는 그 일에 관한 것으로 이해하고 있었습니다(19절). 그렇다고 베스도는 유대인들에게 거리끼는 바울을 석방할 수는 없었습니다. 이에 유대인들의 요구대로 예루살렘에서 심문받는 대신 로마 시민권을 가진 바울의 청함을 따라 가이사 앞에서 재판받게 하려 하였습니다. 그러나 베스도는 바울을 로마의 가이사에게 보내기 위해서는 그를 상소할 죄목을 공소장에 함께 써서 보내야 하는데 마땅한 죄목을 발견할 수 없었습니다. 따라서 바울은 유대 사정을 잘 아는 아그립바 왕을 통해서 조언을 얻고자 한 것입니다.

　　아그립바는 사건에 대한 관심보다는 오히려 호기심이 더 많은 것으로 보입니다(22절). 또한 베스도가 아그립바와 버니게에게 바로 바울을 보이지 않고 위엄과 격식을 차리고 따로 자리를 마련한 것은 단순

히 바울의 사건에 대한 죄목을 명확히 하려는 의도 외에 방문자들을 즐겁게 하고 자신을 좀 더 잘 나타내려는 의도를 엿보이게 합니다(23절).

※ 아그립바 왕에 관하여

이 아그립바는 12장에서 죽은 헤롯 아그립바 1세의 아들이며 벨릭스 총독의 셋째 아내 드루실라와 남매지간이었던 헤롯 아그립바 2세입니다. 그는 갈기스를 다스리던 헤롯 빌립이 죽자 글라우디오 황제로부터 갈기스의 왕으로 임명받아 회당의 통치권과 대제사장직을 위임할 수 있는 권한을 부여받았을 뿐만 아니라 이후 네로 때 이르러서는 더 넓은 영토를 통치하게 되었습니다. 그러므로 아그립바는 유대의 통치자로서 신임 총독 베스도를 축하하기 위하여 방문하였던 것입니다.

※ 버니게에 관하여

버니게는 아그립바 2세의 한 살 아래의 누이였습니다. 그녀는 갈기스의 왕 헤롯 빌립과 결혼하였으나 48년 헤롯 빌립의 사망 이후 오빠 헤롯 안티파스 2세의 궁전에서 기거하였습니다. 헤롯 안티파스 2세와 버니게 사이에 관해서는 근친상간에 대한 무수한 이야기들이 난무하였으며 버니게는 이러한 누명에 벗어나고자 길리기아 왕 폴레몬과 결혼하였으나 곧 이혼하고 맙니다. 안티파스와 버니게는 불륜에 대한 비난 때문에 결혼하지 않았던 것으로 보이며 당시 그들에 대한 이야기는 공공연한 것이었습니다.

2. 아그립바 앞에서 바울의 변론을 살펴봅시다(26장1-32절).

1) 26장의 바울의 간증의 특징은 무엇입니까?

바울의 간증이 되는 22장과 26장은 간증의 대상이 다르며 이에 따라 그 간증의 주된 내용들도 달라짐을 살펴볼 수 있습니다. 바울은 22장에서는 아나니아와의 만남을 강조하였습니다. 이는 경건한 유대인 아나니아를 통해서 바울의 회심을 지지하기 위함인 것입니다. 그러나 아그립바 왕 앞에서는 아나니아에 대한 강조 없이 전함을 살펴볼 수 있습니다. 아그립바 왕 앞에서는 그가 직접 전해 들은 이야기를 전합니다.

우리의 간증에 훈련이 있어야 합니다. 하나님께서 내게 행하신 일들을 고백함이 있어야 할 것입니다.

간증의 내용
나의 삶의 형편
하나님께서 행하신 일들
나의 삶의 변화
나의 삶을 통해서 하나님께서 행하신 일들

2) 바울의 다메섹 도상의 체험에 대한 세 가지 말씀을 비교하여 봅시다.

3) 바울의 간증에 대해 베스도는 어떻게 반응하였습니까?(24절)

베스도는 크게 소리 지르며 바울의 많은 학문이 그를 미치게 하였다고 말하였습니다. 이는 세속적인 사람들이 복음에 대한 일반적인 견해를 보여주는 것입니다. 복음을 이해할 수 없는 저들에게 복음의 내용은 미친 것으로밖에 이해할 수 없는 것입니다.

4) 바울의 간증에 대해 아그립바는 어떻게 반응하였습니까?(28절)

아그립바는 바울이 적은 말로 자신을 권하여 그리스도인이 되게 하려 한다 하였습니다. 아그립바의 문제는 복음에 대한 외적인 지식에 결여에 있지 않습니다. 다만 그러한 지식이 자신의 영혼을 돌보지 못함에 있는 것입니다. 어쩌면 이러한 사람들이 복음에서 더 멀리 있는 사람들입니다. 아그립바에는 십자가의 예수는 거리끼는 것이며, 베스도에게는 미련한 것이었습니다.

5) 바울의 간증에 대한 베스도와 아그립바의 차이점과 공통점을 살펴봅시다.

베스도는 바울의 간증을 미친 것으로 이해함으로 있을 수 없는 일들에 관한 것으로 말하였고 아그립바는 그 일들을 앎에도 불구하고 신앙적으로 받아들일 수 없음을 이야기함으로 각기 차이에도 불구하고 그들은 복음을 받아들이지 못하는 공통점을 가지고 있습니다.

6) 바울이 원하는 바를 살펴봅시다(29절).

바울은 자신이 결박된 것 외에는 모든 사람들이 자신과 같이 되기를
원하였습니다.

7) 아그립바는 바울에 관해서 어떻게 판단하였습니까?(32절)
아그립바는 만일 바울이 가이사에게 호소하지 아니하였더라면 석방
될 수 있을 뻔하였다고 판단하였습니다.

묵상

01   총독 베스도와 총독 빌라도의 비슷한 점은 무엇인지 이야기해 봅시다.

02   아그립바와 예수님과 대면한 헤롯 안티파스와 비슷한 점은 무엇인지 이야기해 봅시다.

03   자신의 삶의 간증을 정리하여 나누어 봅시다.

되새김

복음에 대하여 거부하는 아그립바의 마음과 소망하는 바울의 마음의 차이는 무엇으로 말미암은 것입니까? 복음에 대한 나는 어떠한 마음을 가지고 살아가고 있습니까? 복음에 관한 나의 참 소망은 무엇입니까?

PART

27

바울의 로마 여행
27장1~44절

Key Point

바울은 가이사 앞에서 재판을 받기 위하여 로마로 이송되었습니다. 이제 이러한 이송의
과정 속에서 겪은 여러 가지 일들을 통하여 우리는 다시 한번 하나님의 관심이 어디에 있
는지를 살펴볼 수 있습니다.

본문 이해

다시 '우리'가 등장함은 이 로마 여행에서 누가가 동승하였음을 알 수 있습니다. 바울의 로마 여행에 있어서 있었던 일들을 자세히 알 수 있는 것도 이러한 누가가 동행하였기 때문입니다.[15]

■ 사도행전 27장 1-44절의 구조적 이해

행 27:1-8: 로마로 압송되는 바울

행 27:9-20: 광풍을 만남

행 27:21-26: 바울의 위로

행 27:27-32: 사공들의 도피 계획과 무산

행 27:33-38: 바울의 권면

행 27:39-44: 광풍으로부터의 구출

---

15) 누가는 이전에 제2차 전도여행에서 드로아에서 빌립보까지 동승하며 이 여정이 순탄함을 우리들에게 전하여 주었습니다. 누가는 빌립보 교회의 창립 멤버로서 빌립보 교회를 세우는 일에 수고하였습니다. 누가는 다시 제3차 전도여행의 돌아오는 길에서 다시 바울과 동승하여 드로아까지 오는 여정을 보여 준 바 있으며 또한 예루살렘까지의 여행에서도 함께 하였음을 보았습니다. 그런데 다시 로마로 여정은 마치 이 모든 사건이 이어지는 것과 같이 보이지만 실상은 바울의 예루살렘 방문과 체포 후에 로마로의 여행까지 2년 이상의 기간이 걸린 바를 감안한다면 다시 누가의 언급은 이러한 시간의 흐름에도 불구하고 누가가 늘 바울의 곁에 있었음을 전하여 주는 것입니다. 우리는 누가와 같이 한결같은 섬김의 사람이 되어야 할 것입니다. 누가와 같이 어려움 중에서 동행할 수 있어야 할 것입니다. 누가와 함께 함으로 숨겨진 복음의 이야기들을 전해 줄 수 있는 사람이 되어야 할 것입니다.

1. 바울이 로마로 이송되는 과정을 살펴봅시다(1-8절).

바울은 가이사에게 재판을 받기 위한 죄수의 자격으로 이달리아로 항해하였습니다. 정치적인 인물들인 루시아, 벨릭스, 베스도 외에 또 다른 로마의 장교의 이름을 접합니다. 그는 백부장 율리오입니다. 그의 구체적인 호명은 이 여행의 사실성을 더욱더 부각합니다. 누가는 이 여행에 있어서 역사가답게 세밀한 부분까지 자세히 기록하고 있습니다. 바울은 죄수 몇 사람과 아구스도대의 백부장 율리오에게 맡겨져 아시아 해변 각처로 가려 하는 아드라뭇데노 배에 올랐습니다. 이 여정에 마게도냐의 데살로니가 사람 아리스다고도 함께 하였습니다. 곧 바울은 일반 죄수들과 달리 그의 동료들과 함께 여행할 수 있는 자유가 허락되어 있었습니다. 이튿날 시돈에 배를 대었을 때에 율리오는 바울에게 친절하게 대하여 친구들에게 가서 대접받기를 허락하기까지 하였습니다(3절).

다시 항해가 시작되어 떠나가다가 맞바람을 피하여 구브로 해안을 의지하고 항해하였습니다. 하나님께서는 바울에게 다시금 구브로를 보게 하셨습니다. 구브로는 어떠한 곳입니까? 바울의 세계 전도 여행의 첫 번째 여정지입니다. 하나님께서는 제3차 전도여행의 귀향길에서도 구브로를 보게 하시더니 다시 로마를 향하던 이 항해 길에서도 구브로를 보게 하심으로 말미암아 그의 마음으로 복음의 열정을 식지 않게 하시며 또한 하나님의 보호하심과 인도하심을 알게 하시는 것입니다.

바울의 일행은 길리기아와 밤빌리아 바다를 건너 루기아의 무라 시에 이르러 알렉산드리아 배에 올랐습니다.

무라 시에서 알렉산드리아 배를 타고 가는 여정은 그 시작부터 고되었습니다. 배가 더디 가 여러 날 만에 간신히 니도 맞은편에 이르렀습니다. 배에서 풍랑을 만나 오랜 시간 동안 지내는 것이 얼마나 큰 어려움인지 이루 말할 수 없는 것입니다.

니도 맞은편에서 풍세가 더 허락하지 아니하므로 살모네 앞을 지나 그레데 해안을 바람막이로 항해하여 간신히 그 연안을 지나 미항이라는 곳에 이르렀습니다. 니도 맞은편에 이름과 미항에 이르는 여정에 두 번씩이나 간신히 이르렀다고 하심으로 이 여행이 얼마나 고된 여행이었는지 우리로 알게 하십니다.

주요 여정지:
가이사랴 – 시돈 – 구브로 해안 – 길리기아 밤빌리아 바다 – 루기아의 무라 시 – 니도 맞은편 – 살모네 앞 – 그레데 해안 – 미항

2. 바울의 항해에 관한 경고를 살펴봅시다(9–12절).
여러 날이 걸려 금식하는 절기(대속죄일)가 이미 지났으므로 항해하기가 위태하였습니다. 이 절기는 유대력으로 7월 10일경을 말합니다. 그런데 지중해에는 9월 중순경부터 이듬해 3월 중순경에 이르기까지는

계절적인 광풍이 불어 항해하기가 매우 위험했으므로 항해하는 배들이 이 기간 동안 항해를 삼가해 왔습니다. 이에 바울은 말하기를 이번 행선이 하물과 배만 아니라 자신들의 생명에도 타격과 많은 손해가 있을 거라 이야기하였습니다. 하지만 백부장은 선장과 선주의 말을 바울의 말보다 더 듣고 항해케 하였습니다. 미항은 겨울을 지내기에 불편하므로 거기서 떠나 뵈닉스에 가서 겨울을 지내자 하는 자가 더 많았습니다. 뵈닉스는 그레데 항구로 한쪽은 서남을 한쪽은 서북을 향하였습니다.

3. 바울이 탄 배가 유라굴로라는 광풍을 만나 어려움을 겪는 장면을 살펴봅시다(13-20절).

처음에는 남풍이 순하게 불어 그들이 뜻을 이룬 줄 알고 닻을 감아 그레데 해변을 끼고 항해하였으나 얼마 안 되어 섬 가운데로부터 유라굴로라는 광풍이 크게 일어나 배가 밀려 바람에 맞추어 갈 수 없어 가는 대로 두고 쫓겨가다 가우다라는 삭은 섬 아래로 지나 간신히 거루를 잡아 끌어 올리고 줄을 가지고 선체를 둘러 감고 스르디스에 걸릴까 두려워하여 연장을 내리고 그냥 쫓겨갔습니다. 풍랑으로 심히 애쓰다가 이튿날 사공들이 짐을 바다에 풀어 버리고 사흘째 되는 날에 배의 기구를 그들의 손으로 내버렸습니다. 여러 날 동안 해도 별도 보이지 아니하고 큰 풍랑이 그대로 있어 구원의 여망마저 없어졌습니다.

4. 바울이 사람들에게 소망을 줌을 살펴봅시다(21-26절).

절망스러운 상황으로 여러 사람이 오래 먹지조차 못하였습니다. 이

때에 바울이 가운데 서서 다음과 같이 말하였습니다.

"여러분이여 내 말을 듣고 그레데에서 떠나지 아니하여 이 타격과 손상을 면하였더라면 좋을 뻔하였느니라 내가 너희를 권하노니 이제는 안심하라 너희 중 아무도 생명에는 아무런 손상이 없겠고 오직 배뿐이리라 내가 속한 바 곧 내가 섬기는 하나님의 사자가 어제 밤에 내 곁에 서서 말하되 바울아 두려워하지 말라 네가 가이사 앞에 서야 하겠고 또 하나님께서 너와 함께 항해하는 자를 다 네게 주셨다 하였으니 그러므로 여러분이여 안심하라 나는 내게 말씀하신 그대로 되리라고 하나님을 믿노라 그런즉 우리가 반드시 한 섬에 걸리리라"(21-26절)

5. 사공들의 계획을 살펴봅시다(27-32절).

풍랑에 표류한 지 열 나흘째 되는 밤에 아드리아 바다에서 이리저리 쫓겨가다가 자정쯤 되었습니다. 사공들은 다른 누구보다도 자신들의 처지를 알고 있었고 또한 바다의 형세에 관하여 익숙한 사람들이었습니다. 저들은 물의 깊이를 재기도 전에 어느 육지에 가까워지는 줄을 여러 가지 현상들을 통해서 짐작할 수 있었습니다. 그러므로 그들은 물의 깊이를 재어 보니 스무 길이 되고 조금 가다가 다시 재니 열다섯 길이었습니다.

육지에 가까워지고 있는 것을 알았으나 한 밤 중에 육지에 가까워지는 것은 그들에게 더욱더 위험한 일이었습니다. 왜냐하면 아무것도 보이지 않는 상태에서 전진한다는 것은 암초에 부딪칠 위험이 컸기 때문입니다. 그러므로 그들은 고물, 곧 배의 앞쪽에서 닻 넷을 내리고 날이 새기를 기다리게 됩니다. 기다리는 밤에 사공들은 살 소망이 생겼으므로 잠시 후에 어떻게 될지 알지 못하는 큰 배를 버리고 작은 배를 내려 그들이 살기를 원하였습니다. 그러므로 그들은 이물, 곧 배 뒤쪽에서 닻을 내리는 체하고 거룻배를 바다에 내려놓아 살려하였습니다. 배에 있었던 유일한 안전장치가 오히려 모든 사람들을 죽음에 이르게 하는 것이 될 뻔한 순간이었습니다. 바울은 이에 사공들의 의도를 파악하여 백부장에게 알리어 사공들의 뜻을 이루지 못하게 합니다. 그들이 끝까지 남아 있지 않는 한 배는 아무런 소망이 없기 때문입니다.

6. 바울의 권면을 살펴봅시다(33-38절).

날이 새어 갈 때에 바울이 여러 사람에게 음식 먹기를 권하였습니다. 앞으로 닥칠 일들을 온전히 선니기 위해서는 그들에게 힘이 필요했던 것입니다. 바울은 두려워하는 그들에게 이것이 너희의 구원을 위한 것이요 너희 중 머리카락 하나도 잃을 자가 없으리라 하였습니다. 떡을 가져다가 모든 사람 앞에서 하나님께 축사하고 떼어먹으니 그 수가 276명이었습니다. 누가는 이 위기의 순간에도 역사가 답게 모든 것을 빠짐없이 전하고 있습니다. 생사를 어찌할 수 없었던 그 순간까지 그는 자신에게 있었던 일들을 그대로 오늘날 우리들에게 전하여 주고 있는 것입니다. 그들은 배부르게 먹고 밀을 바다에 버려 배를 가볍게 하였습니다. 사람들이 밀까지 바다에 버렸다는 것은 바울에게 전적으로 신뢰하고 있었다는 것을 증명하고 있는 것입니다.

7. 사람들이 섬에 상륙하여 구조됨을 살펴봅시다(39-44절).

날이 새니 어느 땅인지 알지 못하나 경사진 해안으로 된 항만이 눈에 띄었습니다. 항만으로 향하는 방법은 사공들에게 속한 몫이 됩니다. 이 일을 위하여 고물에서 내렸던 닻을 끊었습니다. 키를 풀어 배가 나아가게 하고 돛을 달아 바람에 맞추어 해안으로 향하여 들어가게 하였습니다. 이처럼 이기적인 목적만 가지지 않는다면 공동체에게는 저마다 자신에게 부여된 역할과 책임이 있게 되는 것입니다.

얼마나 큰 위기인지 보시기 바랍니다. 해안 가까이에 이르렀을 때에 두 물이 합하여 흐르는 곳에 배가 걸리고 이물 곧 배의 뒤쪽이 걸려 움직일 수 없게 되었고 고물 곧 앞으로는 큰 물결에 부딪쳐 배가 깨어져 갔습니다.

군인들은 죄수가 헤엄쳐서 도망할까 두려웠습니다. 베드로를 지키지 못하였던 군인들은 결국 헤롯에 의해서 심문을 당하고 죽임을 당하였으며, 빌립보의 간수는 죄수들이 도망한 줄 알고 죄수들을 지키지 못하였으므로 자결하려 하였습니다. 동일하게 군인들은 만일 죄수들이 도망한다면 그들은 살아 돌아간다고 할지라도 죽은 목숨이었습니다. 그러므로 그들은 차라리 그들을 죽이는 것이 좋다고 생각을 하게 됩니다.

만일 바울이 이러한 모든 어려움의 책임을 율리오에 돌리고 또한 그를 멸시하였다면 바울 그는 살아남지 못하였을 것입니다. 우리는 어떠한 경우에든 서로를 존귀하게 여겨야 할 것입니다. 서로를 멸시하는 일은 결국은 아무런 소용도, 유익도 없게 되는 것입니다. 특별히 위기의 순간일수록 더욱 하나가 되어서 협력함이 있어야 합니다. 비록 사공들은 도망하려 하였으나 그들의 지식과 기술로 말미암아 배가 해안으로 향하게 되었으며 백부장 율리오의 권위 가운데 죄수들은 죽임을 면하게 됩니다. 율리오는 바울을 살리기 위하여 모든 죄수를 살리고 예하 군인들의 뜻을 막은 것입니다. 더욱이 율리오는 이러한 위험할 때에 자신의 리더십을 발휘하여 헤엄칠 줄 아는 사람들을 명하며 물에 뛰어내려 먼저 육지에 나가게 하고 그 남은 사람들은 널조각 혹은 배 물건에 의지하여 나가게 하여 마침내 사람들이 다 상륙하여 구조된 것입니다. 276명의 사람들은 14일 동안의 어려움을 겪으면서 나름대로 하나의 끈끈한 공동체가 되었으며, 율리오는 책임자로서 그의 역힐을 끝까지 잘 감당하였습니다. 그의 이러한 희생적인 리더십이 없었더라면 모든 사람이 구원을 받기가 쉽지 않았을 것입니다.

묵상

01 백부장 율리오, 사공들을 통한 교훈을 나누어 봅시다.

02 표류하는 가운데 보여준 바울의 리더십에 관하여 나누어 봅시다.

03 인생의 유라굴로를 통한 교훈을 나누어 봅시다.

되새김

하나님의 목적은 영혼의 구원에 있습니다. 비록 배는 파선하였지만 하나님께서는 이러한 과정을 통해 오히려 저들의 영혼을 구원하시려 하셨습니다. 우리의 배는 파선하지만 하나님의 구원은 성취됨을 살피며 나를 향한, 그리고 이 땅의 많은 사람들을 향한 하나님의 오묘한 섭리들을 깊이 있게 묵상하여 봅시다.

PART

28

로마에서의 바울의 증거
28장 1~31절

Key Point

주님께서 바울에게 말씀하신 바와 같이 마침내 바울은 로마에 이르게 되었습니다. 비록 죄수의 몸이었지만 바울은 죄수의 몸으로 오히려 보호를 받으며 로마에서 오랜 기간 동안 복음 전파를 위해 힘쓸 수 있었습니다. 사람의 방법이 아닌 하나님의 오묘하신 방법을 살피며 우리들의 삶 또한 하나님의 이끄심 아래 복음 전파의 삶으로 나아가야 할 것입니다.

본문 이해

■ 사도행전 28장1-31절의 구조적 이해

　행 28:1-6: 멜리데 섬으로 구조됨

　행 28:7-10: 보블리오 부친 치유

　행 28:11-15: 멜리데에서 로마로의 여정

　행 28:16-22: 로마에서 바울의 전도

　행 28:23-29: 바울의 강론

　행 28:30-31: 결론

1. 배에서 구원을 받은 사람들은 멜리데라는 섬에 이르게 되었습니다. 멜리
　데에서의 일들을 살펴봅시다(1-10절).

　1) 토인들은 배에서 구원받은 사람들을 어떻게 맞이해 주었습니까?(2절)

　토인들은 사람들에게 특별히 동정하여 비가 오고 날이 차매 불을 피
워 그들을 다 영접하여 주었습니다. 낯선 사람들에게조차 긍휼함을 입
은 것 또한 하나님의 은혜라 아니할 수 없는 것입니다.

　2) 바울은 어떠한 위기 가운데 있었습니까?(3-6절)

　바울이 나무 한 묶음을 거두어 불에 넣으니 뜨거움을 인하여 독사가
나와 그 손을 물었습니다. 토인들은 바울을 살인한 자로 생각하였습니
다. 곧 저들은 생각하기를 바울이 비록 바다에서는 건짐을 받았지만 뱀

325

에 물림으로 공의가 살지 못하게 함으로 이해하였습니다. 이는 사람들의 쉽게 판단하고 마는 성급함을 보여줍니다. 고난은 죄에 대한 징벌이라는 일반적인 생각들이 사람들을 지배하는 것입니다. 바울은 뱀을 불에 떨어 버렸고 바울은 아무 이상이 없었습니다. 우리는 바울이 뱀에서 건짐을 받았음을 보고 마가복음 16장18절을 상기할 수 있습니다. "믿는 자에게는 이런 표적이 따르리니…뱀을 집으며…" 토인들은 후에 바울을 신으로 생각하였습니다. 조금 전에는 살인자로 여기던 사람들이 이제는 바울을 신으로 여겼습니다.

3) 보블리오가 바울 일행에게 행함과 바울이 보블리오에게 행함을 살펴봅시다(7-8절).

보블리오는 멜리데 섬에서 제일 높은 사람으로 그 근처에 토지가 있는 사람이었습니다. 보블리오는 바울 일행을 영접하여 사흘이나 친절히 유숙하게 하였습니다. 이에 바울은 열병과 이실에 걸려 누워있던 보블리오의 부친에게로 들어가서 기도하고 그에게 안수하여 낫게 하였습니다.

4) 바울의 멜리데 기적은 어떠한 열매를 맺었습니까?(9-10절)

보블리오의 부친의 나음으로 말미암아 섬 가운데 다른 병든 사람들이 와서 고침을 받고 후한 예로 바울의 일행을 대접하고 떠날 때에 쓸 것을 배에 실었습니다.

2. 바울 일행이 알렉산드리아 호를 타고 로마로 향함을 살펴봅시다(11-15절).

석 달 후에 바울의 일행은 멜리데 섬에서 겨울을 난 후에 알렉산드리아 배를 타고 떠나게 되었습니다. 배는 다시 수리되었으며 배의 머리 장식은 디오스구로였습니다. 디오스구로는 제우스와 달의 신 레다 사이에서 태어난 쌍둥이 아들들로서 카스토르와 폴룩스를 가리키며 이들이 항해의 수호신으로 여겨졌습니다. 많은 믿음의 역사를 경험하고도 믿음의 역사에 대한 감사와 신앙의 변화가 없는 이 시대의 무덤과 우둔함을 저 디오스구로가 보여주는 것입니다. 우리는 디오스구로가 아닌 하나님께서 우리들의 항해의 선주가 되심을 깨닫고 믿음으로 고백함이 있어야 할 것입니다.

누가는 역사가 답게 이전에도 그리했듯이 다시 자세히 그 여정을 기록하고 있습니다. 별것도 아닌 것과 같은 기록이지만 이러한 그의 세심한 필체가 참으로 많은 지식과 상세한 일들을 우리들에게 전하여 주는 것입니다. 사람들이 어떻게 생각하든, 어떻게 판단하든, 자신의 일에 최선을 다하는 저 누가의 모습을 본받아야 할 것입니다.

주요 여정:
수라구사 - 레기온 - 보디올 - 멜리데-수라구사(시실리 섬의 항구, 사흘간 머묾) - 레기온(하루를 지냄) - 보디올(형제들을 만나 이레를 머묾) - 압비오 광장 - 트레이스 타베르네(삼관, 세 개의 여관)
수라구사는 로마의 남단에 있는 시실리 섬의 항구입니다. 멜리데 섬에서 구출을 받아 시실리 섬에 이르렀을 때에 비로소 사람들은 안도감을 되찾을 수 있었을 것입니다. 멜리데 섬에서 약 북쪽으로 150km 떨어진 이 시실리 섬에서 일행들은 사흘간을 머문 후에 다시 여정을 떠나게 됩니다. 우리는 바로 시실리 섬과 같은 여정의 길을 떠나는 삶을 살아야 하는 것입니다. 이 땅의 잠시의 안식과 위로가 있지만 그것이 영원한 안식과 위로가 아니기에 잠시 머물 뿐입니다.

레기온은 로마 곧, 이탈리아 반도의 항구입니다. 드디어 로마도 보아야 하리라는 바울의 꿈이 눈앞에 펼쳐지고 있는 것입니다. 비록 바울은 죄인의 신분으로 로마에 이르렀지만 이는 하나님의 경륜과 섭리에 의한 것이었습니다. 하나님께서는 참으로 바울을 통하여 놀라운 복음의 역사를 또한 로마 가운데 펼치시고자 하시는 것입니다.

레기온에 이르러 하루를 지낸 후에 남풍이 일어났습니다. 이는 참으로 하나님의 재촉하심과 같은 것입니다. 이것은 참으로 순풍이었습니다. 이전에 바울은 드로아에서 빌립보에 이를 때에 하루만에 빌립보의 외항인 네압볼리에 이르는 역사를 경험하였습니다. 비록 바울은 세 번 파선을 넘어, 네 번 파선하는 경험도 가졌지만 또한 이와같이 하나님께서 놀랍게 순풍을 허락하셔서 그 길을 평탄케 하심도 경험하고 있는 것입니다. 이래서 감사하지 않습니까? 힘든 일도, 역경도, 눈물도 있지만, 이와 같은 순풍도 기쁨도 감사와 즐거움와 평탄함도 있는 것입니다. 남풍이 불어올 때에 이들은 지체치 않고 여정을 떠나 이튿날 보디올에 이를 수 있었습니다.

그 곳 형제들이 바울 일행의 소식을 듣고 압비오 광장과 트레이스 타베르네까지 맞으러 와 바울이 그들을 보고 하나님께 감사하고 담대한 마음을 얻었습니다.

압비오 광장은 로마로 들어가는 대로를 의미합니다. 이 대로는 주전 312년에 로마의 감찰관 압비우스 글라우디오가 이 도로의 건설을 시작했기 때문에 그의 이름을 따서 명명한 것입니다. 이 도로는 로마로 향하는 길 가운데 가장 오래되고 완벽한 도로의 하나로서 로마의 장군들이 전쟁에서 승리하고 개선의 입성을 할 때, 군중들이 열렬한 환영을 하며 맞이하였던 길입니다. 이 길은 복음으로 로마를 정복하기 위한 영광의 길이 되는 것입니다. 이미 바울은 보디올에게 기독교 공동체인 형제들을 만나 이레를 머문 적이 있으며 로마로 향하는 여정에서 압비오 광장에서 형제들을 환영을 받았으며 더 나아가 트레이스 타베르네에 이르러 형제들의 환영을 받습니다. 트레이스 타베르네는 원어를 그대로 전한 것으로 이는 삼관 혹은 세 개의 여관을 의미합니다. 바울은 이러한 계속적인 형제들의 따뜻한 영접을 받으며 참으로 그 마음이 뜨거웠으며 하나님께 감사하고 그 마음에 담대한 마음을 얻게 되었습니다. 우리는 더 큰 환영을 주의 나라에 이를 때에 받게 될 것입니다. 이 땅에서도 환영을 받기는 하나 그것은 우리들의 행할 일들을 위한 잠시의 환영일 뿐입니다. 그러나 이 환영을 바라보며, 더 나아가 장차 우리들에게 주어질 환영을 바라보며 오늘의 사명을 믿음으로 감당할 수 있는 우리들의 삶이 되어야 할 것입니다.

바울의 로마 입성은 단지 죄수로서의 입성입니다. 그러나 그럼에도 불구하고 이러한 따뜻한 영접을 받을 수 있었다면 장차 우리들이 아버지 하나님 나라에 이를 때에 얼마나 큰 영광이 있겠습니까?

3. 로마 사역에 관하여 살펴봅시다(16-28절).

바울은 제3차 전도여행시 고린도에서 로마교회에 서신을 보낸 바 있습니다. 이것이 바로 로마서입니다. 이로써 로마의 그리스도인들은 바울에 대하여 호감을 가졌으며 또한 깊은 사랑과 신뢰의 마음이 있었습니다.

1) 죄수로서 바울은 어떠한 대우 가운데 있었습니까?(16절)

바울은 죄수임에도 불구하고 특별한 대우를 받았습니다. 그는 자기를 지키는 한 군인과 함께 따로 있게 허락되었습니다. 이는 로마 여행 과정에서 바울을 통한 많은 사람의 구원에 대한 보답이며 답례로서의 관대한 대접이었습니다.

2) 로마에서 바울이 먼저 유대인들을 초청함을 살펴봅시다(17-20절).

바울은 계속되는 유대인들의 훼방과 대적함에도 불구하고 그들을 형제로 생각하고 먼저 복음을 그들에게 전하였습니다. 어떠한 핍박도 유대인들을 향한 바울의 사랑을 없애지는 못한 것입니다. 바울은 사흘 후에 유대인 중 높은 사람들을 청하였습니다. 높은 사람들을 청하였다는 것은 복음의 한 전략이 됩니다.

-제1차 전도여행 첫 번째 여정지인 구브로에서 총독 서기오 바울에게 복음을 증거함으로
-멜리데에서 보불리오의 부친의 열병을 낫게 함으로

3) 유대인들은 바울에 관해서, 그리스도교에 관하여 얼마나 알고 있었습니까?(21-22절)
한 가지 다행스러운 것은 로마에 있는 유대인들은 바울에 관한 어떠한 선입관도 가지고 있지 않았습니다. 그들은 유대에서 바울에 대한 편지를 받은 적이 없고 또 형제 중 누가 와서 바울에 대하여 좋지 못한 것을 전하는 것도 듣지 못하였기 때문입니다. 그들이 다만 아는 것은 기독교가 그들과 다르다는 것과 어디에서든 유대교로부터 반대를 받는다는 것이었습니다.

4) 유대인들이 바울의 말을 듣기 위하여 모임을 살펴봅시다(23절).
유대인들은 바울의 강론을 듣기 위하여 날짜를 정하고 바울이 유숙하는 집에 많이 모이게 되었습니다. 이로써 우리는 유대인들이 바울에 관한, 그리스도교에 대한 많은 관심이 있었음을 알 수 있습니다. 바울은 이곳에서 아침부터 저녁까지 강론하여 하나님의 나라를 증언하고 모세

의 율법과 선지자의 말을 가지고 예수에 대하여 권하였습니다.

복음의 내용-하나님 나라와 예수 그리스도
1. 하나님 나라에 관하여
2. 예수에 관하여

5) 유대인들의 복음에 대한 반응은 어떠했습니까?(24-27절)

그 말을 믿는 사람도 있고 믿지 아니하는 사람도 있었으나 많은 사람들이 부정적이었습니다. 그들은 그리스도교에 대한 편견과 함께 의도적인 반감을 품고 있었습니다. 즉 가르침에도 불구하고 이들의 믿지 아니함으로 바울은 성령이 이사야를 통하여 이스라엘의 조상들에게 말씀하신 바를 선포합니다.

"이 백성에게 가서 말하기를 너희가 듣기는 들어도 도무지 깨닫지 못하며 보기는 보아도 도무지 알지 못하는도다 이 백성들의 마음이 우둔하여져서 그 귀로는 둔하게 듣고 그 눈은 감았으니 이는 눈으로 보고 귀로 듣고 마음으로 깨달아 돌아오면 내가 고쳐 줄까 함이라"(26-27절, 사 6:9-10)

이에 바울은 하나님의 이 구원이 이방인에게 보내어진 줄 알라 그들은 그것을 들으리라고 선언하였습니다.

4. 바울의 로마에서 나머지 사역에 관하여 살펴봅시다(30-31절).

바울은 로마에서 이태(2년)를 자기 셋집에서 머물면서 자기에게 오는 사람을 다 영접하고 담대히 하나님 나라를 전파하며 주 예수 그리스도에 관한 것을 가르쳤습니다.

만일 바울이 자유의 몸으로 로마까지 와서 복음을 전하려고 했다면 그 과정에 있어 순탄할 수 없었을 것입니다. 그러나 하나님께서는 그를 죄수의 몸으로 만들어 로마의 세속적 권세에 의해 보호를 받으면서 하나님의 복음을 전하게 하셨던 것입니다. 그는 죄수의 몸에 있으면서도 자유를 누렸으며 이러한 자유 가운데 그는 철저하게 보호를 받으면서 하나님의 복음을 전할 수 있었던 것입니다.

묵상

01 유라굴라, 파선의 위험 속에서 건지셨을 뿐만 아니라 멜리데 원주민들의 섬
김으로부터 하나님의 도우심을 봅니다. 멜리데 섬에 관련된 교훈들에 관하
여 나누어 봅시다.

02 많은 시련과 역경에도 불구하고 하나님의 예언된 말씀을 따라 바울이 로마
에 이르게 됨이 주는 교훈을 나누어 봅시다.

03 하나님께서는 왜 바울을 죄수의 몸으로 로마로 이끄셨는지 다시 한번 이야
기해 봅시다.

되새김

성령의 임재와 함께 시작된 교회를 향한 하나님의 비전은 땅 끝까지 이르러 주의
증인이 됨에 있습니다. 하나님께 복음전파만큼 기뻐하시는 것이 없음은 하나님
께서 한 사람의 영혼을 가장 귀히 여기시기 때문입니다. 우리들의 삶의 의미가
어디에 있건 우리는 복음전파를 사역에 게을리해서는 안될 것입니다.

바울의 제1차 전도여행

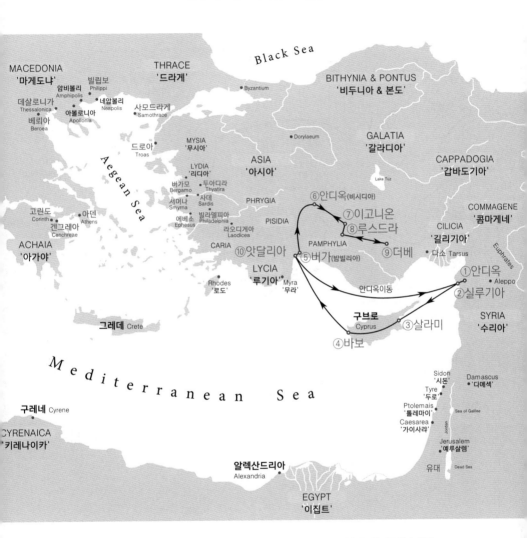

* 이번 사도행전 교재에 최성우 목사님의 '사도 바울의 생애'에 삽입된 바울의 선교 여행 지도를 사용할 수 있게 허락하여 주심에 대해 심심한 감사를 드립니다.

바울의 제2차 전도여행

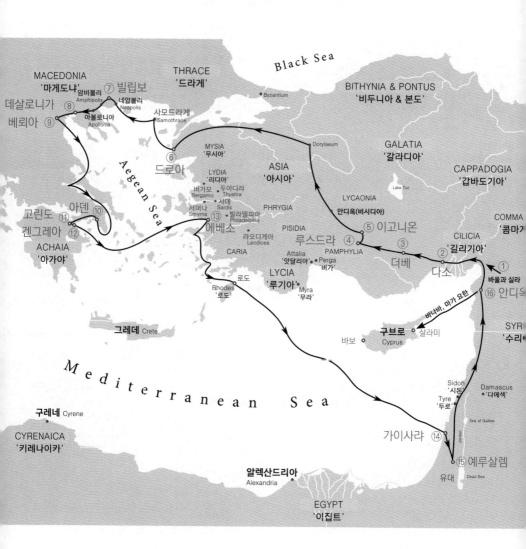

바울의 제3차 전도여행

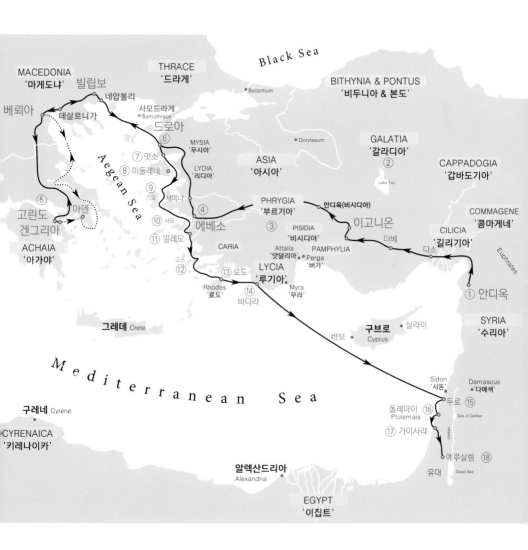

Black Sea

MACEDONIA
'마게도냐'   빌립보
네압볼리

THRACE
'드라게'

BITHYNIA & PONTUS
'비두니아 & 본도'

• Byzantium

베뢰아
데살로니가

사모드라게
Samothrace
드로아
⑥

MYSIA
'무시아'

• Dorylaeum

GALATIA
'갈라디아'
②

CAPPADOGIA
'갑바도기아'

Aegean Sea

⑦ 앗소

⑧ 미둘레네

LYDIA
'리디아'

ASIA
'아시아'

⑨
기오

서머나

PHRYGIA
'부르기아'   안디옥(비시디아)

이고니온

COMMAGENE
'콤마게네'

⑤
고린도
겐그리아

⑩ 사모

아덴

④

에베소

③

PISIDIA
'비시디아'

더베

CILICIA
'길리기아'
다소

Lake Tuz

⑪ 밀레도

CARIA

Attalia
'앗달리아'   PAMPHYLIA

Euphrates

ACHAIA
'아가야'

고스
⑫

⑬ 로도

LYCIA
'루기아'

Perga
'버가'

① 안디옥

Rhodes
'로도'

⑭
바다라

Myra
'무라'

그레데 Crete

바보   구브로
Cyprus   살라미

SYRIA
'수리아'

Mediterranean Sea

Sidon
'시돈'

Damascus
'다메섹'

구레네 Cyrene

돌레마이
Ptolemais

⑯
두로   ⑮

Sea of Galilee

CYRENAICA
'키레나이카'

⑰ 가이사랴

알렉산드리아
Alexandria

유대

예루살렘   ⑱
Dead Sea

EGYPT
'이집트'

바울의 로마 여행

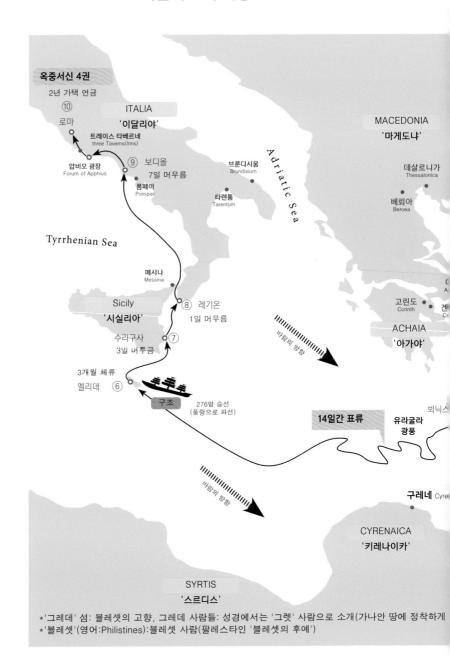

옥중서신 4권
2년 가택 연금
⑩
로마

ITALIA
'이달리야'

트레이스 타베르네
three Taverns(Inns)

압비오 광장
Forum of Apphius

⑨ 보디올
7일 머무름

폼페이
Pompeii

브룬디시움
Brundisium

MACEDONIA
'마게도냐'

데살로니가
Thessalonica

베뢰아
Beroea

타렌툼
Tarentum

Adriatic Sea

Tyrrhenian Sea

메시나
Messina

Sicily
'시실리아'

⑧ 레기온
1일 머무름

수라구사
3일 머무름

⑦

고린도
Corinth

겐
Ce

ACHAIA
'아가야'

바람의 방향

3개월 체류
멜리데 ⑥

구조

276명 승선
(풍랑으로 파선)

14일간 표류

뵈닉스

유라굴라
광풍

구레네 Cyre

바람의 방향

CYRENAICA
'키레나이카'

SYRTIS
'스르디스'

★'그레데' 섬: 블레셋의 고향, 그레데 사람들: 성경에서는 '그렛' 사람으로 소개(가나안 땅에 정착하게
★'블레셋'(영어:Philistines):블레셋 사람(팔레스타인 '블레셋의 후예')

THRACE
'드라게'

Black Sea

리
Ilis

BITHYNIA & PONTUS
'비두니아 & 본도'

GALATIA
'갈라디아'

ASIA
'아시아'

CAPPADOGIA
'갑바도기아'

✝ 버가모

✝ 두아디라

✝ 사데

서머나

✝ 빌라델비아

에베소

✝ 라오디게아

안디옥(비시디아)

이고니온
Iconium

루스드라
Lystra

더베
Derbe

CILICIA
'길리기아'

PAMPHYLIA
'밤빌리아'

LYCIA
'루기아'
무라

다소
Tarsus

안디옥
Antioch

an Sea

고스
Cos

Attalia
'앗달리아'

④
다른 배로 승선

겨울을 지내려

로도
Rhodes

구브로
Cyprus

살라미

SYRIA
'수리아'

⑤
항

살모네

간신히 미항에 도착
(행27:8)

바보

맞바람(역풍)을
피해 북서쪽으로
항해(행27:4)

③ 시돈

두로
Tyre

지중해

바람의 방향

diterranean   Sea

가이사랴
'아드라뭇데노' 배
2년 갇힘

② 이송

알렉산드리아
Alexandria

① 예루살렘
체포

EGYPT
'이집트'

NABATEA
'나바테아'

339

튀르키예

다소

다소의 로마 길: 바울의 고향인 다소의 현재명은 타르수스이다. 관심을 가지고 방문할 세 곳은 '바울의 생가'와 바울의 문이라고 도 불리는 '클레오파트라의 문'과 마지막으로 바울이 전도의 길을 떠났던 '로마 길'이다. 바울의 길은 자신을 위한 입신양명의 길이 아닌 복음 전파자의 길을 걸었다.

클레오파타트라의 문: 이집트의 여왕이었던 클레오파트라가 로마의 집정관인 안토니우스를 영접한 역사적인 장소이나 비잔틴 시대에는 바울의 고향이기에 '바울의 문'이라고도 불렸다. 고대 다소의 성벽의 일부로 서문에 해당하며, 항구를 마주 보고 있어 '해문'이라고도 한다.
바울의 생가: 바울의 생가라고 불리는 곳에는 로마 시대의 것으로 추정되는 우물과 집터가 있다.

데린쿠유는 '깊은 우물'이라는 뜻으로 환기구 역할을 하는 직경 1m 규모의 구멍이 도시를 수직으로 관통하고 있다. 200개가 넘는 지하 도시들 가운데 가장 규모가 큰 곳으로 약 2만 명이 함께 살 수 있다. 지하 8층에 있는 교회는 가장 은혜로운 장소이다.

그리스도인들이 무슬림의 핍박을 피해 은신처로 사용하기 전 프리기아인들이(히타이트)들이 착공한 것을 그리스도인들이 들어가 살면서 더욱 확장케 되었다. 그리스-튀르키예 전쟁 이후 1923년 그리스와 튀르키예의 주민 교환으로 버려졌다가 한 농부가 도망간 닭을 쫓아 들어갔다가 1963년에 재발견되었다. 당시의 그리스도인들은 자신들의 신앙을 지키기 위해서 지하에 들어가 그들의 전생애를 보내야 했다.

암스트롱은 '만약 이곳을 알았더라면 달에 가지 않았을 것이다'라고 말했다. 갑바도기아의 여러 아름다운 곳이 많이 있지만 이 모든 것을 한눈에 펼쳐 보여주는 곳이 로즈밸리이다.

우치히사르(좌): 3개의 요새라는 뜻으로 수도승들이 이곳에서
비둘기를 길렀다고 해서 비둘기 골짜기라고도 불린다.
갑바도기아에서 가장 높은 곳에 위치하고 있다.

파샤바 계곡(우): 스머프의 모티브가 되어 '스머프 마을'로도
불린다. 화산재가 덮인 응회암과 용암이 세월의 흐름에 깎여
봉우리가 되고 풍화와 침식에 의해 버섯 바위가 되었다.
생긴 모양에 의해서 '요정의 굴뚝'이라고도 하고 초기 기독교
수도자들의 은둔 장소와 교회로 사용되었기에 '수도사의
굴뚝'이라는 다양한 별칭을 가진다.

괴레메 야외 박물관: 괴레메 국립공원 내에 위치하고 있으며 프레스코화 벽화가 그려진 약 30개의 암석 동굴 교회가 있다. 괴레메
국립공원은 1985년에 유네스코 세계문화유산으로 지정되었다. 성 바실리우스 교회, 사과 교회, 성 바르바라 교회, 뱀 교회,
어둠의 교회, 샘들의 교회... 등이 있다.

비시디아 안디옥

바울 기념 교회: 325년 바울이 설교했던 유대인 회당 위에 건축되었으며 아나톨리아에 있는 초기 기독교 교회 중 가장 큰 규모로 여겨진다. 바울과 바나바는 핍박하는 무리들을 향하여 발의 티끌을 떨어 버리고 그들이 복음을 전할 수 있는 곳으로 향하였다.

비시디아 안디옥: 현재명은 '얄바치'이다. 비시디아 안디옥의 전도 여행의 시작점인 수리아 안디옥과 구분된다. 기원전 290년 경에 시리아의 헬레우코스가 자기 아버지 안티오쿠스의 이름을 따서 세운 도시이다. 유적지의 입구에는 세 개의 아치로 되어 있는 북문이 있으며 이 문은 129년 로마 황제 하드리아누스를 기리기 위해 지어졌고 212년 가이우스 율리우스 아스페르에 의해 개선문으로 개조되었다.

에이르디르 호수: 튀르키예에서 4번째로 큰 아름다운 호수이다. 바울의 지친 순례길에 작은 위안이 되었을 것이다. 순례자들은 비시디아 안디옥에서 버가/안탈리아로 향하게 된다면 만나게 된다. 버가에서 비시디아 안디옥까지 이어진 길을 비아 세바스테라고 부르는데, 세바스테는 아우구스투스의 헬라어 직역이다. 바울은 이 순례 길을 통해서 아우구스투스가 아닌 예수 그리스도를 만왕의 왕이며 구주로 선포한 것이다. **343**

버가(페르게) 유적지(4): 밤빌리아 버가의 현재명은 페르게이다. 기원전 12~13세기에 건설되었으며 로마의 통치를 받았던 2~3세기의 가장 큰 번영기를 맞는다. 대부분의 유물들은 로마시대의 것이며, 현재 안탈리아 박물관에 전시되었다. 5세기에 건설된 남부 대성당의 동쪽벽과 함께 앱스(apse)를 확인할 수 있으며(1) 버가의 동문(2)을 나가면 비시디아 안디옥으로 향하는 '비아 세바스테'가 시작된다. 타우루스 산맥(3)을 넘어야 하는 이 험한 길을 앞두고 마가 요한은 버가에서 예루살렘으로 되돌아간다.

골로새

골로새: 오늘날 골로새 유적지는 발굴되지 않은 채 땅에 묻혀 있으며, 엉겅퀴로 가득하다. 이는 마치 엉겅퀴로 오늘날 교회들에게 주시는 메시지 같다. 바울은 제3차 전도여행에서 에베소에서 약 3년의 사역을 하는데 특별히 두란노 서원을 세워 말씀을 가르치는 일을 하였다. 이때에 하나님의 말씀으로 말미암아 은혜를 받고 훈련을 받은 에바브라가 골로새에 가서 개척한 교회가 바로 골로새 교회이다. 에바브라는 골로새 교회분만 아니라 라오디게아 교회와 히에라볼리 교회를 개척하였다.

라오디게아

라오디게아: 고대 유적지인 라오디게아는 알렉산더의 사후에 시리아를 중심으로 한 셀류쿠스 왕조의 안티오쿠스 2세에 의해 그의 아내 라오디케의 이름을 따서 주전 250년 경에 비옥한 리쿠스 계곡에 세워졌다. 북쪽 근교 히에라폴리스에는 유명한 온천장이 있으며 남쪽 골로새에는 냉천이 있었던 사실로부터 지리적으로도 미지근한 상태에 있음을 잘 보여준다. 문제는 이들의 신앙이 이러한 미지근함에 있었다는 것이다.

성경에 나오는 교회들을 지금 찾는다는 것은 불가능하다. 왜냐하면 지금의 남아 있는 교회들은 비잔틴 시대의 교회들이며 초대교회는 가정교회 형태였기 때문이다. 이제 라오디게아에서는 두 개의 의미 있는 교회를 볼 수 있다. 1. 비잔틴 시대의 교회와(2. 교회의 내부) 3. 페리스타일 하우스 내의 교회이다.

라오디게아에는 부유한 도시였던 만큼 아나톨리아에서 가장 큰 경기장이 있었으며, 원형 경기장도 두 개나 보유하고 있다.

라오디게아 교회는 자신들의 바른 자화상조차 갖지 못하고 있었다. 그들은 스스로 말하기를 '나는 부자라 부요하여 부족한 것이 없다'라고 하였다. 그들은 가진 모든 부요함을 하나님의 축복으로 여겼을 것이다. 그들의 풍성함은 믿음에 대한 결과로 해석하였을 것이다. 그러나 말씀은 정반대의 이야기를 우리들에게 전해준다. '네 곤고한 것과 가련한 것과 가난한 것과 눈 먼 것과 벌거벗은 것을 알지 못하도다' 이것이 바로 라오디게아 교회의 모습인 것이다.

첫 번째 원형 경기장은 많이 훼손된 채 방치된 모습이다. 버릴 수도 쓸 수도 없는 우리의 모습은 아닌가? 멀리 보이는 파묵칼레가 바로 히에라볼리이다. 첫 번째 원형 경기장에서 힘들지만 조금 더 올라가면 두 번째 원형 경기장을 볼 수 있다. 첫 번째 원형 경기장에 비해 많이 정비된 모습이다. 경기장이 회복되어야 할 우리들의 믿음의 경기에 관하여 교훈하는 것 같다.

파묵칼레(히에라볼리)

튀르키예 순례에 있어 열기구는 갑바도기아와 파묵칼레에서 탈 수 있다. 위의 사진은 열기구에서 찍은 파묵칼레의 전경이다.

갑바도기아에서 보았던 기이하고 신비로운 광경을 다시 연상케 한다. 온천수의 석회질이 굳어 하얀 바위같이 변하면서 '목화의 성'이라는 파묵칼레라 불린다. 이곳의 성경 지명은 히에라볼리이다. 많은 사람들은 온천수가 나오며 아름다운 물이 고여 흐르는 관광지에 머물지만 순례자들은 아래에 머물지 말고 위로 올라가야 한다.

파묵칼레에는 약 1만 5천명을 수용하는 원형 경기장이 있다. 이곳의 인구가 약 15만 명 즈음 되었던 것을 알 수 있다. 파묵칼레 전체 조망할 수 있는 이곳의 경관은 이루 말할 수 없이 아름답다. 사람들마다 인생샷을 담는다. 그러나 우리는 히에라볼리는 바로 사도 빌립의 순교지였음을 잊지 말아야 한다. 도미티아누스 황제에 의해 십자가형을 당하였고 사람들은 그의 시체를 성밖에 내던졌다.

원형 경기장에서 사도 빌립의 순교에 관하여 회고하였다면 이제 조금 더 올라가면 직접적으로 사도 빌립의 무덤을 볼 수 있다. 그의 시체는 로마로 옮겨져 12 사도 성당에 안치되었으므로 현재는 빈무덤이다. 무덤 앞에 세워진 큰 기둥들은 이곳에 상당히 큰 규모의 교회가 지어졌음을 알 수 있다.

파묵칼레가 '목화의 성'이라면 히에라볼리는 '거룩한 도시'라는 뜻이다. 우리는 파묵칼레에서 이 도시의 본래 이름인 히에라볼리의 '거룩한 도시'를 회복하여야 한다.

원형 경기장, 사도 빌립의 무덤을 지나 언덕까지 올라오면 5세기 초에 지은 사도 빌립 기념 교회를 보게 된다. 길이와 너비가 각각 40미터에 달하는 매우 큰 건물이다. 중앙에 예배할 수 있는 공간을 두고 측면을 8각형의 형태로 만들었다. 8은 팔복을, 영원을, 부활을 상징한다. 당시에 얼마나 많은 순례자가 있었는가는 이 교회 안에는 순례자들을 위한 28개의 방을 마련한 것으로 알 수 있다.

빌라델비아

빌라델비아와 사도 요한 기념 교회: 빌라델비아의 현재 지명은 '알라의 도시'라는 '알라셰히르'이다. 주전 150년경 페르가뭄(pergamum, 성서의 버가모)의 왕 아탈로스 2세(필라델포스)에 의해 건설돼 주전 130년경 로마에 귀속되었다. 빌라델비아의 지명은 아탈로스 2세의 별칭인 '필라델포스'에서 유래한다. 이는 필로스 아델포스 곧 형제 사랑의 뜻이다.

빌라델비아의 사도 요한 기념 교회는 기원후 6세기에 지어졌으며 두 개의 돔이 있는 단일 본당 교회였다. 빌라델비아 교회에게 하신 말씀, 곧 '이기는 자는 내 하나님 성전에 기둥이 되게 하리니'라는 말씀과 같이 현재 남아 있는 웅장한 기둥이 인상적이다. 현재는 약 5m의 세 개의 교각이 남아 있다.

사데

사데는 리디아 왕국의 수도다. 리디아 왕국은 견고하여 결코 함락할 수 없었던 난공불락의 요새였다. 투몰루스 산 꼭대기에 왕국이 있었으며 지금도 그 흔적을 살필 수 있다. 또한 팍톨루스 강에서 사금이 발견되어, 사데는 아나톨리아에서 가장 부유한 지역이 되었다. 그러나 이러한 모든 것이 자랑이 될 수 없는 것은 가장 부유하고 가장 견고할 때에 리디아 왕국은 종말을 맞이한다.

아르테미스 신전과 M 교회가 나란히 있다. 390년대 테오도시우스 황제는 이교 사원을 폐쇄하라는 명령을 내린 후 신전 숭배가 사라진 4세기 후반에 세워진 상당히 오래된 교회이다.

사도 요한 기념 교회: 고대 에베소 유적지는 마치 그리스의 아테네의 유적지를 보는 것 같다. 참으로 볼거리가 많다. 무엇보다도 크게 두 곳을 보아야 한다. 사도 요한 기념 교회와 고대 에베소 유적지이다. 에베소의 현재명은 셀축이다. 기둥 하나만 남아 있는 아르테미스 신전의 건너편 아야슬룩 언덕에 사도 요한 무덤이 있고 그 위에 지어진 사도 요한 기념 교회가 있다. 사도 요한 기념 교회는 순교자들을 기리기 위해 만들어진 박해의 문을 통과한다. 사도 요한은 예수님의 어머니 마리아와 함께 에베소에서 여생을 보냈고 67년부터는 에베소 교회에서 사역하였다. 그의 무덤에 있었던 곳에 처음으로 교회가 건축되고 오늘날 남은 유적은 비잔틴 제국의 유스티니안 황제가 증축한 것이다.

박해의 문

사도 요한 무덤

하나 남은 아르테미스 신전의 기둥

셀수스 도서관: 장서가 2만 권에 이르며 알렉산드리아, 페르가몬과 함께 고대 3대 도서관이다. 지하통로를 통해서 맞은편에 있는 유곽으로 연결된다.

에베소의 유적은 지금도 볼거리가 많은데 이전에는 어떠할까 가히 짐작이 되지 않는다. 당시의 유명한 아르테미스 신전만 해도 그 크기는 아테네의 파르테논 신전의 4배의 크기이고 높이 19m 지름이 1.2m나 되는 무게 24톤의 기둥이 127개나 있었다고 하나 지금은 기둥 하나만 남아 있다. 그럼에도 불구하고 다양한 유적의 흔적을 고대 에베소 유적지에서 살핀다. 로마 시대의 에베소는 약 25만 명이 사는 항구 도시였다. 지금은 강에서 흘러내린 퇴적물이 쌓이고 지진으로 인한 지형이 바뀌어 해안에서 7km나 들어와 있는 내륙 지역이 되었다.

상업 아고라: 에베소에는 두 개의 아고라가 있다. 하나는 정치적인 목적이 있는 아고라이고, 또 하나는 상업적 목적의 아고라이다. 위쪽에 있는 아고라는 스테이트 아고라로 불리며 정치적인 목적이며 아래쪽에 셀수스 도서관을 지나 있는 아고라는 상업적 목적의 아고라이다.

오데온: 지붕이 있는 소극장으로 음악회가 열렸던 곳이다.

1. 하드리아누스 신전은 황제 숭배의 대표적인 건축물이다.
2. 니케아 여신상
3. 트리야누스의 샘은 아르테미스 여신과 물의 여신 님프, 트라야누스 황제를 기린다.
4. 에베소의 원형 경기장은 약 2만 5천명을 수용한다. 항구로부터 에베소를 들어오는 사람들을 맞이하는 그 위용은 참으로 대단하였을 것이다.

서머나

튀르키예의 3대 도시는 이스탄불, 앙카라, 서머나이다. 서머나의 현재명은 이즈미르이며 튀르키예의 3대 도시에 속한다. 오늘날 서머나에서 서머나 교회와 관련된 흔적은 찾을 수 없다. 다만 아쉬운 마음으로 17세기에 지은 폴리캅 기념 교회가 있기는 하나 방문하는 것 조차 쉽지 않다.

두아디라

두아디라의 현재명은 아크히사르이다. 사데나 버가모와 같은 높은 지형이 아닌 평평한 지역이고 사데의 리디아 왕국과 버가모의 페르몬 왕국 사이에서 통치자가 자주 바뀌었다. 그러므로 자연스럽게 통치자를 의지하지 않고 스스로 단합된 상업적 길드가 발달하게 되었다. 사도행전의 루디아가 바로 이 두아디라의 자주 장사였다. 길드의 발달과 함께 이들은 이교의 숭배에 적극 가담함으로 그리스도인들은 상업활동을 하는데에 많은 제한이 있었다. 6세기 때에 지어진 것으로 추정되는 교회의 반원형 제단 부분이 남아 있다.

버가모

버가모 교회: 버가모의 오늘날 현재명은 베르가마이다. 버가모 교회는 크즐 아블루, 붉은 바실리카라고 불린다. 버가모 교회의 붉은 벽돌은 건축물의 속살에 해당한다. 본래 그 위에 대리석이 붙어 있었으나 지진으로 인해 모두 떨어져 나가게 되었다. 이 건축물은 2세기 하드리아누스 황제가 이집트의 세라피스 신과 이시스 여신을 모시기 위한 신전이었으나 기독교 공인 이후에 비잔틴의 교회가 되었다. 사데가 리디아 왕국의 수도였다면 버가모는 페르가몬 왕국의 수도였다. 페르가몬의 도서관은 알렉산드리아, 에베소(셀수스 도서관)와 함께 고대 3대 도서관이었다.

드로아

드로아의 로마길과 드로아의 바다: 다소의 로마길과 같이 드로아에서도 로마길을 찾을 수 있다. 드로아는 특별히 바울의 제2차 전도여행의 전환점이 된 곳으로 유명하다. 사람의 계획이 아닌 하나님의 인도하심의 놀라운 섭리를 발견하게 된다. 지금 당장은 하나님의 인도하심의 크신 뜻을 알 수 없지만 우리는 이곳에서 순종의 깊은 의미를 마음에 되새길 수 있다. 비록 하나님께서 바울이 아시아에 복음을 전하는 것을 막으셨지만 이는 막으심이 아닌 저 유럽을 향한 하나님의 인도하심이 있음을 깨닫게 된다.

니케아

니케아 성벽: 바울의 여정지에서 잠시 벗어나 니케아를 소개한다. 성경에서 니케아는 비두니아 지역에 속한다. 바울이 무시아에 이르러 비두니아로 가고자 하나 하나님의 막으심이 있었다. 니케아의 여러 유적지를 소개한다.

353

아야 소피아 성당(위): 니케아의 현지명은 니즈닉이다. 니케아는 성경 속의 성지 순례의 대상으로는 제외된다. 사도행전 16장에서 바울은 무시아에서 비두니아로 가고자 하나 예수의 영이 허락하지 않았다. 만일 비두니아로 향할 수 있었다면 바울은 니케아로 향할 수 있었을 것이다. 그럼에도 불구하고 이 니케아가 중요한 의미를 갖는 이유는 일곱 번의 공의회 중에 처음과 마지막이 이 니케아에서 열렸기 때문이다. 니케아의 아야 소피아에서 마지막 공의회였던 제7차 공의회가 열렸으며 성상파괴에 대한 논의가 이루어졌다. 현재는 이슬람 사원으로 바뀌었다.

니케아에는 숨겨진 보물이 있다. 2014년 니즈닉 호수에 잠겨 있었던 이즈닉 바실리카가 세상에 알려지게 되었다. 이곳은 325년 첫 번째 종교회의인 니케아 종교회의가 열렸던 곳이다. 니케아 공의회에서는 예수의 신성을 부정하고 인성만을 강조했던 아리우스파가 이단으로 파문당하고 아타나시우스가 승리한다. 호수에 잠겼던 이즈닉 바실리카는 항공사진으로 발견되고 현재는 가뭄으로 인해 그 모습이 세상에 드러나게 되었다. 1의 사진은 이즈닉 박물관에서 볼 수 있는 조형물이며, 2는 현장의 사진이다.

지금의 성 소피아 성당은 세 번째 건축물이다. 유스티니아누스 황제는 532년부터 5년간 성당을 건축하고 그 모습을 솔로몬의 성전과 비교하며 '솔로몬이여 내가 당신을 이겼소!'라고 선포하기까지 하였다. 성 소피아 성당은 건축 당시에는 세계에서 가장 큰 성당이었다. 그러나 이러한 성당의 영광도 천 년에 이르지는 못하였다. 1453년 오스만 제국 술탄 메호메드 2세에 의해서 콘스탄티노플의 점령으로 성소피아 성당은 더 이상 성당인 아닌 모스크로 개조된다. 화려한 수많은 성화는 회칠하여 가리고, 아랍어로 칼리프 4명과 마흐메트, 알라의 이름이 쓰인 6개의 원판이 사방으로 붙였다. 메카 방향을 알리는 마흐라브가 설치되고 이슬람의 미나렛이 추가되었다.

아기야 이리니 성당은 아기아 소피아 대성당보다 먼저 건축되어 소피아 대성당이 세워지기 전까지 동방 정교회의 총본산의 역할을 하였다. 532년 니카의 반란 때에 소피아 대성당과 함께 이리니 성당도 전소되었는데, 유스티니아누스 황제에 의해서 소피아 대성당이 완공된 지 8년 후인 564년에 다시 건축되었다. 381년 테오도시오스 1세는 아기아 이리니 성당에서 제2차 공의회를 열었다. 이 공의회는 제1차 니케아 공의회에서 결정한 정통교리를 재확인하고 콘스탄티노폴리스 교구는 로마 교구에 버금가는 명예와 위신을 지난다는 것을 포고하였다.

아기야 소피아 옆에 넓고 긴 광장의 정식 명칭은 술탄 아흐메트 광장이지만 히포드로모스로 불린다.
히포는 '말'을 뜻하며 드로모스는 '길'을 나타내는 그리스어에서 유래하여 '말의 길' 곧 경마장을 의미한다.
히포드로모스에서는 1.뱀 기둥, 2. 테오도시오스의 오벨리스크, 3. 콘스탄티노스 7세 포르피로예네토스의
오벨리스크 등을 볼 수 있다.

테오도시우스 성벽: 3중 성벽 구조로 난공불락의 요새였던 콘스탄티노플을 지켰던 테오도시우스 성벽도 결국
천년의 세월을 이기지 못하였다.

보스포러스 해협: 위쪽에는 흑해가 있고, 아래 쪽에는 마르마라해가 있다. 유럽과 아시아에 끼어 있는 이 작은
해협의 길이는 32km이다. 보스포러스 해협으로 유럽과 아시아가 나뉜다.

카리예 박물관(코라 구세주 성당): 이스탄불에서 많은 유적지를 볼 수 있음에도 불구하고 대부분 아야 소피아, 블루 모스크, 히포드로모스, 그랜드 바자르 등만을 보는 것이 대부분이다. 성 소피아 성당에서는 거의 볼 수 없는 비잔틴의 모자이크를 카리예 박물관에서는 볼 수 있다. 이곳에는 그리스도와 동정녀 마리아의 일생을 담은 많은 모자이크와 프레스코화가 있다.

텍푸르 궁전 박물관: 테오도시우스 성벽과 맞닿아 있는 텍푸르 궁전은 콘스탄티노플에 있는 두 개의 궁전 중의 하나로 유일하게 남아 있는 것이다. 이곳 옥상에서는 시내와 황금 뿔만의 아름다운 경치를 감상할 수 있다.

성 요르고스 성당: 이스탄불에 남아 있는 동방 정교회의 가장 으뜸가는 대성당으로 콘스탄티노폴리스
종대주교좌 성당을 맡고 있다. 카톨릭의 로마 바티칸과 같은 급이나 그 규모에 있어서는 상당한 차이가 있다.

성 요르고스 성당의 내부

파나르 그리스 정교회 대학교

이스탄불에서 찾아간 흑해

트라브존

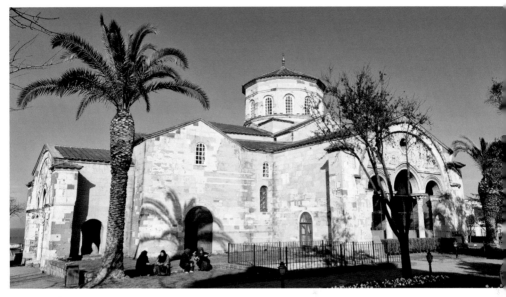

1453년 동로마 제국의 콘스탄티노플이 함락되었을 때에도 비잔틴 제국이 완전히 멸망된 것은 아니었다. 곧 트라브존의 트라페준타 제국이 여전히 남아 있었기 때문이다. 그러나 트라페준타 제국도 1461년에 마침내 오스만제국에 의해 멸망함으로 이로써 비잔틴 제국은 완전히 멸망하게 된다. 성경의 트라브존은 지리적으로 본도에 해당한다. 트라브존에는 비잔틴 제국의 아름다움을 보여주는 아야 소피아가 있으며(위), 절벽에 세워진 수도원으로 유명한 수멜라 수도원이 있다(좌). 트라브존에 가는 것도 쉽지 않고, 수멜라 수도원 같은 곳을 방문한다는 것은 기회비용 치고는 많이 비싸서 권하기는 어려우나 트라브존에 며칠 있을 수 있다면 한 번 즈음은 가볼 만한 곳이다. 이 외에도 가까운 곳으로는 소녀 수도원과 트라브존 성벽의 일부가 남아 있다.

트라브존에서 찾아간 흑해

그리스

빌립보

네압볼리 사도바울 방문 기념 니콜라스 교회: 1928년도에 건축되었으며 사도 바울의 방문을 기념한다. 성서의 네압볼리는 '새로운 도시'(네아폴리스)라는 뜻이며 현지명은 까발라이다. 8세기 이후에는 그리스도의 도시라는 뜻으로 '크리스토폴리스'라고 불렸으나 오스만 터키의 그리스 지배 이후로는 까발라로 이름이 바뀌었다. 교회의 위치는 해안으로부터 좀 들어가 있지만 바울이 도착한 당시에는 교회 있는 곳까지가 해안이었다고 한다. 현지에서는 49년 6월29일에 바울이 도착하였다고 하여 매해 기념행사를 갖는다. 네압볼리에는 로마로 향하는 에그나티아 대로가 지나가는 곳이기도 하다.

트라키아의 까발라 마을의 니꼴라스 교회는 그리스 정교회로 드로아에서의 환상과 바울의 도착 장면을 묘사한 벽화가 그려져 있다. 벽화의 마게도냐 사람은 알렉산더 대왕을 묘사하고 있는 것으로 추정된다.

까발라의 야경(네압볼리)

빌립보 유적지: 빌립보는 기원전 358-357년경에 알렉산더의 아버지 빌립 2세에 의해서 건설되었다. 빌립 2세는 자신의 이름을 따서 '빌립보'라고 하였다. 특별히 그가 이곳을 건설한 이유는 빌립보에서 나오는 막대한 양의 금광으로 군대의 비용을 대어 정복 전쟁을 감행할 수 있었기 때문이었다. 그는 '작은 샘들'이라고 불리는 '크레니데스' 지역을 점령하고 더 확장하여 빌립보라 하였다. 참으로 놀라운 것은 이전에 빌립보는 정복 전쟁을 위하여 자금을 대고 쓰임을 받던 곳이었으나 복음이 들어가고 교회가 세워졌을 때에 그 도시는 하나님 나라 확장을 위하여 쓰임을 받는 곳이 된 것이다.

빌립보 교회, 바실리카 A터

빌립보의 비아 에그니티아(로마길)

사도바울과 실라가 갇혔던 감옥(추정)

루디아 기념 교회와 루디아 세례터: 우리가 아는 루디아는 한 사람의 이름이 아닌 리디아라는 지역의 사람을 의미하는 것이다. 리디아 사람이며 또한 두아디라의 자주 장사였던 루디아가 빌립보로 온 이유는 그의 사업과 연관된 것으로 보인다. 두아디라는 자주색 염색으로 유명한 곳이다. 인조 꼭두서니라는 나무뿌리에서 자주색 염료를 얻었다고 하나 더 좋은 염료를 얻기 위해서 루디아는 빌립보로 그 사업을 확장하였을 것이다. 뿔고동에서 얻는 천연염료로 한 번 물들이면 평생가도 변하지 않았다고 한다. 뿔고동의 끝부분을 잘라 진을 뽑아 무명천과 함께 담가 햇볕에 널면 자주색으로 물이 드는데 여인들이 강가에서 빨아서 진을 뺐다. 아마도 바울이 강가에서 루디아를 만날 수 있었던 것과 무관하지 않을 것이다.

데살로니가

빌립보가 마게도냐의 첫 성이라면 데살로니가는 마게도냐 지방의 수도이며 오늘날 그리스의 제2의 도시이다. 알렉산더 대왕이 33세의 나이로 죽었을 때에 휘하 부하 장군들 사이에 치열한 권력 쟁탈전의 승자는 카산더 장군이었다. 알렉산더의 이복 누이동생 데살로니가와 결혼했던 카산더는 왕위에 오르자 자신에게 반기를 들었던 알렉산더의 어머니 올림피아 대비를 서슴지 않고 죽여버렸으며 후환을 없애기 위하여 알렉산더의 부인 록사나 왕비와 그의 아들까지 모두 죽이는 잔인한 일을 저질렀다. 민심이 그로부터 멀어지자 카산더는 수습책의 하나로 새로운 도시를 건설하였는데, 마게도냐 지방에서 에게해로 진출하는 가장 큰 항구도시를 건설한 카산더는 새 도시의 이름을 부인의 이름을 따라 데살로니가라고 지었다. 데살로니가는 로마 제국시대에는 마게도냐 지역의 정치적 중심도시였고, 그 후 비잔틴 시대에는 콘스탄티노플에 버금가는 도시로 명성을 떨치게 된다. 오늘날 데살로니가는 1917년 대화재로 역사적 흔적들이 별로 없으며 특별히 성경과 관련된 기독교 유적이 거의 없다. 사진은 데살로니가의 해안과 그곳에서 볼 수 있는 알렉산더 조각상과 화이트 타워다.

베뢰아

베뢰아 바울강단: 데살로니가와 마찬가지로 베뢰아에서도 별다른 기독교 유적지를 찾을 수 없다. 다만 사도 바울의 방문을 기념하는 공원이 조성되어 있다.

메테오라는 그리스어로 '공중에 뜬', '공중에 매달려 있는'이라는 뜻이다. 중국의 장가계의 절경이 있고 갑바도기아의 화산재가 덮인 응회암과 용암이 세월의 흐름에 깎여 봉우리가 되고 풍화와 침식에 의해 버섯 바위가 되었다면 메테오라에서는 사암의 봉우리가 침식과 풍화작용으로 기이한 모습을 만들었다. 그러나 자연적인 이러한 모습보다도 더 의미 있는 것은 튀르키예 갑바도기아의 데린쿠유에서는 지하도시를 이루며 그들의 신앙을 유지하였다면 그리스의 메테오라에서는 반대로 높은 산봉우리에 수도원을 통해서 그들의 신앙을 지켰다. 14세기부터 수도원이 건축되기 시작해서 지금은 6개의 수도원이 남아 있다.

성 트리니티 수도원: 이 외에도 대 메테오른 수도원, 발람 수도원, 로사노 수도원, 성 니꼴라스 아나파우사스 수도원, 성 스테파노스 수도원이 있다.

아레오바고 언덕: 아테네에는 많은 유적지가 있지만 그중에서도 그리스도인들에게 있어서 가장 중요한 장소는 아레오바고 언덕이다. 사도 바울이 이곳에서 그 유명한 아레오바고 설교를 하였기 때문이다. 언덕 아래에는 사도행전 17장 22~31절의 말씀이 동판에 기록되어 있다. 아레오바고는 전쟁의 신 '아레스'와 언덕을 의미하는 '파고스'가 합쳐진 '아레스의 언덕'이라는 뜻이다. 고대 그리스의 정치, 사법의 중심지로 아레오바고 의회가 이 언덕 위에 자리 잡았다. 바울이 제2차 전도여행에서 아덴(아테네)에 도착하여 당시의 철학자들인 에피쿠로스 학파와 스토아 학파 사람들과 논쟁을 벌였을 때 그들의 알지 못하는 신에게 바친 제단을 통해서 복음을 전하였다. 사람들이 그를 아레오바고 언덕으로 데리고 간 이유는 바울의 말에 사법적인 판단을 받고자 한 것이다.

소크라테스 감옥: 소크라테스 또한 아레오바고와 관련된다.
이곳에서 사형 선고를 받았다.

헤로데스 아티쿠스 음악당

파르테논: 유네스코 세계문화유산 제1호. 그리스의 수장인 페리클레스가 페르시아를 격퇴한 것에 대한 감사로 파르테논 신전을 건축하였다. 파르테논은 '동정'을 의미하며 아테네 여신을 모시기 위해서 건축되었다. 5세기 이후 파르테논은 동방교회의 '동정녀'인 마리아 성당으로도, 16세기에는 오스만 제국에 의해 모스크로 개조되기도 하였다. 베네치아인과의 전쟁에서 오스만은 이곳을 화약고를 삼았다가 박격포 공격에 화약고가 터지면서 상당한 파괴가 이루어진다. 이후 1832년 그리스가 오스만으로부터 독립을 하면서 이슬람 관련된 것들은 제거되고 1975년부터는 본격적인 복원이 이루어지고 있다.

수니온 곶: 서유럽의 끝이 포르투갈의 호카곶이라면 남유럽의 끝은 그리스의 수니온 곶이다. 고린도가 있는 펠로폰네소스 반도는 고린도 운하로 인해 반도가 아닌 섬이 되었기에 수니온 곶이 남유럽의 끝이 되었다. 끝은 항상 새로운 시작을 바라보게 한다. 그리스에 갔다면 아네네만 보고 오는 것으로는 아쉽다. 수니온 곶에서 끝을 맛보았으면 좋겠다.

고린도

고린도 운하: 그리스 본토와 펠로폰네소스 반도를 가로지르는 인공 수로로 펠로폰네소스 반도를 돌아가는 기존 항로를 약 700km의 거리를 단축하였다. 고대 그리스와 로마 시대에서도 운하를 만들 계획은 하였지만 모두 실패하였고 근대에 이르러 1881년에 그리스 정부는 프랑스 회사의 지원을 받아 운하 건설을 시작해서 1893년 마침내 운하가 완공되었다. 고린도 운하는 세계 3대 운하 중의 하나이며 운하의 길이는 약 6.3km, 폭은 약 23m, 깊이는 약 8m이며 운하 양쪽의 절벽은 높이가 약 80m에 달한다.

겐그레아: 바울이 제2차 전도여행을 마치고 고린도로부터 예루살렘으로 향하는 여정에 있어서 겐그레아에서 서원이 있어 머리를 깎은 곳으로 유명하다(행 18:18). 뵈뵈 집사는 겐그레아 교회의 일꾼이다(롬 16:1).

고린도 박물관 마당에 있는 많은 유적 중에 '고게이브'라는 회당(시나고게이브레온) 글자의 일부가 새겨진 돌과 메노라 부조가 있어 이곳이 고린도의 회당임을 추정케 한다.

아크로고린도는 시지프스 신화에 나오는 바위산이다. 시지프스는 끊임없이 바위를 산꼭대기까지 올려야 했다. 해발 575m의 아크로고린도 산 정상에는 삼중벽의 성채 안에 미의 여신 아프로디테 신전 터가 있다. 선원들을 대상으로 매춘을 하는 여사제가 수천에 이르렀다. 고린도는 소돔과 고모라와 같은 향락의 도시였다.

고린도 유적지에는 돌로 만든 연단 자리가 있다. 이를 베마라고 부른다. 총독이나 관리가 대중 연설을 하거나 재판을 했던 곳으로 갈리오 총독이 바울 사도를 심문했던 장소이다. 베마는 비잔틴 시대에는 교회로 사용되었다. 이곳에 후대에 다음의 글귀가 새겨진 말씀 비석을 세웠다.

"우리가 잠시 받는 환난의 경한 것이 지극히 크고 영원한 영광의 중한 것을 우리에게 이루게 함이니"(고후 4:17)

고린도의 아고라 광장   그리스 정교회의 바울 기념 교회

로마

로마의 바티칸과 비교하면 바울의 순교를 기념하는 세 분수 수도원은 너무나 초라하다. 그러나 바울은 영광과 상급은 결코 이 땅에 속한 것이 아님을 우리에게 죽어서까지 교훈한다. 사진은 세 분수 수도원과 그 내부, 바울의 참수대 그리고 그가 감금되었던 감옥이다.

세 분수 수도원으로 향한 길은 그 자체만으로 어떠한 메시지를 남기는 듯하다. 아름다운 인생은 끝이 아름다운 인생이다. 믿음의 아름다운 자취를 남기기를 바란다. 로마의 많은 유적지를 이곳에 남기는 것은 제한된다.
1. 콜로세움 2. 바티칸 시국 3. 판테온 신전

참고도서

- Barrett, C. K. 『A Critical and Exegetical Commentary on the Acts of the Apostles』. Edinburgh: T&T Clark, 1994.
- Bruce, F. F. 『The New International Commentary on the New Testament: The Book of the Acts』. Grand Rapids: Eerdmans, 1988.
- Bruce, F. F. 『사도행전』. 서울: 아가페, 1988.
- Bruce, F. F. 『바울신학』. 서울: 기독교문서 선교회, 2001.
- Bornkamm. 『바울-그의 생애와 사상』. 서울: 이화여자대학교 출판부, 2001.
- Dunn, James D. G. 『바울신학』. 고양: 크리스챤 다이제스트, 2003.
- Fitzmyer, Joseph A. 『바울의 신학』. 서울: 솔로몬, 2001.
- Sanders, E. P. 『바울』. 서울: 시공사, 1999.
- Willimon, William H. 『사도행전: 목회자와 설교자를 위한 주석』. 서울: 한국장로교 출판사, 2000.
- 김경진. 『대한기독교서회 창립 100주년기념 성서주석: 사도행전』. 서울: 대한기독교서회, 1999.
- 김세윤. 『바울 복음의 기원』. 서울: 도서출판 엠마오, 1996.
- 레이먼드, 로버트 L. 『바울의 생애와 신학』. 고양: 크리스챤 다이제스트, 2003.
- 박형용. 『사도행전 주해』. 서울: 합동신학대학원 출판부, 2003.
- 요세푸스. 『요세푸스 II, III』. 서울: 생명의 말씀사, 1987.
- 이달. 『한국장로교총회창립 100주년기념 표준주석: 사도행전』. 서울: 한국장로교출판사, 2013.
- 최성우. 『사도 바울의 생애』. 인천: 도서출판 다바르, 2024.

초판인쇄일 _ 2025년 4월20일
초판발행일 _ 2025년 4월20일

펴낸이 _ 임경묵 목사
펴낸곳 _ 도서출판 다바르

주소 _ 인천 시구 긴지로 242, A동 401호(기피동)
전화 _ 032) 574-8291

지은이 _ 임경묵 목사
　　　　연세대학교 신학과 졸업
　　　　장로회신학대학교 신대원 졸업(M.Div.)
　　　　장로회신학대학교 대학원 졸업(Th.M.)
　　　　현) 주향교회 담임목사

기획 및 편집 _ 장원문화인쇄
인쇄 _ 장원문화인쇄

ISBN 979-11-93435-15-1